건이 언제 일어날 것인지, 즉 일주일 뒤에 일어날 것인지 혹은 2년 뒤에 일어날 것인지는 아무도 알 수 없었지만, 사건이 일어난다면 구체적으로 그 내용이 어떤 것이 될지에 대한 예측은 있었다. 그러나 2001년 9월 11일 이전에는 빌 클린턴 행정부나 조지 부시 행정부의 관리들 대부분이 정책의 우선순위를 다른 부분에 두고 있었다. 그들은 국내정책, 선거, 미사일 방어와 같은 군사정책에 관심을 집중시키고 있었던 것이다.

책임 있는 자리에 앉아있던 사람들 가운데 극소수만이 미래를 내다보았다. 그 대표적인 예로, 냉전체제가 급작스럽게 종식되면서 미국의 대통령과 의회가 구성한 '하트-러드맨 위원회(Hart-Rudman Commission)'를 들 수 있다. 게리 하트와 워런 러드맨이 공동의장을 맡은 이 위원회는 새로운 기본적 국가안보 전략에 관해 자문을 하는 임무를 부여받았고, 나는 이 위원회의 시나리오팀을 이끄는 역할을 맡았다. 우리는 2000년 부시 대통령이 취임하고 몇 달 뒤 발표한 보고서에서 앞으로 테러공격이 미국에 가장 큰 위협이 될 것이라고 경고했다. 제시한 시나리오 중 하나에서 우리는 테러리스트들이 비행기를 충돌시켜 세계무역센터를 파괴할 수도 있다고 지적했다. 가장 긴급하게 요구되는 조처에 관한 우리의 권고는 미국 본토 방어를 위한 새로운 차원의 능력을 갖춰야 한다는 것이었다.

하트-러드맨 위원회의 작업과 다양한 다른 중요 기관들의 유사한 노력들은 결국 9.11 테러를 막지는 못했지만, 사건 이후 특히 처음 몇 달간 미국이 그 테러사건에 신속하고 단호하고 효과적으로 대응하도록 하는 데는 기여했다.

앞으로 다가올 몇십 년 동안 우리는 피할 수 없는 놀랄 일들에 점점 더 많이 직면하게 될 것이다. 그런 놀랄 일들은 이 세계의 경제적, 정치적, 사회적 영역에서 커다란 불연속적 단절을 가져올 것이며, 그 하나하나는 오늘날 작동하는 게임의 규칙들을 변화시킬 것이다. 미래에는 분명 놀랄 일들이 적어지기는커녕 오히려 늘어나면서 상호연관성을 갖게 될 것이다. 그 총체적인 결과로 우리는 오늘날 우리가 알고 있는 세계와 근본적으로 다른 새로운 세계에 들어설 것이다. 그 시기는 10~15년 뒤일 수도 있다. 우리의 미래에 놓여 있는 이런 피할 수 없는 놀랄 일들을 이해하는 일은 우리가 오늘날 어떤 결정을 내릴 때 중요한 역할을 한다. 이 점에서는 기업의 최고경영자도, 국가의 지도자도, 가정과 지역사회의 미래를 걱정하는 개인도 마찬가지다. 앞으로 닥칠 파국적 사건을 예방할 수 있다고 장담할 수는 없지만 그런 사건에 대응하는 우리의 능력과, 자칫 놓칠 수도 있는 기회를 포착하는 능력을 증대시키는 것은 분명히 가능하다.

세계 금융망이 좋은 예다. 금융시장에서 오류와 패닉 현상이 거듭 일어나지만, 세계 금융계는 그런 재난들에서 배움을 얻는다. 1929년의 금융위기는 그 후 10년에 걸쳐 전 세계적인 불황을 가져왔다. 그러나 주식 시가총액 손실액 측면에서 1929년의 금융위기보다 더 큰 재난이었다고들 하는 1987년의 금융위기는 전혀 다른 결과, 즉 그렇게 심하지는 않은 불황을 가져왔고, 곧이어 호황이 다시 찾아왔다. 이런 차이를 낳은 한 가지 이유는 금융기관과 감독당국들이 1929년의 금융위기로부터 무언가를 배웠다는 점일 것이다. 그들은 지금도 계속 배우고 있다. 그들은 앞으로도 많은 실수를 하겠지만, 2000~2001년 주식시장 위기를 낳은 회계부정과 똑같은 종류의 실수는 용납하지 않을 것이다.

미래는 이미 시작됐다

내가 그런 것들을 어떻게 다 아느냐고 묻고 싶은가? 그 이유는 내가 세계에서 가장 흥미로운 직업들에 종사하고 있기 때문이다. 나는 시나리오 플래닝(Scenario Planning)을 전문적으로 수행하는 조사자문 회사로 세계적인 명성이 있는 글로벌 비즈니스 네트워크(GBN; Global Business Network)를 이끌고 있다. 나는 벤처캐피털리스트로서, 역사와 규모 면에서 선도적 벤처캐피털 펀드인 알타 파트너스(Alta Partners)의 한 파트너이기도 하다. 나는 미래에 관한 영화를 만들고자 하는 영화제작자들의 요청을 받아, 영화의 세부사항과 플롯 구성에 관해 그들에게 도움을 주곤 한다. 몇 년 전에는 2050년을 배경으로 한 미래영화 〈마이너리티 리포트(Minority Report)〉(2001)의 제작과정에서 스티븐 스필버그 감독과 같이 일하기도 했다.

글로벌 비즈니스 네트워크의 대표로서 나는 주요 기업들과 주요 국 정부들에게 장기적인 의사결정에 관한 자문을 해준다. 나는 그들이 미래를 내다보고, 장기적 관점과 통찰을 바탕으로 오늘 실행할 일들을 결정하도록 돕는다. 그들이 앞으로 일어날 놀랄 일들을 미리 예측하고, 미래를 만들어내는 오늘의 추세를 알아차릴 수 있도록 돕는다. 나는 앞으로 불가피하게 부닥칠 일들이 무엇인지, 그리고 어디에 근본적인 불확실성이 존재하는지를 그들이 파악할 수 있게 해준다. 그런 다음 나는 미래에 대해 대규모 베팅을 한다. 벤처캐피털리스트로서 내가 하는 베팅은 내가 예상하는 미래가 실제로 실현되도록 뒷받침하는 행동이기도 하다. 나아가 나는 영화에 대한 자문자 역할을 통해 대규모의 추세들이 보통 사람들의 일상생활에 어떤 결과를 초래하는지를 사람들이 상상해볼 수 있도록 돕는다.

이처럼 대략 세 가지 종류의 역할을 하면서 나는 오늘 의사결정을 하는 사람들 대부분이 예상하지 못하는 방식으로 세계에 영향을 끼치는 핵심적이고 중요한 추세들을 점점 더 또렷하게 인식할 수 있게 됐다. 그런 추세들을 시나리오 플래너(Scenario Planner, 시나리오 플래닝 기법으로 미래전망을 하는 전문가-옮긴이)들은 '이미 정해진 요소들(Predetermined Elements)'이라고 부른다. 이것은 오늘의 세계 속에서 그 초기 국면을 우리가 이미 보고 있기 때문에 확실성을 갖고 예측할 수 있는 추세들이다. 그런 추세들은 이미 시작됐기 때문에 결코 피할 수 없는 필연적인 것임을 우리는 안다. 그럼에도 그런 추세들은 우리를 놀라게 할 것이다. 왜냐하면 근본적으로 그런 추세가 낳을 사건은 사실상 미리 정해져 있지만, 그 사건이 실제로 일어나는 시간, 그 결과와 효과 등은 그렇지 않기 때문이다. 우리는 그러한 사건이 정확히 언제 어떻게 전개되고 일어날지는 알지 못한다. 그러나 우리는 현실화할 가능성이 있는 결과의 범위, 그리고 그에 따라 게임의 규칙이 어떤 방향으로 변하게 될지를 예상할 수는 있다.

내가 글로벌 비즈니스에서 수행하는 것과 같은 시나리오 플래닝은 미리 정해진 요소들에 대해 세밀한 관찰과 조사를 하는 경우가 많다. 사실 시나리오 플래닝 분야의 주요 혁신가들 가운데 한 사람인 피에르 워크는 1970년대와 1980년대 초에 로열더치 셸에 대한 시나리오 작업을 수행할 때 미리 정해진 요소들을 전망의 기본 근거로 삼았다. 그는 로열더치 셸에 대한 집중적인 연구와 분석 끝에 이 회사에 피할 수 없는 놀랄 일들이 닥치고 있음을 파악했고, 격동하는 시장에서 이 회사가 살아남고 성공할 수 있는지는 그러한 일들에 대해 미리 주목할 능력을 갖출 수 있느냐에 달려있다는 결론을 내렸다.

피에르는 그의 작업을 인도 갠지스 강의 홍수에 대한 예측에 비유해 이렇게 말하곤 했다. "갠지스 강은 그 수원에서부터 어귀에 이르기까지 길이가 2400킬로미터에 이르는 큰 강이다. 이 강의 상류 유역에서 폭우가 내리기 시작했음을 안다면, 이틀 안에 히말라야 산기슭에 있는 리시케시 지역에 뭔가 엄청난 일이 벌어질 것임을 확실하게 예측할 수 있다." 이어 사흘 뒤에는 델리의 동남쪽에 있는 알라하바드에 홍수가 일어나고, 그 다음 닷새 뒤에는 갠지스 강의 델타 지역에 있는 베나레스에 홍수가 일어날 것이라고 예상할 수 있다고 그는 덧붙였다. "지금 베나레스에 사는 사람들은 그런 홍수가 닥칠 것이라는 사실을 알아차리지 못하고 있다. 그러나 나는 그것을 안다. 왜냐하면 나는 그 홍수가 시작된 상류 쪽에 가서 보았기 때문이다. 나는 그것을 내 눈으로 보았다! 이것은 점을 치는 것이 아니다. 이미 벌어지고 있는 어떤 것이 미래에 가져올 잠재적 결과들을 묘사하는 것일 뿐이다."[1]

이 책에서 서술될 피할 수 없는 놀랄 일들에 대해서도 똑같은 말을 할 수 있다. 예를 들어 3장에서 나는 인구이동의 파도가 앞으로 20여 년에 걸쳐 전 세계적으로 사회변화를 일으킬 것임을 설명할 것이다. 또 영어를 말하는 서유럽인 후손들의 미국 내 인구비중은 줄어들고, 그에 따라 미국의 법률, 제도, 문화가 크게 변화할 것이다. 유럽에서는 몇십 년까지는 아니더라도 여러 해 동안 해외로부터 쏟아져 들어오는 난민과 이슬람 이민자들로 인해 정치지도자들이 골머리를 앓을 것이며, 아시아에서는 중국이 그와 비슷한 문제에 부닥칠 것이다. 이것은 점을 치는 것이 아니다. 이런 인구이동의 파도를 기정사실로 만드는 요소들이 이미 여러 해에 걸쳐 가시화돼왔다. 우리는 그것들을 우리의 눈으로 보았다! 물론 인구이동이 낳을 결과는 분명치 않다. 그러나 우리의 사업과 정부정책, 우리의 삶과 관련된 선택의 성공여부는 그 가운데 확실한 측면들을 식별해내고, 그것들에 대응해 행동하는 것이 마음에 들지 않더라도 실제로 그렇게 할 수 있느냐에 달려 있다.

내가 이 책을 써야겠다고 생각한 것은 2001년 중반이었다. 그때 나는 클린턴 정부의 재무장관을 지내고 시티코프의 부회장으로 있던 로버트 루빈으로부터 연락을 받았다. 그는 "브라질과 동남아시아의 채무위기, 주식시장의 붕괴 등 커다란 일들로 우리는 계속 놀라고 있다"며 "회사의 자문단과 간부들을 불러 모아 이삼 일간 회의를 가질 예정"이라고 말했다. 그는 이어 "앞으로 닥칠 커다란 놀랄 일들이 무엇인지 말해 달라. 우리는 그런 것들을 피해 가고 싶다"고 덧붙였다.

처음에 나는 머뭇머뭇했다. 미래예측을 하는 사람이라면 누구나 알겠지만, 나중에 뒤돌아보면 자신의 오류와 실수가 분명해진다는 것이 미래예측에 따르는 문제점이다. 그러나 나는 시티코프의 미래에 영향을 끼칠 만한 경향과 추세들을 조사하면서, 그 가운데 많은 것들이 개연성 정도를 넘어 필연성을 지니고 있음을 알게 됐다. 시티코프에 가서 조사결과를 설명할 때 나는 내가 그들에게 해주려는 이야기들 대부분에 대해 그들도 이미 어느 정도는 인식하고 있다는 것을 알고는 놀랐다. 그들은 내가 제시하려는 사실들 가운데 일부를 이미 알고 있었다. 그러나 그들 중 어느 누구도 전체 그림을 파악하기 위해 개별적으로나 조직적으로 그들이 이미 알고 있는 것들을 종합해 보려고 하지 않았다. 바로 이 때문에 그들은 계속 놀라야 했던 것이다. 내 이야기를 들려주기 시작하자 그들은 "물론 그렇죠"라고 말하는 듯 연신 고개를 끄떡였다.

시티코프가 미래의 놀랄 일들에 관해 배울 수 있는 것들은 많았다. 사실들을 안다고 해서 문제가 무엇인지를 아는 것은 아니었다. 주요 대기업의 책임 있는 자리에 있는 대부분의 다른 사람들과 마찬가지로 그들도 사실들 자체는 알고 있었다. 그러나 그들은 사실들을 하나로 종합해 보고 그 결과가 어떻게 나타날 것인지를 파악할 능력까지 늘 갖추고 있는 것은 아니었다. 그들의 태도는 우리 모두에게 그대로 적용된다.

부정과 방어적 태도

미래에 대한 예측이 가능하다면, 왜 그렇게 많은 기업과 조직들이 미래예측을 위해 스스로 알고 있는 사실들을 종합하는 데 어려움을 겪는 것일까? 적어도 1960년대 중반 이후로는 불연속적 단절이 삶의 일상사가 됐다. 케네디 대통령의 암살, 1970년대의 석유파동, 스태그플레이션, 냉전의 종식, 의료기술과 통신기술의 급변, 기후변화의 충격 등이 바로 이 시기에 일어났다. 이런 사건들을 겪은 터라 이제 많은 사람들이 놀랄 일들에 대한 대응 능력을 갖췄을 것이라고 생각하기 쉽다. 우리가 삶의 기반으로 삼는 가정들 가운데 일부는 잘못된 것이고, 우리는 자신의 조직과 삶을 위기에 빠뜨리는 사건들의 롤러코스터에 올라타 있다. 따라서 우리가 앞으로 닥칠지도 모를 일들에 미리 대비해야 한다고 인식하는 것은 어찌 보면 자연스런 일이다. 그러나 머리로 인식하는 것과 그것을 실제로 행하는 일은 완전히 다른 문제다.

피할 수 없는 놀랄 일에 부닥칠 경우 우리가 으레 보이는 반응은 다음 두 가지인데, 둘 다 잘못된 의사결정으로 이어질 위험이 있다.

첫 번째 반응은 부정이다. 이는 놀랄 일을 피할 수 없다는 사실을 인정하지 않으려는 것이다. 미국 정부가 9.11 테러공격에 대비하지 않았던 주요 이유들 가운데 하나도 바로 이것이다. 책임과 권한이 있는 자리에 앉아있던 많은 사람들이 국가안보 체제의 구조를 전면 재검토할 정도의 대비가 긴요함을 인정하기를 거부했다. 이처럼 피할 수 없는 놀랄 일에 대해 부정하는 사람들은 마치 그런 일은 전혀 존재하지 않는다는 듯이, 그래서 습관적인 태도에서 벗어나 대비책을 강구해야 할 필요성이 없는 듯이 행동하는 경향이 있다. 그 결과 그들은 막대한 손실을 입게 될 수 있다.

일례로 2001년 말 엔론의 직원들은 자신의 주식투자 포트폴리오와 연금기금이 붕괴하는 것을 지켜볼 수밖에 없었고, 그런 그들에 대해 누구나 동정심을 가졌다. 그들은 자신의 연금을 살릴 방도가 없었다. 아마 그들 중 조심스럽다는 사람들조차도 연금을 날렸을 것이다. 그러나 사태가 그 지경에 이르는 동안, 그러니까 이익조작 덕분에 주가가 오르는 동안 그들은 그런 상황을 즐겼고, 파국의 잠재적 가능성을 부정했다. 그리고 그들 중 많은 이들이 자신만큼 운이 좋지 못한 주위 사람들에게 자신의 행운을 자랑했다. 약간의 통찰과 반성만으로도 그렇게 빠른 속도로 오른 주가는 그만큼 빠른 속도로 다시 떨어질 수 있다는 생각을 할 수 있었을 것이고, 엔론의 경영진이 허용했든 안 했든 그들의 보유자산을 분산시켜 다각화해야겠다는 생각을 했을 것이다. "우리 회사는 아주 빨리 성장하고 있기 때문에 나쁜 일은 일어날 수 없다"고 생각한 만큼 그들은 스스로를 속이고 있었던 것이다.

그렇지 않았던 적잖은 엔론 직원들은 위험신호를 제때 인식하고 그들의 보유자산을 적시에 분산시켜 가혹한 폭풍을 견딜 수 있었다.

피할 수 없는 놀랄 일의 징조가 모습을 드러낼 때 부정하는 태도는 가장 위험한 반응이다. 오늘날 많은 정치지도자들이 이 책에서 서술될 놀랄 일들에 대해 부정하는 태도를 취하고 있다. 그 예로 지구의 기후변화, 새로운 질병의 발생, 그리고 멕시코, 카스피해 연안, 사우디아라비아 등지의 분쟁 등과 같은 위험요소를 들 수 있다. 유럽에서는 인구이동의 현실에 대한 계속적인 부정이 유럽대륙 전체를 파열시킬지도 모른다.

두 번째 반응은 방어적 태도다. 이것은 어떤 면에서 부정과는 정반대다. 이런 태도를 취하는 사람들은 피할 수 없는 놀랄 일들을 대단히 심각하게 받아들이는 바람에 오히려 얼어붙는다. 그들의 마음속에는 안전한 장소를 찾아 몸을 숨기고 위기상황이 지나가기를 기다리는 것 외에는 행동의 대안이 없다. 그들은 투자규모와 활동을 줄이고, 눈앞의 작은 자기이익을 지키는 데 집중하며, 위험을 부담할 수 있을 만큼 상대적으로 평온한 시기가 다시 돌아오기를 기다린다. 기업 경영자라면 비용을 삭감하고 혁신활동을 줄일 것이고, 정치지도자라면 단기적인 정치적 이득을 노리는 데 그칠 것이다.

얼핏 봐서는 이런 방어적인 반응이 이치에 맞는 듯하다. 그러나 이런 반응을 보이는 사람들은 자신의 운명을 스스로 통제할 수 있는 능력이 약화됐다고 생각할 것이다. 실제로는 자신의 운명이 여전히 과거와 똑같이 자기 손에 달려 있음에도 그렇게 느끼는 것이다. 이렇듯 방어적 태도를 취하는 사람들은 외부 요인들 가운데 일부는 스스로 통제할 수 있는 범위를 벗어난다고 생각할지 모른다. 그러나 적어도 그런 요인들에 대한 자신의 노출을 최소화할 능력은 누구에게나 있다.

이런 방어적 전략은 불행하게도 나쁜 결과를 낳는 경향이 있다. 불확실성에 직면한 상태에서 아무런 일도 하지 않음으로써 사실은 가장 위험한 행동을 하는 셈이기 때문이다. 예를 들어 2000년의 주식시장 거품이 붕괴했을 때 투자손실을 본 사람이라면 "기업의 주식이란 것은 믿을 게 못되니 앞으로 다시는 주식투자를 하지 않겠다"고 생각하는 것이 어쩌면 자연스러운 반응이었는지 모른다. 그러나 모든 기업 경영자들이 월드컴이나 엔론의 경영자들처럼 시야가 좁고 착취적인 것은 아니다. 거품 붕괴가 모든 기업들에 대한 투자를 중단하라는 신호는 아니다. 또한 기술기업, 금융회사, 신경제 기업에 대한 투자를 중단하라는 신호도 아니다. 거품 붕괴는 단지 투자의 기준을 좀더 엄격하게 지켜야 한다는 점을 일깨워주는 것일 뿐이다. 투자를 위한 사전준비와 성실한 주의가 더욱 필요해진 것이다. 리스크를 기피하기만 할 게 아니라 위험에 대해 좀더 예민해져야 한다는 것이다.

정서적으로는 이해되긴 하지만 부정과 방어 둘 다 기본적으로는 무책임한 태도이다. 기업 경영자의 경우에는 특히 그렇다. 부정과 방어를 일삼는 기업 경영자는 부지불식간에 조직 전체에 '희생양의 태도'를 조장한다. "저조한 실적을 막기 위해 우리가 할 수 있는 일은 아무것도 없었다. 우리는 우리가 처한 상황에 압도당했다." 이런 태도의 대표적인 예를 우리는 항공업계에서 볼 수 있었다. 그들은 이렇게 말했다. "테러공격 이후 장거리 항공여행에 대한 수요가 급감했다. 그래서 우리는 이익목표를 달성할 수 없었다." 글쎄다. 만약 당신이 항공업계에 종사하고 있는데 또 다른 테러공격에 대비한 비상계획을 갖고 있지 않다면, 당신은 언젠가는 또 다시 고통을 겪게 될 가능성이 높다.

이 책은 부정과 방어의 태도를 벗어던지고, 놀랄 일이 가득 찬 이 세상에서 당당히 자기 운명의 주인이 되고자 하는 사람들을 위해 씌어졌다. 이런 전환을 하는 첫 걸음은 피할 수 없는 미래의 놀랄 일들에 대해 주목하고, 그런 일들을 잘 다뤄나갈 수 있는 전략을 개발하는 것이다.

우리가 처한 환경의 서로 다른 측면들은 각기 서로 다른 전략을 요구한다. 이 책에서 서술될 놀랄 일들 가운데 일부는 우리가 이미 알고 있는 것이다. 다시 말해, 이미 오래 전부터 우리는 그 전조를 느꼈다는 것이다. 그런 일들은 천천히, 그러나 꾸준히 다가온다. 수십 년에 걸쳐 우리에게 다가오는 것들도 있다. 인구증가율 둔화가 바로 이 경우에 해당된다. 컴퓨터의 지속적인 발전과 임박한 지구 기후변화도 마찬가지다. 이런 것들에 대해서는 우리가 대비할 수 있는 시간이 긴 편이다. 이는 그것들이 대비하기까지에 많은 시간이 걸리는 일들이라는 관점에서 본다면 그나마 다행한 일이다.

그 밖의 다른 놀랄 일들은 급작스럽게 일어날 수 있다는 점에서 그 파급영향이 클 수 있다. 그런 일들이 실제로 일어나면 모든 것들이 달라진다. 남아프리카공화국에서 감옥에 갇혀 있었던 넬슨 만델라가 풀려난 것도 그런 경우에 해당된다. 당시 남아프리카공화국의 많은 사람들은 흑백분리 정책인 아파르트헤이트가 더욱 더 엄격해질 것이라고 생각하고 있었다. 냉전의 종식과 옛 소련의 몰락도 비슷한 경우다. 일본 금융시스템의 붕괴도 마찬가지다. 1980년대만 해도 미국인들은 '주식회사 일본'이 실질적으로 미국을 압도할 것이라고 예상하고, 그런 상황에 대비했다. 인터넷의 부상, 아시아 금융위기, 주식시장의 호황과 거품 붕괴, 그리고 9.11 테러공격도 그런 예들 중 하나라 볼 수 있다.

이처럼 체제를 변화시킬 정도로 파괴력이 큰 사건들은 대부분의 사람들이 생각하는 것 이상으로 흔하게 일어난다. 오늘날에는 전 세계적으로 그런 사건이 일 년에 적어도 한 번은 일어난다. 그럼에도 대부분의 기업인들은 마치 연속적으로 순조롭게 이어지는 환경 속에 살고 있는 듯이, 그리고 그들의 사업실적이 계획과 대체로 비례할 것처럼 행동한다. 이 세계가 굴러가는 방식에 대한 다수의 기본적 가정들을 근본적으로 변화시킬 격변이 주기적으로 일어나는 세상에서 가장 효과적인 전략은 의식적으로 탄력성을 갖는 것이다. 다시 말해 단기적인 대응을 장기적인 비전과 균형 있게 조화시키고 필요한 대비태세를 갖추며, 경우에 따라서는 신속하게 방향전환을 할 수 있어야 한다.

1990년대의 아이비엠(IBM)이 이런 종류의 기업운영을 한 좋은 예다. 아이비엠은 그전 수십 년 동안 중점사업으로는 한 가지 사업모델만을 고수했다. 그것은 바로 메인프레임 컴퓨터를 임대하고, 자사가 임대한 컴퓨터에 대한 지속적인 기술지원 서비스를 제공하는 것이었다. 아이비엠은 '아이비엠 피시'를 개발했고, 이 제품은 1980년대 초반에 가장 잘 팔리는 개인용 컴퓨터로 각광을 받았다. 그러나 아이비엠의 경영자들은 이 개인용 컴퓨터를 그들 사업의 핵심 제품으로 보지 않았다. 그들이 보기에 개인용 피시 제품은 메인프레임 컴퓨터라는 본체에 따르는 주변 단말기일 뿐이었다.

그런데 모든 것이 급변했다. 애플이 좀더 사용자친화적인 컴퓨터를 개발해 아이비엠의 시장을 잠식해 들어왔던 것이다. 게다가 아이비엠은 개인용 컴퓨터의 운영체제 소프트웨어에 대한 통제권을 둘러싼 싸움에서 마이크로소프트에 패배했다. 아이비엠의 고객들은 아이비엠의 메인프레임 컴퓨터와 클라이언트-서버 구조에 대한 홍미를 잃어버렸다. 컴퓨터가 보다 저렴해지고 강력해져서 더욱 네트워크화되고 상호의존적인 형태로 작동시킬 수 있게 됐기 때문이다. 뿐만 아니라 아이비엠은 다른 컴퓨터 기업들이 지적재산권 독점체제에서 벗어나 월드와이드웹과 인터넷으로 사업 분야를 옮겨가는 것을 지켜봐야 했다. 아이비엠에게 남은 것은 거액의 현금유동성과 견고한 명성뿐이었다. 이 두 가지는 물론 엄청난 자산이었지만, 효율적으로 활용돼야만 가치가 있는 것이었다.

1990년대 초가 되자 아이비엠은 사업모델을 변경하기 위해 재빨리 움직였다. 그리고 1980년대만 해도 이디에스(EDS)와 페로 시스템스(Perot Systems)가 장악했던 컴퓨터서비스 외주시장에서 돌연 세계적인 선도기업이 됐다. 이를 위해 아이비엠은 세계적으로 유명한 자사의 컴퓨터 영업조직을 우회해서 컨설팅사업 분야를 처음부터 다시 구성해야 했다. 그런 다음 컨설팅사업 분야가 컴퓨터서비스 사업을 추진했고, 그 결과 10년도 안 되는 사이에 컴퓨터서비스 부문의 매출이 0달러에서 300억 달러로 급증했다. 이런 성과를 바탕으로 아이비엠은 컴퓨터 제조의 방향을 전환해, 자사가 제공하는 컴퓨터서비스에 필요한 하드웨어를 제조하는 데 초점을 맞출 수 있었다. 그처럼 신속하게 변화를 이루어낸 회사는 지금껏 거의 없었다.

아이비엠이 신속하게 움직일 수 있었던 한 가지 이유는 컴퓨터와 관련된 사업의 모든 측면에 적응할 수 있는 태세를 갖추고 있었기 때문이다. 비록 부차적인 것이긴 했지만 개인용 컴퓨터를 다뤄본 경험은 아이비엠에 급변하는 시장과 사업 환경에 대한 본능적인 감각을 길러주었다. 이런 점은 다른 메인프레임 컴퓨터 회사들은 갖지 못한 아이비엠만의 강점이었다.

제록스(Xerox)는 1970년대까지만 해도 시장을 주도하는 기업이었지만 1990년대의 환경에 적절히 대응하지 못하는 바람에 거의 파산지경에 이르렀다. 사실 제록스는 시장에서 일어난 변화들에 관해 알고 있었다. 1995년에 글로벌 비즈니스 네트워크는 제록스의 경영자들과 함께 시나리오 전망을 수행했고, 그 시나리오들 중에는 '제록스의 사망'도 끼어있었다. 우리가 그 시나리오 전망을 제시했을 때 제록스의 경영자들은 "우리는 당신들이 권하는 일은 단 하나도 시행하지 않겠다"고 말했다. 그 뒤 몇 년간에 걸쳐 그들은 우리가 하지 말라고 경고했던 모든 일들을 체계적으로 시행했다. 오늘날 제록스는 예전보다 훨씬 작은 규모의 프린터와 복사기 회사가 돼버렸다.

이 책의 내용은 두 겹의 프로세스로 이루어져 있다. 우선 우리의 앞날에, 특히 앞으로 25년 동안에 어떤 종류의 피할 수 없는 놀랄 일들이 놓여 있는지를 알아보려 한다. 앞으로 25년은 오늘날 창업한 기업들이 결실을 맺는 기간이며, 기존의 기업과 정부들의 대부분이 스스로를 재구성해야 할 기간이다. 두 번째로, 피할 수 없는 놀랄 일들에 직면했을 때 기업이나 조직이 번성하기 위해 어떤 종류의 조처들이 필요한지를 제시할 것이다.

때로 당신은 놀랄 일의 결과에 영향을 미칠 수도 있다. 만약 그 놀랄 일이 바람직한 것이라면 그것이 더 많이 일어나도록 할 수 있고, 나쁜 것이라면 그것에 대한 예방조처를 취할 수 있을 것이다. 또 놀랄 일이 실제로 일어났을 때 올바른 위치에 서 있게 해줄 인적관계, 제품, 금융자원, 정보를 개발해 놓은 사람이라면 그 놀랄 일을 오히려 호기로 활용할 수도 있다. 그런가 하면 어떤 놀랄 일이 다가오고 있는데 불원간 그것이 터질 것이라고 확신하는 사람은 높은 위험도를 감수하면서 행동에 나설 것이다. 이런 사람은 놀랄 일에 대해 미리 생각하고 이해해 두었기 때문에 다른 사람들이 어렵게 여기며 기피하는 위험이라도 실제로는 그리 위험하지는 않다는 것을 안다. 그래서 위험에 직면해서도 대담해질 수 있는 것이다. 그리고 폭풍우가 몰려오는 것을 보더라도 만약 그 폭풍우를 견뎌낼 자원, 특히 자신의 자금력을 확신하는 사람이라면 영위하던 사업 중 일부를 철수하지 않고도 폭풍우에 맞설 수 있을 것이다.

그렇다면 이제 남은 질문은, 그런 일이 다가오는 것을 실제로 알아차릴 수 있느냐는 것이다. 이 질문에 대해서는, 독자인 당신이 이 책에 서술될 예측들에 대해 직접 타당성을 검토하고 판단함으로써 스스로 답변을 얻기를 바란다. 이 책에 서술될 내용은 그저 아무렇게나 해보는 예측이 아니다. 이 책에서 제시될 모든 예측들은 주의 깊게 숙고된 결과이고, 글로벌 비즈니스 네트워크에서 나와 동료들이 수행해온 집중적인 조사연구와 시나리오 프로젝트들로부터 도출된 것이며, 전 세계의 정보원들에게서 얻은 최신 정보를 바탕으로 한 것이다. 그 모든 예측들은 피할 수 없는 미래의 놀랄 일들을 서술한 것이다. 나는 이 책에서 앞으로 확실히 일어날 일들과 단지 일어날 가능성만 있는 일들을 각각 구분해 서술했다.

이 책에서 다뤄질 사항들 가운데 어떤 것들은 독자인 당신도 잘 아는 것이겠지만, 어떤 것들은 새로운 것이어서 생소하게 느껴질 것이다. 또 어떤 것들은 당신에게는 너무나 자명해 되풀이할 필요조차 없다고 느껴질지 모르지만, 당신을 제외한 다른 많은 독자들에게는 미래에 대비하는 데 가장 중요한 것일 수도 있다. 인구증가율 둔화가 바로 그런 경우에 해당된다. 인구통계학자들에게는 인구증가율 둔화가 너무나 익숙한 것이어서 마치 기본상식처럼 돼있다. 그들은 인구증가율 둔화란 자명한 것이고, 따라서 다른 모든 사람들도 그것을 알고 있을 것이라고 생각한다. 그러나 나는 인구증가율 둔화를 이야기할 때 그것을 그저 스쳐지나가듯 언급만 하고 넘어갈 수는 없다는 사실을 알게 됐다. 내 이야기를 듣던 사람들은 흔히 "그렇다면 인구폭발 문제는 뭐냐?"고 묻곤 했다. 그럴 때 나는 답변을 하기 위해 생각할 시간을 가져야 했다. 그러고는 "인구폭발은 더 이상 없다"고 말했다. 누구나 이런 말을 어디선가는 들었을 것이다. 그러나 내가 말한 답변의 의미를 제대로 이해하는 사람은 없었다. 그런가 하면 이 책에서 서술될 구체적인 이야기들 가운데 일부는 완전히 생소한 것일 수 있다. 예를 들어 7장에서 설명되는 텔레포테이션(teleportation, 순간이동)에 관한 이야기는 이 책을 읽는 대부분의 독자들에게 아주 낯설게 느껴질 것이다.

이런 구체적인 이야기들의 밑바탕을 들여다보거나 각각의 페이지에서 행간을 읽어내려고 하는 독자들은 전반적으로 미래에 대해 내가 전달하고자 하는 기본적인 메시지를 알게 될 것이다. 오늘날 우리의 문명에 닥쳐온 문제는, 지금 살아있는 사람들 중 그 누구도 부닥친 적이 없을 만큼 거대하다. 그러나 지식과 기술의 발전 덕분에 지금의 인류는 그 어느 때보다 더 문제해결의 능력을 갖추게 됐다. 그런데 우리에게 닥친 문제의 대부분은 적어도 부분적으로는 바로 우리 자신의 행위가 초래한 것이다. 이런 점에서 우리의 증대된 능력은 양날의 칼이라고 말할 수 있다.

　이런 지적을 하는 것은 내가 처음이 아니다. 사실 앨빈 토플러가 《미래의 충격(Future Shock)》이라는 책을 펴낸 이후 30여 년에 걸쳐, 내가 전달하려는 기본적인 메시지는 상식의 일부처럼 됐다. 그럼에도 대부분의 사람들은 여러 가지 의사결정을 할 때 아직도 그것을 믿지 않는 것처럼 보인다. 개인 차원이든 조직 차원이든 사회 차원이든 우리가 앞으로 해야 할 가장 중대한 과제는 가속적으로 증대되는 자신의 힘에 휩쓸리지 않으면서 그 힘을 능숙하게 구사하는 것이다.

　그렇다고 해서 조급하게 극적인 조처를 취해야 한다는 뜻은 아니다. 재빠른 행동이 지닌 부정적인 측면은 닷컴거품이 잘 보여주었다. 보트로 급류를 타는 요령은 물살이 움직이는 모든 형태에 대비하면서 그 물살의 움직임 자체가 변하는 방식에도 주의를 기울이는 것이다. 이것은 물론 쉬운 일이 아니다. 급류의 물살은 계속 변하기 때문이다. 강 밑바닥의 물은 천천히 움직이겠지만 수면은 계절과 날씨에 따라 변한다. 늦봄에는 흰 포말을 일으키며 거친 격류가 되고, 늦가을에는 수위가 낮아져 아예 강바닥이 드러날 수도 있다. 봄철의 래프팅은 많은 기술과 용기가 필요하고, 강렬한 긴장감을 느낄 수는 있지만 그만큼 격류에 휩쓸려버릴 위험도 크다. 반면 가을철의 래프팅은 천천히 흐르는 강의 흐름을 타기 위해 인내심이 필요하며, 긴장감이 덜하고 위험이 거의 없지만 참을성과 균형감을 느긋하게 즐길 수 있다. 미래라는 강을 래프팅하려면 모든 계절에 대해서 대비태세를 갖추고 계절에 따라 마음가짐을 바꿀 줄 알아야 한다. 아울러 우리 앞에 전개되는 변화의 리듬을 인식하고, 그것을 부정하지 말고, 변화가 본격적으로 우리에게 닥치기 전에 그 변화에 대응하는 연습을 해두어야 한다.

앞으로 일어날 수 있는 놀랄 일들에 심리적으로 압도당한다면 미래에 대한 전망이 어두워질 것이다. 그렇게 되면 예기치 못한 위기가 거듭해서 일어날 것이라고 예상하게 되고, 그 예상은 맞아떨어질 것이다. 이와 달리 사려 깊은 태도로 앞으로 일어날 일에 대한 호기심과 설렘을 갖고 미래를 기다리는 태도를 취할 수도 있다.

20여 년 전 어느 날 오후에 나는 캘리포니아 주 몬트레이에 있는 타사자라 선(禪)센터에서 한나절을 보낸 적이 있다. 아주 화창한 날이었다. 우리 일행은 호수와 폭포, 바위로 뒤덮인 경사진 산길을 내려오고 있었다. 길 표면이 무척 미끄러웠기에 우리는 이 바윗돌에서 저 바윗돌로 조심스레 발걸음을 옮기다가 미끄러지기도 했고, 서 있는 것이 위험하다고 느껴지는 곳에서는 아예 배를 바윗돌에 붙이고 엉금엉금 기기도 했다. 그런데 한 젊은 여성이 그 길을 나는 듯이 내려가는 것이었다. 그녀는 마치 춤추는 댄서와 같았다. 한 바윗돌에서 다른 바윗돌로 옮겨 디디면서 전혀 몸의 균형을 잃지 않았다. 한순간도 멈추지 않고 계속 이어지는 그녀의 움직임은 전혀 힘들어 보이지 않았고 우아해 보이기까지 했다. 그녀는 오래전부터 바윗돌 타기를 해왔기 때문에 그 길이 익숙하고 편안했던 것이다. 그녀의 그런 모습을 보고 우리 일행은 바윗돌이라는 것이 그렇게 위험한 환경은 아니라는 점을 돌연 깨달았다. 그것에 대해 잘 아는 사람이라면 위험할 게 전혀 없는 것이었다.

그 뒤 나는 그때의 산길과 유사한 상황에 처한 사람들을 많이 보아왔고, 그때마다 산길에서 본 그 젊은 여성의 날렵한 몸놀림을 회상했다. 우리가 어떤 행동을 하기를 두려워하는 것은 우리가 처한 환경을 잘 모르기 때문이다. 자신이 처하게 될 환경을 미리 생각해본 사람은 준비가 돼있기 때문에 위험 속에서도 우아함과 능력을 과시하며 행동에 나선다. 그런 사람은 행동으로써 도전에 나서는 데서 즐거움을 느끼는 여유까지 보여준다.

지금이 25년 전이라면

이 책은 인간의 한 세대에 해당되는 25년 앞을 내다본다. 이런 일을 시작하기에 앞서 거꾸로 25년 전을 되돌아보는 것도 좋겠다. 그렇게 하면 우리가 미래를 전망하는 데 적용할 판단력이라는 자의 눈금을 조정할 수 있을 것이기 때문이다. 내가 이 책을 쓴 2003년을 기준으로 25년 전인 1978년에 나는 시나리오 플래닝 일을 6년째 하고 있었다. 처음에는 스탠포드 연구소의 후신인 'SRI 인터내셔널'에서, 그 다음에는 로열더치 셸의 유명한 부서였던 '그룹플래닝부(Group Planning Department)'에서였다. 바로 이 그룹플래닝부에서 피에르 워크와 그의 동료들이 시나리오 플래닝 기법을 개발했다. 지금도 여전히 이용되고 있는 이 기법에 대해 나는 나의 저서 《장기전망의 기술(The Art of the Long View)》에서 다뤘다.

　1978년에 우리는 무엇을 볼 수 있었을까? 당시에 가시화하고 있었고, 우리가 사는 오늘날의 세계를 형성한, 당시의 관점에서 '앞으로 닥칠 피할 수 없는 놀랄 일들'은 무엇이었을까?

　■ **상품으로서의 석유**　당시는 에너지 위기의 한가운데서 벗어나지 못하고 있었다. 그럼에도 우리는 석유 가격이 떨어질 것임을 알고 있었

다. 석유산업은 구매처 다각화, 유연성 강화, 거래지향적 방향으로 변하고 있었고, 에너지 효율성의 증대로 석유 수요가 억제되고 있었다. 석유수출국기구는 인위적으로 높은 수준으로 석유 가격을 유지하는 게 불가능했다. 아니나 다를까 1986년에 석유 가격은 급락했다.

■ **냉전의 종식** 공산주의든 반공산주의든 이데올로기를 뛰어넘어 생각할 줄 아는 사람이라면 누구나 소련이 그 거대한 경찰국가를 유지하는 데 드는 비용을 오래 감당하지 못할 것이라고 여겼다. 우리는 그것이 정확히 언제 끝을 볼 것인지는 몰랐지만, 그렇게 계속 유지될 수는 없다는 사실은 알고 있었다.

■ **통신산업의 급변** 팩시밀리, 모뎀, 전자우편, 위성통신, 휴대전화, 그리고 기초적인 수준이긴 했지만 인터넷의 전조 등이 이미 당시에 존재했다. 개인용 컴퓨터에 대한 첫 번째 열광의 파도가 막 일어나고 있었고, 스프레드시트와 같은 초기 컴퓨터 응용프로그램들이 나타나기 시작했다. 그 결과로 인간의 통신 및 정보수집 능력에 거대한 변화가 일어날 게 분명했다. 그 변화는 100년 전에 출현한 자동차가 낳은 수송 및 관련 인프라에 의해 일어난 변화만큼이나 거대할 것으로 보였다.

■ **의미 있는 에너지원으로서 원자력발전의 퇴조** 원자력발전에 드는 비용과 그 위험은 분명했다.

■ **일본의 호황과 뒤이은 불황** 상호지분소유와 정실자본주의로 얽힌 게이레츠(系列)를 토대로 한 일본의 금융구조는 단기적으로는 보호의 편익을 발생시키겠지만 궁극적으로는 체제 전체에 위협요인이 될 게 분명했다.

■ **1980년대 미국에서 대규모 폭력범죄 증가** 인구통계학적으로 젊은층

인구가 급증하면서 범죄도 늘어날 것으로 예상됐다.

▪ 미국의 저축대부조합 위기 또는 이와 유사한 위기 미국과 영국에서 규제완화는 멈추게 할 수 없는 분명한 추세였다. 고도로 규제되던 산업 분야에서 대대적인 규제완화가 이루어지면 일반적으로 위기가 발생하게 된다. 왜냐하면 규제가 도입되기 이전에 발생했던 옛 위기의 기억을 갖고 있지 않은 새로운 기업들이 규제완화가 넓혀준 가능성의 한계를 시험해보기 때문이다.

▪ 아시아 호랑이 국가들의 성장과 1975년의 마오쩌둥 사망 이후 중국에 가해질 진로변경 압력 중국 공산당에 대해 알려진 것이 거의 없었기 때문에 중국이 어디로 갈 것인지는 분명치 않았다. 그러나 중국은 옛 소련이 직면한 구조적인 내부 압력과 똑같은 압력에 직면하고 있었기 때문에 어느 방향으로든 움직여야 했다.

▪ 정치적인 급진파 이슬람의 부상 바로 이듬해에 이란혁명이 일어나 국왕이 퇴위되고 아야톨라 호메이니가 권좌에 오름으로써 이란은 이슬람 국가가 됐다.

25년 전에 우리는 이런 일들을 내다볼 수 있었다. 그렇다면 지금도 우리 주위의 환경을 주의 깊게 살피기만 한다면, 앞으로 25년간 일어날 일들을 내다볼 수 있지 않을까?

2장

노인들과 융합된 세계

사람들이 거의 눈치 채지 못했겠지만 2001년에 미국은 하나의 역사적 전환점을 통과했다. 미국인들이 은퇴하는 연령이 바닥을 친 것이다. 2000년 미국인들의 평균 은퇴연령은 64세에서 63세로 낮아졌다. 이것은 그전 50년 동안 계속돼온 추세를 그대로 이은 것이다. 그런다음 평균 은퇴연령이 다시 높아지기 시작해 2001년 64세, 2002년에는 66세가 됐다. 평균 은퇴연령 상승추세는 앞으로도 계속될 것이 분명하며, 아마도 가속적으로 그리될 것이다. 앞으로 수십 년간에 걸쳐 미국인들은 물론 세계 모든 나라 사람들의 은퇴연령도 67세, 68세, 69세 식으로 계속 상승할 것이며, 결국은 70대와 80대로까지 높아질 것이다. 앞으로 50년 안에 상당히 많은 사람들이 아무리 나이를 먹어도 은퇴하지 않는 상황을 맞을 것이다. 이런 사람들은 100살이 넘어서도 죽을 때까지 생산적으로 일을 계속하려고 할 것이다.

이미 선진국들에서는 사회의 노령화란 잘 아는 익숙한 이야기가 됐다. 노인의 수 자체도 계속 늘어나고 있지만, 전체 인구에서 노인이 차지하는 비중으로 보면 노인 인구의 증가가 더욱 두드러진다. 선거철만 되면 정치인들이 노인들의 환심을 사려고 애쓴다. 이제 노인들은 투표를 적극적으로 하는 유권자층으로 떠올랐다. 지난 25년에 걸쳐 실버타운, 건강관리, 여행 및 휴양시설 등 노인들을 직접 겨냥한 전문화된 사업들이 발전돼 왔다. 노인들은 유산상속, 재산신탁, 증여 등을 통해 전 세계의 투자와 자선사업의 가장 중요한 자금원이 됐다.

그럼에도 불구하고 65세가 넘은 노인들은 사회의 주류에서 대부분 소외되고 무시당하고 있다. 대부분의 사람들은 노인들이란 생산적인 노동에서 졸업해 그들만의 우선적 관심사를 가진 채 따로 살면서 사회에서 주변적인 역할만 하는 처지이며, 시간이 흐를수록 그들의 능력은 급격히 위축되고 다른 사회 구성원들과의 접촉도 적어진다고 생각한다.

이 모든 것이 막 변화할 참이다. 앞으로 30여 년에 걸쳐 노인들은 2차대전 이래 그 어느 때보다도 우리의 문화 속에 더 긴밀하게 연결되고 통합될 것이다. 이런 변화는 이미 시작됐으며, 이 책을 읽는 독자들 대부분의 일상적인 삶 속에 벌써 하나의 요소로 자리 잡았을 것이라고 나는 생각한다.

이런 현상의 원인은 서로 다른 세 가지 불가피한 추세에서 찾을 수 있으며, 그 각각은 나름대로 우리를 놀라게 할 요소를 지니고 있다.

첫째, 인간의 수명이 늘어나고 있다.

둘째, 노인의 건강상태가 현저하게 개선되고 있으며, 이런 추세는 노화를 저지하고자 하는 인간의 꿈을 마침내 실현시킬 수준에 다다랐다.

셋째, 인구 노령화가 경제에 커다란 압력을 가하고 있다. 이런 압력에는 우리가 잘 알듯이 사회보장제도, 건강보험제도, 연금제도 등에 가해지는 정치적인 압력도 포함된다. 그러나 첫째와 둘째 추세를 전제로 하면서 좀더 세밀히 조사해보면, 이런 압력이 가져올 변화는 오늘날 대부분의 정책결정자들이 예상하는 것과는 아주 다른 형태가 될 것임을 알 수 있다.

인간의 수명, 과연 얼마나 연장될까

오늘날 세계에서 가장 오래 산 최장수 노인의 연령은 대략 120세다. 이 연령은 과거에 비하면 커다란 진전이다. 최장수자의 연령은 20세기 초부터 꾸준히 상승해왔다. 인간의 평균 수명 역시 계속 길어졌다. 미국의 경우 사망자들의 평균 연령이 1950년만 해도 60세를 조금 웃도는 수준이었지만 오늘날에는 77세 정도로 상승했다. 이런 추세를 도표로 그려보면, 20세기 초 이래 연평균 상승률이 약 0.67퍼센트에 이른다.

이 책이 출간된 뒤 몇 년 안에 이 책을 읽는 독자들은 이런 추세의 직접적인 수혜자일 것이다. 당신의 나이가 몇 살인가와 상관없이 당신의 세대는 당신 아버지가 속한 세대에 비해 수명이 평균 5~10퍼센트는 더 길어질 것이다. 21세기의 전반기에 이런 추세가 계속 이어지면서 적어도 미국, 유럽, 일본에서는 90세, 100세가 넘은 사람들을 흔히 보게 될 것이다. 오늘날 치명적인 질병 혹은 사람의 생명력을 감퇴시켜 다른 치명적인 질병에 대한 면역력을 떨어뜨리는 질병들이 퇴치되거나 퇴치에 가깝게 되거나 극적으로 억제될 것이다. 이렇게 퇴치 또는 극적으로 억제될 질병으로는 여러 가지 종류의 암, 알츠하이머병과 그 밖의 두뇌질환, 당뇨병, 뇌성마비, 다발성경화증, 심장질환, 그리고 각종 전염병 등을 들 수 있다.

그 결과로 나타날 수명의 연장은 단지 한 차례의 진전으로 그칠 것인가? 다시 말해 대부분의 사람들이 100~120세까지 살 수 있다고 생각하게 될 정도까지만 수명이 늘어난 뒤에는 더 이상의 수명연장은 기대할 수 없을 것인가? 아니면 이제 인간의 수명이 끊임없이 계속 늘어나 수명의 한계가 130세, 140세, 150세뿐 아니라 그 이상으로도 늘어날 것으로 기대할 수 있는 시대에 들어선 것일까?

명망 있는 과학자들 중 다수는 수명연장이 한 차례의 진전에 그칠 것으로 보거나, 적어도 인간의 수명은 대략 120세 정도에서 자연적인 상한을 갖고 있다는 견해를 보이고 있다. 예를 들어 최근에 〈사이언티픽 아메리칸(Scientific American)〉이라는 잡지가 의견을 구한 51명의 생물학자와 의사들은 영구적 수명연장의 가능성을 부정했다. 그들은 영구적 수명연장은 과장된 허풍이며, 성장호르몬이나 노화방지제와 같은 허구적인 상품을 팔아먹기 위한 것이라고 지적했다. 그들이 보기에 성장호르몬이나 노화방지제는 약장수가 팔던 만병통치약의 21세기판인 셈이다.

그들은 보고서에서 출생 시 인간의 기대수명이 전례 없이 늘어난 것은 몇 가지 요인들에서 그 원인을 찾을 수 있다고 밝혔다. 그들이 말한 몇 가지 요인들이란 위생적인 상하수도 시설과 같은 환경기술의 발전, 페니실린과 술파제, 항생제와 같은 의약기술의 발전, 미국의 메디케이드(Medicaid, 저소득층 의료보험-옮긴이)와 메디케어(Medicare, 고령자와 장애자 의료보험-옮긴이) 및 다른 나라의 이와 유사한 제도들과 같은, 새로운 형태의 건강보험, 흡연의 감소 등이다. 특히 건강보험 제도는 노인들의 자살률을 낮추는 효과도 발휘했다. 여기까지는 그들도 긍정적인 소식을 전한 셈이다. 그들은 이어 부정적인 소식을 알린다. "오늘날 살아있는 사람들의 생전에 그런 진전이 되풀이될 가능성은 없다." 〈사이언티픽 아메리칸〉에 따르면 위의 여러 요인들 중 어느 것도 인간 수명의 근본적인 한계 자체에 의미 있는 영향을 주지는 않았다. 그런 요인들은 단지 우리가 가능한 최장수 연령에 도달하지 못하도록 하는 환경적 장애들 가운데 일부를 제거해주었을 뿐이다. 〈사이언티픽 아메리칸〉에 의견을 낸 과학자들은 기술의 측면에서나 라이프스타일의 측면에서나 인간에게 가능한 최장수 연령이 앞으로 비약적으로 상승할 수 있다는 전망을 전혀 내놓지 않았다.

그러나 자세히 살펴보면 〈사이언티픽 아메리칸〉은 인간 수명의 문제에 대해 유보적인 단서를 달고 있음을 알 수 있다. 이 잡지는 "우리는 의술과 의약품을 우리가 현재 알고 있는 것과는 전혀 다른 것으로 혁신시킬 유전자 공학, 줄기세포 연구, 노인병 의학, 치료약과 기술개발 분야의 연구를 적극적으로 지지한다"며 "대부분의 노인병 학자들은 급속하게 확장 발전하고 있는 우리의 과학지식은 노화의 속도를 늦출 수 있는 방법이 결국은 발견될 것이라는 전망을 하게 한다"고 밝혔다.

나는 개인적으로 과학적 연구가 앞으로 50년 안에 인간의 수명을 연장시키는 데 성공할 것이라고 믿고 있다. 우리는 지금 인간 노화의 과정에서 변화가 막 일어나려고 하는 문턱에 서 있으며, 앞으로 노화의 속도가 지속적으로 늦춰질 것이라고 믿어도 된다. 비록 그에 필요한 세부적인 기술들이 아직 개발되지 않았다고 하더라도, 실험에 의해 확인된 이론적인 근거들이 존재하기 때문이다.

이런 측면에서 다음 두 가지 연구조사 노력은 특히 시사하는 바가 크다. 첫째, 많은 포유동물들의 경우 칼로리 섭취를 대폭 낮추는 것은 수명연장 효과가 있다는 점이 충분히 입증됐다. 최소한의 먹이를 주면서 기른 토끼와 쥐는 보통 수준의 먹이를 준 토끼와 쥐보다 훨씬 오래 사는 경향이 있다. 인간도 마찬가지일 것으로 보인다. 영양분이 충분한 음식을 먹으면서, 칼로리 섭취만 하루 평균 2500칼로리에서 1700칼로리로 30퍼센트 낮춘다면 수명을 현저하게 늘릴 수 있다. 그러나 그 정도로 칼로리 섭취를 낮추는 사람은 아주 적다. 아무래도 인간은 생물학적으로 더 많은 음식을 먹고 싶어 하도록 설계돼 있는 것 같다. 이는 아마도 먹을 것이 부족한 시기에 소모할 지방분을 평소 몸속에 저장해 두는 것이 유리했던 자연도태의 환경을 지난 수천 년간 겪어온 결과인 것 같다. 그러나 칼로리 섭취를 낮추는 것의 생리학적 효과를 잘 연구하면 우리의 수명을 연장할 길을 찾을 수 있을지 모른다. 마크 레인, 도널드 잉그램, 조지 로스 등의 과학자들은 포도당의 세포대사에 주목했다.[2] 그들은 이런 질문을 던졌다. "칼로리 섭취 수준을 낮추는 것이 세포들로 하여금 보다 천천히 발달하도록 하고, 스스로를 보존하기 위해 신중해지도록 만드는가?" 뉴캐슬대학의 토머스 커크우드가 말했듯이 유기체는 번식의 욕구와 자기 몸의 보존 사이에서 균형을 잡으려고 하는가? 확실히 알 수는 없지만 관찰이 가능하고 상대적으로 잘 확인된 데이터들에 관해 이런 종류의 질문이 제기되고 있다는 사실은, 가까운 미래에 어떤 해답이 나올 가능성이 어느 정도 있음을 의미한다.

두 번째로 들 수 있는 연구조사 노력은 생물복제로부터 유도된 것으로 최근 5년 동안 가속화돼왔다. 결국 노화란 인간의 세포들이 일종의 손상을 입는 것이다. 생물복제는 이제 세포와 조직을 재생시키거나 대체하는 데 이용되고 있다. 이런 기술 가운데는 노화가 진행되고 있는 사람의 세포에서 새로운 배아 줄기세포가 생성되도록 하기 위해 효소작용을 통해 보다 젊은 단계로 만든 텔로미어(telomere)로 14일간 처치하는 기술도 있다. 텔로미어는 한 연구자에 의해 '세포 노화시계'로 불리기도 한 유전자다.[3] 이렇게 생성된 새로운 배아 줄기세포는 사람의 장기를 새로 만들어내는 데 이용되며, 새로 만들어진 장기는 노화된 신체에 이식될 수 있다. 또 배아 줄기세포를 사람의 몸 안에 심어 넣음으로써 이미 노화된 세포들을 대체하도록 할 수도 있다. 이런 연구개발 노력들은 직접적으로, 또는 예기치 못한 다른 발견을 자극하는 것을 통해 간접적으로도 인간 수명의 상한을 높일 것이다.

이런 일이 얼마나 빨리 일어날 것인가에 대해 말하기는 쉽지 않다. 인간의 평균 수명을 더 길게 연장할 만큼 의학이 발전하기까지 100년이 넘게 걸릴 수도 있고, 당장 2007년쯤에 놀라운 돌파구가 생길 수도 있다. 어쨌든 2125년까지는 상당히 많은 사람들이 150살까지 살게 될 가능성이 있다. 이보다 더 가능성이 높은 이야기를 하자면, 그때가 되면 우리는 얼마간의 의학적 도움을 받으면서 120살까지 살고, 지금 우리의 아이들은 150살까지 살 수 있을 것이다. 이 정도까지가 아니더라도, 선진국들에서는 상당히 많은 수의 사람들이 100살까지는 살 것이 분명하다. 이런 정도만 해도 근현대사에 유례가 없는 일이 될 것이다. 수백만 명의 사람들이 100살 이상, 110살 이상까지 사는 사회는 인류가 그동안 보았거나 알았던 그 어느 사회와도 매우 다른 사회임에 틀림없다.

선진국에서는 그런 사회가 도래하는 기미가 이미 감지되고 있다. 일본, 미국, 그리고 서유럽 국가들은 급속하게 노령화하고 있다. 미국 사회보장청의 인구통계학자들의 전망에 따르면 2035년에 미국의 노인 인구는 지금의 두 배가 될 것이다. 오늘날 미국에서는 20~64세의 노동연령대 인구와 65세 이상의 노인 인구 비율이 5 대 1 정도다. 미국의 이민정책이 크게 바뀌지 않는 한 이 비율은 2025년에는 3 대 1이 되고, 2075년에는 1 대 1이 되어 노동연령대 인구와 노인 인구가 같아질 것이다.

이런 상황은 세계적으로 훨씬 더 폭넓게 전개될 수도 있다. 오늘날 개발도상국들, 심지어는 전쟁, 에이즈, 기근 등에 의해 황폐화돼온 아프리카와 같은 곳에서도 그러한 재앙을 직접 겪지 않은 사람들은 전보다 더 오래 산다. 기대수명의 연장이라는 생물학적인 현상은 사람들이 기대해온 것이긴 하나 마치 전염성 강한 돌림병처럼 확산될 것이다. 이 돌림병은 부분적으로는 현대적인 위생시설과 의학기술의 발달에 의해 자극을 받으면서, 그러나 근본적으로는 건강에 유리한 생활습관에 사람들이 눈을 뜸으로써 이 사회에서 저 사회로 계속 확산될 것 같다. 개발도상국 사람들도 이제는 그들과 가까운 지역사회를 넘어 외부의 지식과 점점 더 많이 접촉하게 됨에 따라 건강에 유리한 생활습관에 대한 인식이 높아질 것이다. 개발도상국들에서는 아직 전체 인구 중 노인 인구의 비중이 전반적으로 낮지만, 노인 인구의 절대적인 수는 계속 늘어나면서 선진국들의 노인 인구 규모를 압도하고 있다.

노화: 건강의 가치 증대

오늘날 사무실을 찾아온 낯선 남자나 여자의 외모가 40살쯤으로 보이지만, 그 또는 그녀의 실제 나이는 50살, 55살, 심지어는 60살일 경우가 많다. 앞으로 몇 년만 더 지나면 부유한 80살 또는 90살 노인과 40살 노인을 분간하기 어려울 수 있을 것이다. 사람이 나이를 먹어감에 따라 신체 기능이 쇠퇴하는 현상은 현저하게 줄어들 것이며, 어떤 측면에서는 오히려 반대현상이 나타날 수도 있다.

1948년부터 1962년 사이에 태어난 베이비붐 세대는 노인이 되어도 그전 세대의 노인들보다 훨씬 더 젊어 보이고, 더 젊은 감성을 갖고, 더 건강하고, 더 활동적인 경향을 보일 것이다. 앞으로 사람들은 그동안 노인으로 간주되던 연령대에 깊숙이 들어선 뒤에도 활기찬 모습을 보여줄 것이다. 지금 이 책을 읽고 있는 독자들을 포함한 미래의 노인들은 오늘날의 노인들에 비해 노령화에 따라 쇠약해지는 정도가 훨씬 덜하게 됨으로써 계속 일을 하고, 여행을 하고, 독서를 하고, 완전한 성생활을 누리고, 운동을 즐기고, 심지어는 60대, 70대, 80대, 90대가 되어서도 아이를 낳아 기르게 될 가능성이 얼마든지 있다.

기술의 발달이 이런 전망을 가능케 한다. 새로운 기계와 도구의 개발, 인간게놈의 해독, 나노기술의 발달, 생물유전학과 약학 연구의 진전 등은 서로 상승작용을 하면서 가속화된다. 바이오테크에 투자해본 사람이면 누구나 잘 알겠지만 생물의학 연구는 종종 결실을 맺지 못하고 실패하곤 한다. 그러니 지금 여러 연구실과 실험실 등에서 진행되고 있는 연구개발 노력들이 반드시 다 성공하리라는 보장은 없다. 스위스 제약회사인 노바티스가 '글리벡'이라는 이름의 백혈병 치료약으로 판매한 유전자조작 복합물질인 '메실산 이매티닙(imatinib mesylate)'을 그 예로 들 수 있다. 2002년 프랑스에서 실시된 시험사용에서 이 약을 이용한 환자들 가운데 10퍼센트의 흰머리가 원래의 색깔을 회복하는 일이 벌어졌다. 노바티스는 즉각 공개발표를 통해 자사는 노화방지용 의약품으로서는 글리벡에 대한 연구를 하고 있지 않다고 밝혔다. 그러나 노바티스는 물론 다른 기업들도 글리벡에서 머리카락 색깔을 회복시키는 요소를 따로 분리해내어 대중적인 의약품으로 만들어 팔 수 있다면 그렇게 하고 싶다는 유인을 크게 느꼈을 것이다. 내 머리카락 색깔은 지금 회색이지만 원래는 자연스러운 짙은 빨간색이었다. 앞으로 5년 정도 뒤에는 나도 내 머리카락의 색깔을 원래의 상태로 회복시킬 수 있게 될까? 그럴 수 있을 것이라고 얼른 확신하긴 어렵다.[4]

그러나 만약 15년 전에 "내가 앞으로 7살짜리 어린아이와 같은 시력을 갖게 될 수 있을까"라는 질문이 던져졌을 경우를 생각해보자. 그때 당신의 답변은 아마 머리카락의 색깔에 대해 지금 우리가 생각하는 것과 같았을 게다. 그리고 15년 전이라면 당신은 아마도 기억력을 증진시키는 약이란 사기일 것이라고 주장했을 것이다. 그러나 노벨 의학상 수상자인 에릭 캔들이 공동창업자로 참여한 메모리 제약회사(Memory Pharmaceuticals)라는 기업은 2002년에 알츠하이머병과 치매가 일으키는 심각한 기억상실증을 치료하는 6종의 새로운 의약품을 개발했다고 발표했다. 그 가운데는 기억력과 연관된 뇌의 여러 부분의 신경세포 기능에 영향을 주는 효소를 자극하는 의약품도 있다. 이런 의약품들도 많은 노인들의 단기적인 기억력을 개선시켜줄 가능성이 있다. 피부의 상태, 뼈의 강도, 청력, 근육의 탄력성, 질병에 대한 저항력, 성적 능력 등이 의약품 투여와 레이저 처치 등 여러 가지 방법으로 개선될 수 있음이 이미 입증됐다. 이런 의약품과 치료방법은 앞으로 점점 더 정교하고 강력해지며 대중화될 것이다. 이와 동시에 관절염, 골다공증, 그리고 여러 가지 자가면역 질환 등 노화에 따르는 퇴행성 질병들의 대부분이 앞으로 퇴치될 것이다.

공상과학소설 작가인 킴 스탠리 로빈슨은 3부작 《붉은 화성》《녹색 화성》《청색 화성》에서 21세기 말에는 세포의 노화를 역전시키기 위한 신체 전반에 관한 치료법이 등장하는 것으로 설정했다. 사실 그러한 치료실험은 쥐를 대상으로 해서 이미 실시됐다.[5] 이 실험에서는 새로운 유전자를 세포의 DNA에 집어넣기 위해 유전자 조작된 바이러스가 이용됐다.

이 연구는 많은 것을 미지의 영역으로 남겨두고 있다. 그런 치료법이 인간에게도 적용될 수 있는가? 어떤 부작용이 있을까? 그것이 얼마나 성공적일 수 있을까? 그러나 이런 연구는 다양한 연구들 가운데 단지 하나의 예일 뿐이라는 점을 생각해야 한다. 앞으로 20년 안에 다양한 새로운 발표들이 잇따를 것이다. 앞으로 우리는 유전자에 개입함으로써 세포의 노후화를 중단시킬 수 있는 외용 및 내용 의약품들을 더 많이 보게 될 것이다. 인조인간형 장기 이식, 즉 인간의 생리적 능력을 증진시키는 기계를 신체 안에 삽입해 넣는 기술은 단순한 사고 후 외과적 처치와 의수족 차원을 넘어서 우리의 일상적인 삶의 질을 증진시키는 수단이 될 것이다. 감퇴된 청력을 보강하기 위한 달팽이관 교체수술이 보편화되고, 땀샘 등 우리 몸의 각종 샘을 싱싱한 것으로 바꿔 넣는 것이 차세대 이식기술로 각광을 받을 것이다. 인간의 주거환경은 점점 더 수명연장에 이로운 방향으로 변화될 것이다. 그리고 생물복제 연구는 궁극적으로 우리의 육체를 젊게 만드는 복제세포와 복제장기의 이식을 가능하게 할 것이다.

이런 혁신들을 각각 개별적으로 보면 우리의 삶에 끼칠 영향이 그리 크지 않을 것이다. 일부의 기술혁신은 실패할 수도 있다. 그리고 기술 자체는 성공적이더라도 그 기술을 실제로 활용하는 데는 너무나 많은 노력과 비용이 들 수도 있다. 발모제 로게인(Rogaine)이 바로 그런 경우로, 충분한 수의 대머리 남성 고객을 확보할 수 없었다. 특정한 몇몇 질병과의 싸움은 획기적인 성과를 낼 것이다. 이렇게 예상되는 질병으로는 알츠하이머병, 심장질환, 뇌졸중 등 세 가지를 대표적으로 꼽을 수 있다. 그러나 노화방지라는 측면에서 보면 그런 성과 하나하나는 그리 대단한 것이 못 된다. 진짜로 놀랄 일은 그 모든 혁신들이 하나로 뭉치면서 생겨날 것이다. 그것들은 상호작용하면서 각각의 효력을 강화시킬 것이고, 점점 더 많은 사람들이 추구하고 있는 건강한 삶의 방식이 그들을 점점 더 젊게 만들 것이다.

지금까지 내가 서술한 것들은 우리가 피하려 해도 피할 수 없는 것들이다. 위에서 언급한 각종 치료기술들은 오늘날에도 이미 다양한 형태로 일정하게 존재하고 있고 상당한 수준까지 발전해 있기 때문에 그것들을 중단시키기 위해서는 어떤 기적과 같은 일 또는 아주 강력한 정치적 반대운동이 필요할 것이다. 종교적이거나 사회적인 이유에서 그런 정치적 반대운동이 얼마든지 일어날 수 있긴 하다. 그러나 그동안 우리가 경험한 모든 상황에 비춰볼 때 그런 정치적 반대운동이 일어난다고 하더라도 항의의 초점은 생물복제와 같은 매우 협소한 쟁점들에 국한될 것이다. 사실 생물복제 하나만을 저지하는 것은 노화방지의 진전이라는 불가피한 추세를 단지 부분적으로만 지연시키는 데 그칠 것이다.

　물론 어느 정도의 불확실성은 있다. 가장 중대한 불확실성은 치료기술 그 자체의 효능과 관련된 것이다. 앞으로 개발될 치료기술들이 노화의 과정을 역전시켜 70세의 사람들로 하여금 스스로 30세인 것처럼 느끼게 하고, 외모도 30세처럼 보이게 할 수 있을까? 아니면 그런 치료기술들은 아직 젊은 30세의 사람에 대해서는 30세의 신체적 상태를 유지할 수 있게 해주고, 그의 60세 부모에 대해서는 60세의 신체적 특성을 유지할 수 있게 해주는 데 그칠 것인가? 아울러 그러한 치료를 받는 데 드는 비용이 얼마나 비쌀 것인지도 우리는 알 수 없다. 그런 치료는 극소수 사람들만 받을 수 있는 예외적인 것이 될 수도 있고, 아스피린처럼 보편화되어 전 세계 수십억 인구에게 영향을 끼치게 될 수도 있다.

　그런 추세가 지리적으로 얼마나 확산될지도 분명치 않다. 예를 들어 국민들에게 건강보호 서비스를 제공하는 나라들 가운데 그러한 노화방지 기술을 개발하는 데 드는 막대한 비용을 부담할 의지와 능력을 지닌 나라가 얼마나 될지도 우리는 알 수 없다. 선진 의료시설을 갖춘 몇몇 나라들은 이미 '젊음을 회복시켜주는 여행지'로 알려지고 있고, 이에 따라 점점 더 많은 사람들이 젊어지기 위해 그런 나라들에 몰려가고 있다. 이 같은 추세의 초기 징후를 보여주는 놀랄 만한 지표가 있다. 그것은 노화방지 치료가 개발도상국들에서 어느 정도나 대중적인 인기를 끌고 있는가 하는 것이다. 유니레버의 간부들은 주름방지 크림에 들어가는 비타민 에이 성분인 레틴에이(Retin-A)를 홍보하는 과정에서 이 제품에 대한 수요가 비단 선진국들에서만이 아니라 중국, 인도, 아프리카 국가와 같은 개발도상국들에서도 대단히 크다는 사실을 알고는 깜짝 놀랐다고 한다.

최소한으로 전망해본다 하더라도 우리는 60세 이후에도 생산적이고도 완전한 활기에 찬 삶을 계속 이어갈 능력이 극적으로 상승하는 경험을 곧 하게 될 것이다. 이 책의 독자들 가운데 상당수가 120세까지 살게 될 것이고, 적어도 100세까지는 상당히 젊은 기운을 유지하기도 할 것이다. 100세가 되어도 당신은 40세 또는 50세 정도로 보일 뿐 아니라 운동, 일, 독서, 여행, 성생활을 즐기게 될 것이다. 앞으로 당신은 정신적으로나 육체적으로나 나이를 먹더라도 과거와 달리 노쇠현상에 별로 구애받지 않고 만족스런 삶을 이어갈 수 있을 것이다.

그리고 이런 변화는 당신을 둘러싼 정치적, 경제적 제도를 근본적으로 변화시킬 것이다.

달라지는 은퇴제도

21세기 초에 은퇴 문제를 놓고 벌어지는 정치적 토론들은 모두 공포에 질려 있는 듯하다. 우리는 노인들이 홍수처럼 밀려오는 것을 보고 있다. 그런데 그들의 공적 연금은 고갈된 상태이고 사적 연금은 불확실하다. 그들의 노후생활을 뒷받침할 자금을 어떻게 마련할 수 있을지에 대한 분명한 해답이 보이지 않는다. 은퇴 문제에 대한 정치적 토론에서는 가장 긴요한 질문이 빠져 있다. 그것은 바로 앞으로 사람들이 갖게 될 은퇴 후 삶에 대한 기대, 즉 "사람들은 어떤 종류의 은퇴 후 삶을 원하고 선택하려고 하는가?"다. 앞으로 사람들이 원하게 될 은퇴 후 삶의 모습은 오늘날 미국을 비롯한 부유한 나라들에 사는 사람들이 원하고 계획하는 은퇴 후 삶과는 많이 다를 게 분명하다.

내가 아는 사람들 가운데 미래의 은퇴 후 삶을 전형적으로 보여주는 두 사례가 있다. 한 사람은 샌프란시스코 외곽의 은퇴자 마을에 사는 85세의 여성이다. 이 책에서는 그녀를 '그레이스'라고 부르자. 그레이스의 사회적 생활은 내가 아는 웬만한 중년층 사람들보다 더 바쁘다. 그녀는 활기차고 건강하며, 가장 부유한 귀족에게서나 볼 수 있을 법한 우아한 세련미까지 지니고 있다. 그녀는 생계를 위해서는 일할 필요가 없다. 그녀는 몇몇 지역 자선단체에 활발하게 참여하고 있고, 이웃에 사는 사업가들이 그녀에게 조언을 듣기 위해 찾아오곤 한다.

미국에는 그레이스와 같은 사람들이 아주 많으며, 그런 사람들의 수는 매년 늘어나고 있다. 그들은 자신의 연금이나 배우자의 연금을 받기도 하고, 자신과 배우자의 연금을 둘 다 받기도 한다. 이렇게 그들이 받는 연금은 일 년에 10만 달러 이상이다. 그들의 자녀들은 이미 성인이 되어 자기 힘으로 살아나간다. 따라서 그들은 자신의 저축금을 관리하는 일 말고는 경제적인 부담이 없다. 그들은 자전거와 스키를 능숙하게 탈 줄 알고, 유행을 의식하며, 지적인 호기심도 여전하다. 그들은 앞으로도 긴 세월을 활기차게 살 수 있을 것처럼 보이며, 스스로도 그렇게 행동한다. 그들 중에는 은퇴연령을 한참 넘긴 후에도 연구 활동에 종사하거나 책을 펴내거나 조직관리를 하는 유명인도 점점 늘어나고 있다. 밀턴 프리드먼과 같은 경제학자, 앨프레드 챈들러나 바버라 터크맨과 같은 역사학자, 피터 드러커와 같은 경영사상가 등도 바로 그런 이들에 속한다.

그러나 한편으로는 여객기 승무원인 사라와 같은 사람도 있다. 내가 최근 여행 중에 비행기 안에서 만난 그녀는 70대 초반이었고, 승무원 일을 하는 데 필요한 체력을 과시하기 위해 애쓰는 모습이 역력했다. 나는 그녀에게 "그 연세에 일을 계속하는 이유가 뭐냐"고 물었다. 그녀는 "나는 은퇴할 수가 없다. 나는 남편도 없고 벌이도 시원치 않으며 은퇴할 경우 받게 될 연금 액수도 많지 않다"고 대답했다. 과거 같았으면 그녀는 의무퇴직 연령에 걸려 은퇴 압력을 받았을 것이다. 그러나 이제 의무퇴직은 차별적인 고용관행으로 여겨지고 있고, 이 때문에 그녀는 비행기 승무원 일을 계속할 수 있는 것이다. 아마도 그 비행기를 운항하는 기업이 고용조정을 해야 할 상황에 처하거나 그녀 자신이 심각한 병에 걸려 더 이상 일할 수 없게 될 때까지 그녀는 승무원 일을 계속하게 될 것이다. 그런 일만 아니라면 그녀는 앞으로 10년은 더 일할 수 있을 것처럼 보였다. 앞으로 노인이 될 사람들 가운데 많은 이들이 사라와 같을 것이다. 이런 점에서 사라는 미래 노인의 모습을 보여주는 또 하나의 전형이다.

오늘날 부유한 나라들에서는 은퇴의 개념이 완전히 다시 정의되고 있다. 앞으로도 분명 사람들은 나이가 들면서 하던 일에서 은퇴를 하게 될 것이다. 그러나 앞으로 은퇴는 그동안보다는 훨씬 덜 극적인 일이 될 것이다. 은퇴연령은 더 높아질 것이고, 은퇴 전과 은퇴 후의 삶이 그렇게 뚜렷하게 구별되지 않게 될 것이다. 아울러 사람들은 은퇴를 한 뒤에도 얼마든지 다른 일을 할 수 있다고 생각할 것이고, 특히 직장을 적어도 서너 번 이상 옮긴 경력이 있는 사람들은 은퇴하더라도 새로운 일을 찾는 것을 당연하게 생각할 것이다. 은퇴는 더 이상 휴식, 여흥, 건강유지에만 신경을 쓰는 인생의 황혼기가 시작됐음을 뜻하지 않게 될 것이다. 이제 은퇴는 사람들이 완전히 새로운 삶을 창출하고 누리기 위해 자신의 경험과 지적 능력을 활용하는 시기로 넘어가는 계기가 될 것이다.

왜 이런 일이 일어나는 것인지는 아주 명백하다. 기대수명이 70~75세였을 때는 65세에 은퇴하고 그 이후부터는 남은 인생을 즐기면서 살아야 한다고 생각하는 게 일반적이었고, 그것은 당연한 이치였다. 그러나 사람들이 스스로 110세나 120세까지 건강하고 활기차게 살 수 있다고 생각하게 된다면, 65세에 은퇴한 뒤 죽을 때까지 무려 45~55년간을 은퇴자들만 사는 곳에 틀어박혀 가진 돈을 쓰며 보낸다는 생각은 할 수 없을 것이다. 물론 연금제도가 붕괴하지 않고 계속 은퇴자들을 뒷받침할 수 있도록 공적 연금을 수령하기 시작하는 연령을 높여야 할 거시경제적 압력이 생겨날 것이 분명하다. 그러나 그에 못지않게 강한 압력이 은퇴자들로부터도 나올 것이다. 이 압력은 노년을 따분하게 보낼 수 없다는 은퇴자들의 입장에서 나올 것이다. 그레이스와 같이 부유하고 활동적인 사람들은 일을 중단하고 싶어 하지 않는다. 사라와 같이 가난한 사람들은 사회보장제도의 뒷받침을 받더라도 일을 중단할 수가 없다. 사회보장제도가 지원하는 돈은 두 경우 모두에 충분치 않을 것이고, 적잖은 사람들에게는 터무니없이 적을 것이다.

어떤 의미에서 우리는 지금 20세기 초의 정책과 관행으로 회귀하기 시작한 것인지도 모른다. 20세기 초에는 은퇴연령이라는 것이 아예 존재하지 않았다. 왜냐하면 당시에는 은퇴를 하게 될 만큼 오래 사는 사람이 아주 적었기 때문이다. 1935년 미국에서 처음으로 사회보장제도에 의한 지원금이 생겼을 때 대부분의 사람들에게 그것은 은퇴 후 길지 않은 여생 동안 안전망 역할을 해주는 것 정도로 여겨졌다. 아울러 그러한 은퇴자에게 지급되는 사회보장 급여는 아동노동에 관한 법처럼 노동연령층에게 더 많은 일자리를 공급하기 위한 것이기도 했다. 당시에도 80세, 90세, 100세의 노인들이 존재했고, 실제로 은퇴자에 대한 사회보장 급여를 최초로 받은 사람은 100세까지 살았다. 그러나 80세 이상 노인의 수는 지금에 비하면 상대적으로 적었다.

미국에서 은퇴가 사람들의 삶에서 중요한 요소로 부각될 정도로 평균 기대수명이 늘어난 것은 1950년대부터였다. 1970년대 중반에 이르면 사람들이 은퇴한 뒤에도 20년 이상을 더 살게 됨에 따라 계절별로 플로리다 주와 메인 주를 왔다갔다하거나 텍사스 주와 콜로라도 주를 왔다갔다하는 철새족 은퇴자들이 그 나름대로 하나의 문화가 되기에 이르렀다. 1970년대 이후의 노인들은 그전의 노인들에 비해 더 오래 살았고, 은퇴한 뒤의 건강도 더 좋아졌다. 게다가 그들은 일을 하지 않고도 연금과 사회보장 급여를 지급받을 수 있게 됐는데, 이는 연금과 사회보장제도에 젊은 세대가 계속 유입되면서 연금 보험료와 세금을 납부해준 덕분이었다.

이런 맥락에서 볼 때 은퇴연령 변화 방향의 역전, 즉 평균 은퇴연령이 낮아지는 추세를 멈추고 다시 상승하기 시작한 것은 획기적인 것이다. 이것은 일련의 심도 있는 변화들이 이미 일어나기 시작했음을 알려주는 징후다. 지금부터 앞으로 당분간은 미국의 평균 기대수명이 은퇴연령의 상승보다 더 빠른 속도로 늘어날 것이다. 그래프에서 볼 수 있듯이 이런 변화는 이미 시작됐다.

오른쪽 그래프는 지난 50년 동안 미국 사람들의 평균 기대수명과 평균 은퇴연령의 변화를 보여준다. 둘 사이의 격차가 1960년 초부터 계속 확대돼 왔다는 점이 눈에 띌 것이다. 아울러 최근에 와서야 은퇴연령이 늦춰지기 시작했는데, 그 원인으로는 재정적 안정이나 개인적

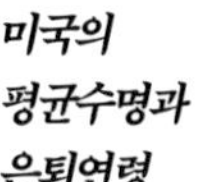

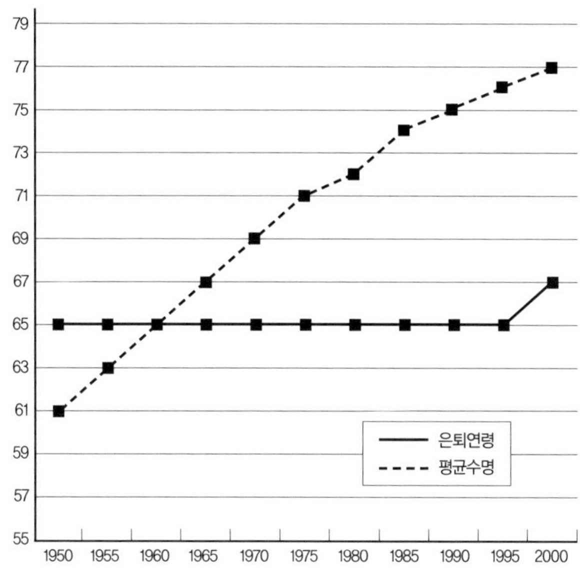

만족의 추구를 꼽을 수 있을 것이다.

이런 인구통계학적 변화는 적어도 미국에서는 정부정책에도 반영됐다. 1983년에 로널드 레이건 대통령이 서명한 사회보장법의 개정 법률은 이런 점에서 선견지명이 있는 것이었다. 이 개정 법률에 따라 2004년부터는 법정 은퇴연령, 즉 사회보장 급여 수급자격이 주어지기 시작하는 연령이 66세로 상승했다. 따라서 1938년생부터는 사회보장 급여를 받으려면 최소한 1년 이상을 더 일해야 한다. 2035년에는 법정 은퇴연령이 67세로 한 살 더 올라갈 예정이다. 따라서 1959년에 태어난 사람들은 67세가 돼야만 사회보장 급여를 받을 자격이 생긴다. 2035년 이후의 법정 은퇴연령이 어떻게 더 변할지는 확실치 않다. 만약 법정 은퇴연령을 더 높이는 데 대한 반대시위가 일어난다면 그러한 방향의 변화가 늦춰질 것이다. 그러나 은퇴연령을 더 높게 올리도록 하는 압력은 앞으로도 계속될 것이다.

그리고 그것은 우리의 직장과 사회에 커다란 변화를 가져올 수밖에 없다.

일터를 점령하는 노인들

평균 수명이 길어짐과 동시에 평균 출생률은 떨어지고 있다. 이는 임신과 출산을 통제하는 기술의 발달과 관습 및 경제적 환경의 변화가 낳은 자연스러운 결과다. 종교적 근본주의가 지배하는 사회에서도 이제 여성들은 그들의 어머니들보다 더 늦은 나이에 아이를 낳기 시작했다. 아울러 오늘날 여성들은 그들의 어머니들보다 아이를 더 적게 낳는다. 출생률이 무한히 떨어지는 것은 아니다. 출생률은 나라별로 그 나라 사람들이 평균적으로 기대하는 자녀의 수를 바탕으로 하는 일정한 균형수준까지만 떨어진다. 미국의 경우 지금 균형수준의 자녀 수는 2명이며, 출생률은 1980년 이래 대체로 비슷한 수준에서 유지되고 있다.

**미국의
여성 일인당
자녀 수**

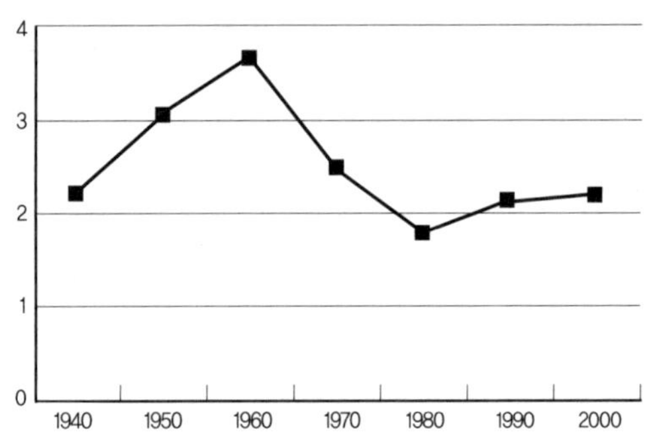

여성 일인당 아이 2명의 출생률은 사회에 젊은이들을 공급하는 데는 충분하지만, 1960년대 미국의 베이비 붐 시기나 1980~1990년대의 세계적인 틴에이저의 시기처럼 어린이와 청소년 등 새로운 세대가 전체 인구에서 압도적인 비중을 차지하도록 할 수는 없다. 스탠포드대학의 폴 얼리치 교수가 구사한 '인구폭탄' 이라는 말은 원래 신생아의 폭발적인 증가를 가리키는 것이었으나 이제는 노인 인구가 급증하는 현상을 가리키는 것으로 그 의미가 바뀌어가고 있다.

이런 변화는 산술급수적이 아니라 기하급수적이다. 다시 말해 변화가 진행되어도 아주 오랜 기간 동안 마치 아무 일도 일어나지 않는 것처럼 보이다가 어느 순간에 갑자기 그 효과가 눈앞에 드러나면서 엄청난 놀라움을 안겨주는 식이다. 그러나 사실 노인 인구의 급증이라는 변화는 새삼 놀랄 게 없는 것이다. 켄 디치트월드, 피터 피터슨, 시어도어 로작 등이 이미 사회 전체에 엄습해오는 노인 인구의 파도에 관한 대중적인 책을 펴낸 바 있다. 노인 인구의 파도가 몰아닥치면 노인 인구의 비중이 인류 역사상 그 어느 때보다도 훨씬 더 커지게 된다. 정치적, 사회적 문화의 근본 토대를 결정하는 인구 구성은 이제 막 급격한 변화를 일으킬 참이다. 그러나 정책의 측면에서나 문화의 측면에서나 사람들은 아직도 그 파장과 의미를 제대로 인식하지 못하고 있다.

이런 인구통계학적 변화의 의미를 올바로 파악하기 위해서는 다음 세 가지 개념을 구분할 필요가 있다. 첫째, 우리가 피할 수 없는 필연적인 것들이 있다. 필연적인 것들은 이미 가동되기 시작했으므로 확실히 일어난다. 필연적인 것의 발생을 막으려면 적어도 어떤 종류든 극적인 상황변화가 요구된다. 둘째, 중대하면서도 불확실한 것들이 있다. 이는 큰 차이를 만들어내는 요소들을 가리키며, 여러 다양한 형태로 전개될 수 있는 것들이다. 셋째, 미래의 노인들에 대해 오늘 사람들이 갖고 있는 가정들이 있다. 이런 가정들은 대부분 과장된 것이거나 잘못된 것들이다.

노인 인구의 급증에 따라 가장 먼저 영향을 받게 될 제도는 직장, 즉 일터다. 직장이 어떤 영향을 받는가를 알아보기 위해 우선 필연적인 것들부터 살펴보자. 각종 조직들은 앞으로 노인들을 따돌리기 보다는 점점 더 많이 수용할 것이다. 이는 고용차별 시비 등에 의한 소송을 피하기 위해서가 아니라 각 조직의 입장에서 보다 유능한 직원들을 확보하기 위해서다. 이런 변화는 불과 몇 년 전과 비교할 때 직원 고용 관행의 180도 전환이며, 이런 전환은 이미 일어나기 시작했다. 비교적 젊은 직원을 내보내고 대신 나이가 많은 직원을 고용하는 현상이 이미 나타나고 있다. 오늘날 미국에서 55세 이상인 사람들은 전체 노동 인구에서 10퍼센트 정도밖에 안 되지만, 1995년 이후 고용 증가에서는 22퍼센트를 차지해왔다.[6] 불황기였던 2002년에도 55~64세의 노동참가율은 2퍼센트포인트나 뛰어올랐다. 이를 두고 보스턴대학 은퇴문제연구센터의 앤드류 에시트러스 부소장은 "미국의 전후 경제사상 전례가 없는 일"이라고 말했다.[7] 미국의 고용주 232명을 대상으로 실시한 조사 결과를 보면 응답자 중 60퍼센트가 은퇴한 사람들을 다시 고용하는 정책을 갖고 있었다. 예를 들어 제너럴 일렉트릭의 '황금의 기회 프로그램'은 이미 은퇴한 사람들에게 1년에 최대 1000시간까지 일을 할 수 있도록 허용하고 있다.[8]

과거에는 나이 많은 사람의 고용을 기피하는 분위기였다. 나이가 많은 사람들은 얼마 지나지 않아 은퇴할 것이기 때문이었다. 일할 수 있는 세월이 많이 남아있지 않은 그들에게 왜 투자를 하겠는가? 그러나 95세까지도 건강한 40세와 같은 감각과 활력을 유지하는 사람이 있다면 그를 60세에 고용해서 25년 이상 일을 시키는 게 이상할 게 없다. 이미 55세가 넘은 사람들의 현직 고용 후 경과연수가 평균 15년이다. 이런 현상은 앞으로 더욱 뚜렷해질 것이다. 그렇게 변화된 세상에서는 많은 사람들이 아예 은퇴라는 것을 하지 않을 것이다. 사람들은 신체가 노쇠해져서 더 이상 일을 할 수 없게 될 때까지 계속 일하려고 할 것이다. 사람들은 나이가 들면서 직업을 바꾸고, 스스로를 재교육하고, 지속적으로 배우고, 생산 활동을 계속할 것이다.

지금까지 많은 고용주들이 노인들은 젊은 사람들보다 생산성이 떨어진다는 가정에 명시적으로든 암묵적으로든 영향을 받아왔다. 그러나 연령대에 따른 생산성 변화에 대한 연구 결과는 나이에 따른 생산성의 차이는 없거나, 오히려 나이가 많은 노동자들의 생산성이 약간 더 높다는 사실을 발견했다. 생산성 차이 중 많은 부분이 노인들 자신 또는 다른 사람들의 인식과 관련성이 있다. 만약 사람들이 "나이 많은 사람들은 새로운 업무기술을 익히지 못한다"고 생각한다면 실제로도 그렇게 된다. 그러나 나이든 사람들도 새로운 업무에 적응할 수 있다고 믿는다면 실제로도 그렇게 된다. 게다가 나이든 사람들은 업무에 적응하는 것 이상의 다른 장점들도 지니고 있다. 노인들은 일반적으로 젊은 사람들에 비해 교육이 덜 필요하다. 노인들은 단기간의 질병이나 가정사로 인해 결근하는 빈도가 낮다. 어린 자녀들이 있는 젊은이보다 70세의 노인에게 드는 복지비용이 더 적다.[9] 기억력 감퇴 등 몇 가지 증세에도 불구하고 복잡한 상황에 대처하는 능력 면에서는 노인들이 젊은이들보다 훨씬 더 유능하다.[10] 게다가 위에서 내가 언급한 의학적 발전과 정보기술의 지속적인 발전을 감안하면 기억력 감퇴라는 것도 10년 뒤에는 오늘날만큼 중대한 문제가 아닌 게 될 것이다. 여기서 가장 중요한 점은, 근력에 보다 덜 의존하고 판단 및 주의력에 더 의존하는 기업에서는 노인들이 더 일을 잘한다는 것이다. 대량생산을 하는 제조업 조립공장이나 광업에서조차 이제 근력은 점점 더 필요 없어지고 대신 지력을 더 필요로 하고 있다. 기술이 아주 빠르게 발전하고 있기 때문에 노인들의 풍부한 경험과 다각적인 판단력이 점점 더 중요해지고 있는 것이다.

지금 기업의 간부나 지식노동자로 일하고 있는 많은 노인들이 앞으로 그들의 세 번째, 네 번째, 다섯 번째, 여섯 번째의 직장에 고용돼 새로운 일을 하게 될 것이다. 그들은 여러 분야가 융합된 관점을 새로운 일에 불어넣을 것이고, 그런 관점은 그 가치가 갈수록 더 커질 것이다. 노인들은 대단히 유연하게 새로운 일에 적응할 것이다. 실제로 오늘날 인터넷 사용자들 가운데 가장 빠르게 늘어나는 연령대는 50대 이상이다. 그들은 흔히 한 기업에서만 평생 일한 과거의 노인 노동자들과 다르다. 2002년에 55세가 된 사람들은 보통 1970년 이후 서너 개의 직장에서 일한 경험을 갖고 있고, 극적으로 변화하는 이 세상에서 여러 가지 책임을 짊어져본 경험을 갖고 있다. 그러한 사람들은 태도가 유연하고 과거의 실수로부터 얻은 교훈을 내면화하는 경향을 갖고 있다. 또 시어도어 로작이 지적했듯이, 그들은 살아오면서 겪은 경험에 의해 단련되어 지혜, 남에 대한 배려, 온화함과 원만함의 장점 등을 인식할 줄 아는 이해심을 갖고 있다. 노인들이 새로운 직업을 갖게 될 때는 이 모든 것들을 그들의 새로운 일터로 갖고 가는 것이다.

나는 최근에 벤처캐피털리스트가 됐고, 이로 인해 몇몇 신생기업의 이사가 됐다. 나름대로의 경험을 쌓은 다른 벤처캐피털리스트들과 마찬가지로 나도 내 경험을 생생하고 적절하게 주입해줄 수 있는 만큼 그들 신생기업에 유용한 역할을 한다. 예를 들어 나는 글로벌 비즈니스 네트워크를 공동창업할 때 많은 실수를 저질렀는데, 똑같은 일을 다시 시도한다면 그런 실수는 피할 수 있을 것이라고 생각한다. 나는 다른 기업들에게 나와 똑같은 실수를 저지르지 않도록 자문해줄 수 있다. 이런 점은 오늘날의 지식기반 사회에서 노인들과 젊은이들이 서로 제휴협력 관계를 구축하면서 기대할 수 있는 시너지 증폭효과의 대표적인 예다.

부유한 노인, 가난한 노인

고용 행태와 관행이 변화하면서 은퇴를 뒷받침하는 각종 제도들도 변화할 것이다. 이것도 역시 피할 수 없는 일이다. 법정 은퇴연령이 앞으로 상당기간 67세에 고정된다 하더라도 관행적인 은퇴연령은 의미가 없어질 것이다. 사회보장 급여는 은퇴자의 소득이라는 의미를 상실할 것이다. 대신 그것은 70세 또는 75세가 넘은 노인들에게 사회가 진 빚을 인정한다는 취지의 정치적인 현명함을 보여주는 작은 보답으로서의 수당을 의미하게 될 것이다. 이미 오늘날에도 사회보장 급여는 은퇴한 노인들이 살아나가기에 너무 적은 액수다. 리처드 버크하우서, 케네스 카우치, 존 필립스의 연구에 따르면 사람들의 은퇴결정을 좌우하는 가장 큰 요인은 사회보장 급여 외에 지급받을 수 있는 별도의 연금이 있는가 하는 것이다. 사회보장 급여를 일찍부터 받

는 사람들은 그 돈을 생계유지에 쓰기보다는 새로운 자기 사업을 시
작하는 데 쓴다.[11] 이런 추세는 앞으로 더욱 뚜렷해질 것이다.

사회보장제도의 민영화가 진전될 것인지 여부는 불확실하나, 이
문제는 앞으로 중요성이 덜해질 것이다. 노인 인구가 많아진 사회에
서 사람들의 삶의 질을 좌우하게 될 더 중요한 문제들이 있다. 그 가
운데 가장 중요한 것은 건강보험을 포함한 건강관리제도의 위기다.
이 문제는 어떤 결과로 이어질지 불확실하지만, 관련 분야의 전문가
들이 생각하는 것만큼 끔찍하지는 않을 것이다. 이 문제에 대해 살펴
보기 위해 우선 우리 사회의 빈부격차가 계속 심화될 것이라는 일반
적인 가정을 검토해 보자. 노인들 가운데 비행기 승무원인 사라와 같
은 사람들은 은퇴할 나이가 지났어도 계속해서 일하게 될 것이다. 그
렇게 하는 수밖에 다른 도리가 없기 때문이다.

이런 가정은 어느 정도 타당성을 지니고 있다. 부유한 사람들은 비
교적 오래 살면서 자기들이 가진 돈은 투자하고 재투자할 것이며, 그
들이 죽은 뒤에야 그 재산이 상속자들과 국가에 분배될 것이다. 이런
점에서 보면 앞으로 25년간에 걸쳐 가진 자와 갖지 못한 자의 격차가
확대될 것이 확실하다. 특히 앞으로 노인으로 오랫동안 살아나가야
할 사람들 사이에서 빈부격차가 크게 나타날 것이다. 사라의 경우를
다시 예로 들어 보자. 그녀는 1970년대에 지금 그녀와 같은 연령이었
던 사람들보다 10년 이상 더 살 것이지만, 죽을 때까지 은퇴할 수 있
는 형편이 되지 못할 것이다. 아마도 그녀는 일에 너무나 지치고 소모
되어 도저히 더 이상 일을 할 수 없게 될 때까지는 일을 계속하게 될
것이다. 가난 때문에 일을 그만둘 수가 없는 것이다. 그녀의 삶은 앞
으로 그런대로 견딜 만한 수준일 수도 있고, 견디기 어려울 정도로 비

참한 수준일 수도 있다. 그녀의 삶이 어느 수준이 될 것인가를 판가름 하는 가장 큰 요인은 건강관리 비용이다. 그녀는 오래도록 일을 계속 해 나갈 수 있을 만큼 건강을 유지하는 데 필요하게 될 의약품을 구입 하고 치료를 받는 비용을 감당할 수 있을까?

건강관리에 드는 비용은 증대되는 추세다. 미국에서는 이 비용이 증가하는 속도가 연평균 15퍼센트에 이른다. 따라서 2002년에 연간 1 만 달러를 건강보험료로 낸 미국의 4인가정은 2010년이 되면 건강보 험료 부담이 연간 2만 6000달러에 이를 것이다. 이 정도의 부담 증가 는 정치적인 이유로도 경제적인 이유로도 감당하기 어렵다. 이런 제 도는 유지될 수가 없다. 불가피하게 무엇인가가 우그러질 것이다. 제 도적인 변화가 일어나지 않는다면 사람들이 엄청난 건강보험료 부담 을 감당하기 위해 자기 집을 담보로 잡히고 돈을 빌릴 수밖에 없을 것 이다. 민주주의 사회라면 그러한 일은 일어날 수가 없다. 우리는 어떤 정치인이든 그의 임기 중에 그러한 일이 벌어지도록 방치한 자는 선 거에서 낙선시켜 버려야 한다.

사실 건강관리제도는 혁신될 수 있다. 지금과 같은 건강관리제도 의 문제점은 이미 경험해 보았던 것이다. 1970년대에도, 1980년대에 도 건강관리 비용이 급증하는 상황에 부닥쳤었다. 그때마다 제도적 혁신을 통해 문제를 해결했다. 민간 의료보험 조직인 건강관리기구 (HMO)와 여러 가지 고정금액 부담 형식의 의료보험 제도의 도입을 예로 들 수 있다. 그러나 건강관리를 위한 재원은 아직도 현명하지 못 한 방식으로 관리되고 지출된다. 과도한 관리체제와 지급기피의 문제 가 여전하다. 건강관리 재원의 배분체계도 비효율적이고 비효과적이 다. 따라서 건강관리제도의 운영방식을 개선하고, 비용을 감축하고,

서비스의 질을 개선할 수 있는 여지는 아직도 많다. 혁신에 대한 압력이 아직은 미흡하지만 앞으로 충분히 고조되면 이러한 비효율성이 제거될 계기가 마련될 것이다.

건강관리제도의 비효율성이 그동안 제거되지 못한 이유는 무엇인가? 가장 큰 이유는 사람들의 인식에 문제가 있었고, 소송에 대한 공포가 존재했기 때문이다. 의료비용을 줄이는 데 가장 효과적인 방법은 말기환자의 마지막 30일간에 대한 과도한 지출을 중단하는 것이다. 이 점에 대해 나는 개인적인 증언을 할 수 있다. 내 어머니는 얼마 전에 암으로 돌아가셨다. 어머니가 돌아가시기 직전 6주 동안 지출된 의료비용은 아마도 당신의 평생 동안 건강관리에 지출된 건강관리 비용 총액 가운데 25~40퍼센트에 달했을 것이다. 어머니는 병원에 입원해 계시면서 가능한 한 오래 생명을 연장하기 위한 각종 장비들을 마지막까지 몸에 부착하고 계셨다. 그러나 그런 노력들은 결국은 무익한 것이었고, 보는 이들의 마음을 아프게 하는 것이었다. 그로 인해 어머니의 죽음에 불필요한 긴장과 불안, 고통, 좌절감이 더해졌다. 그리고 그런 식으로 죽음을 몇 주일 더 늦게 맞는 사람이 한 사람씩 늘수록 전체 건강관리제도의 자금은 소모되는 것이다. 그렇게 소모되는 자금은 다른 노인들을 더욱 효과적으로 돌보는 데 쓰일 수도 있다.

이런 상황을 변화시키기 위해서는 우리의 태도를 바꿔야 한다. 오늘날 의사들은 관행과 법률에 의해 자기 환자들의 이익을 무시하고 그들의 삶의 질을 저해하면서까지 그저 그들을 오래 살려두도록 강요받고 있다. 20세기에는 이런 상황을 변화시키는 일은 상상조차 하기 어려웠다. 왜냐하면 대부분 사람들의 건강이 70대나 80대에 급속히 악화됐는데, 그런 연령대에 죽음을 맞는 데 대해 자신들이나 자식들이 마음의 준비가 안 돼있는 게 보통이었기 때문이다. 그러나 노인들이 90세, 100세, 110세까지도 건강을 유지하게 될 미래에는 죽음에 대해 여태까지와는 다른 태도를 가질 수 있다. "우리가 죽음으로 치닫는 시점이 온다. 우리는 죽음을 얼마간은 늦출 수 있지만 결국은 오래 가지 않아 죽게 된다. 그렇다면 최대한 오래 살아 있으려고 발버둥을 치기보다 품위 있게 죽음을 맞을 수 있도록 해야 하지 않겠는가?" 앞으로 점점 더 많은 사람들이 이런 철학을 받아들일 수 있을 것이다. 말하자면, 사랑하는 가족 구성원이 죽음을 눈앞에 두게 됐을 때 그가 생애의 마지막 시기를 병원의 집중치료실이 아닌 말기환자 요양소인 호스피스에서 좀더 편안하게 보낼 수 있도록 하려는 가정이 점점 더 늘어날 것이다.

이미 많은 노인들이 이런 방식을 선호하고 있다. 호스피스 간호는 일생의 마지막 순간을 맞은 사람들에게 그들 자신의 희망에 따른 질 높은 간호 서비스를 제공해주는 모델이다. 호스피스 간호는 고통의 경감, 질환의 징후 관리, 그리고 심리적, 정신적 지원 서비스 등을 강조한다. 호스피스 간호를 받는 기간은 보통 25일 정도이지만, 이보다 훨씬 짧을 수도 있고 6개월이나 그 이상인 경우도 드물게 있다. 미국의 경우 2000년에 사망한 사람 네 명 중 한 명 정도가 전문적인 시설이나 가정에서 호스피스 간호를 받았다. 사람들이 호스피스 간호를 선택하는 주된 동기가 돈 문제는 아니지만, 비용절감 효과도 대단하다. 삶의 마지막 1개월 동안 호스피스 간호를 선택한 사람은 병원에 입원하는 경우에 비해 3000달러 이상을 절약할 수 있다. 미국에서는 호스피스 간호를 선택하는 사람들의 수가 기하급수적으로 증가해, 1982년만 해도 2만 5000명 미만이었으나 2000년에는 70만 명 이상으

로 늘어났다.[12]

　호스피스 간호를 통한 비용절감은 건강관리제도 전체에서 실현 가능한 비용절감 방법 중 단지 한 가지 예일 뿐이다. 그리고 그러한 비용절감 압력은 반드시 성공한다고 장담할 수는 없지만 점점 더 강력해질 수밖에 없다. 왜냐하면 건강관리제도는 앞으로 훨씬 더 많은 역할을 하도록 요구받을 것이고, 그 결과 지출해야 할 비용이 크게 늘어날 것이기 때문이다. 원기 왕성한 건강은 값싸게 얻을 수 있는 게 아닐 것이다. 건강을 유지하려면 때로는 수술도 필요하고, 때로는 새로 개발된 신약을 써야 할 수도 있다. 그런가 하면 오늘날 40세가 넘은 불임 부부의 임신을 촉진하기 위해 사용되는 고가의 첨단기법과 같은 새로운 형태의 치료기술이 필요할 수도 있다. 생물복제나 유전자조작이 포함되는 경우도 그 비용이 대단히 많이 들 수 있다.

　그러므로 노인 간호에는 몇 단계의 등급이 나누어질 것이 분명하다. 우선 비행기 승무원인 사라와 같이 과거의 노인들보다는 더 오래 건강하게 살겠지만 상대적으로 가난한 노동계급 노인들을 위한 간호의 등급이 있을 수 있다. 또 임신촉진 시술을 받는 데 드는 비용을 1년 안에 벌 수 있는 상류 중산층을 위한 간호의 등급이 있을 수 있다. 이 등급의 간호는 특히 빠른 속도로 늘어날 것이고, 그 서비스의 내용이 고도화될 것이다. 신체적 능력을 강화하기 위한 해 1년에 수천 달러 정도는 쉽게 지출할 수 있거나 극단적으로는 수명을 120살 이상으로 늘리기 위한 최초의 의미 있는 의료서비스까지 받을 능력이 있을 정도로 부유한 노인들을 위한 간호의 등급이 있을 수 있다. 각각의 등급에서 치료기술 등 서비스의 내용이 발전되면 그 혜택은 낮은 등급에 속하는 노인들에게도 파급될 것이다. 레이저를 이용한 눈 수술을 이제는 일반 노동자 계층도 얼마든지 이용할 수 있게 된 것처럼 향후 20년간 발전될 노화방지 기술 가운데 일부는 앞으로 대중화될 것이다. 건강관리제도의 미래가 어떻게 될지 불확실한 가장 큰 이유가 여기에 있다. 앞으로 발전될 노화방지 기술 중 얼마나 많은 것들이 대중화될 수 있을 것인가? 우리는 지금 그것을 알 수 없다. 장수를 가능케 하는 기술이 더 많이 대중화될수록 늙어서도 일을 계속해야 하는 사라와 같은 사람들이 더 나은 삶을 누릴 수 있게 된다.

사라와 그레이스가 우리가 앞으로 보게 될 빈부의 극단적인 사례는 아니다. 부유한 쪽이든 가난한 쪽이든 그 극단의 모습이 어떤 것이 될지는 예상하기 어렵다. 우리가 알 수 있는 것은 양쪽 극단에 놀랄 만큼 거대한 규모의 사람들이 존재하게 될 것이라는 점이다.

가난한 쪽의 인구는 그동안 수면 아래 숨겨져 있어 눈에 보이지 않았지만 앞으로 불가피하게 닥칠 문제집단을 중심으로 크게 불어날 것이다. 미국에는 지금 폭력과 마약거래 등 여러 가지 중죄로 인해 25년 이상의 징역형을 받고 감옥 안에서 살고 있는 사람들이 650만 명이나 된다. 그들 대부분은 1980년대 중반 이후에 체포됐고, 교육수준이 낮고, 가난한 집안 출신이고, 감옥 밖의 세상에서 살아나갈 준비가 돼있지 않다. 그들은 대체로 2010년부터 대규모로 감옥에서 풀려나올 것이다. 그때가 되면 미국의 도시들이 노인이거나 노인이 되어가는 중죄 전과자들로 넘쳐날 것이다.

미국은 이런 죄수집단을 그다지 잘 관리하지 못하고 있다. 인구통계학적으로 볼 때 그들은 하나의 의문부호로 남아 있다. 그들이 다시 범죄자의 길로 돌아갈 수도 있다. 중범죄는 주로 18세에서 35세 사이의 남자에 의해 저질러지며, 이런 연령대의 남자는 근력이 있고 거칠다. 그러나 그들의 육체도 노화하게 마련이므로 범죄행위 외에는 돈을 쉽게 벌 수 있는 길이 없다. 그들은 대부분 사회보장 혜택을 받을 수 있는 자격요건을 갖추고 있지 않다.[13] 그들은 미래에 대해 아무런 전망도 갖고 있지 않다. 오직 오점투성이인 직업경력만을 가졌을 뿐이다. 그런 그들이 무슨 일을 하려고 하겠는가? 독자인 당신이 바로 그런 사람이라고 상상해보라. 당신이 남의 가게에 침입해 도둑질을 하다가 들켜 누군가에게 총을 쏜 죄로 30년간 감옥에 갇혀 있다가 2015년에 출옥했다고 하자. 자, 당신은 앞으로 어떻게 살아나갈 것인가?

미국에서는 이런 죄수집단이 대거 사회로 쏟아져 나오는 것이 하나의 피할 수 없는 놀랄 일이 될 것이다. 그것이 어떤 영향을 가져오게 될지는 알 수 없다. 예를 들어 또 한 차례의 에이즈 확산이 초래될 수도 있다. 왜냐하면 1997년 조사에서 에이즈에 걸리거나 HIV에 감염된 사람들 가운데 4분의 1이 바로 그해에 감옥에서 풀려난 사람들이었기 때문이다. 노상강도와 범죄조직이 급증할 것이라고 예상해볼 수도 있다. 미국에서 범죄조직은 '아리안 형제들'이나 '멕시코 마피아' 또는 예전의 이탈리아 범죄조직 등에서 보듯 흔히 출신 민족이라는 혈연을 중심으로 형성되곤 한다. 성매매와 마약거래, 그리고 상점들로부터의 금품갈취 등의 행위를 하는 이런 범죄조직들이 앞으로 감옥에서 풀려나올 전과자들의 유입으로 다시 한번 중흥기를 맞을 수도 있다. 그러나 반대로 기존 범죄조직들도 새로이 유입되는 전과자들을 수용하지 못할 수도 있다.

이런 일이 일어날 것이라는 전망이 불안감을 안겨준다면, 그 반대편 극단에서 일어날 일도 전망해보는 것이 유익할 것이다. 그것은 바로 앞으로 20여 년간에 걸쳐 엄청난 규모로 전개될 세대 간 부의 이전으로, 이 역시 피할 수 없는 놀랄 일이 될 것이다. 현재 70~80대인 세대는 앞으로 20여 년간 자손에게 10조 달러가량의 재산을 상속하게 될 것이다. 이런 일이 전개되는 동시에 자선활동이 크게 증가할 것이다. 캐서린 풀턴은 그의 보고서 〈다가오는 홍수(The Comming Flood)〉에서 이렇게 썼다.

"지난 4반세기의 추세가 계속 이어진다면 앞으로 10년간의 자선기부 규모는 지난 10년간보다 5000억 달러가량 더 늘어날 것이다. 그러나 이미 진행되고 있는 세대 간 부의 이전까지 고려한다면 그 규모는 5000억~1조 달러만큼 추가로 늘어날 것이다. 달리 말하면 2010년경에는 미국의 자선기부 금액이 매년 1000억~1500억 달러만큼 늘어날 것이다. 이와 비슷한 움직임이 유럽에서도 나타나고 있다."

얼핏 들으면 믿기 어려운 이야기다. 사람들은 앞으로 점점 더 오래 살게 될 텐데 그렇게 자선기부로 돌릴 여유자금이 어디에 있겠는가? 그러나 수명과 은퇴연령의 변화를 고려하면 이야기가 달라진다. 사람들이 건강하게 일할 수 있는 기간이 30~40년 정도 더 길어진다면 엄청난 변화가 일어난다. 사람들이 더 오래 정력적으로 일할 수 있게 된다면 재산을 써버리기보다는 더 많이 축적하게 될 가능성이 높다. 55세 이상이 되어 인생에서 소득이 가장 많은 시기를 맞는 수백만 명의 사람이 나타나게 될 것이다. 그들은 다 성장해 대학을 졸업한 자녀를 두었으며, 40~50년을 더 살면서 주택담보 융자금을 갚고, 저축을 늘리고, 부동산 투자를 하고, 그 밖의 여러 가지 다른 방법으로 부를 더욱 축적해나갈 것이다. 그들 모두는 아니어도 그들 중 많은 사람들이 후반생을 현명하게 활용할 것이다. 왜냐하면 그들은 전반생의 기간에 각종의 쓰라린 경험과 부닥쳤던 위험을 통해 후반생을 잘 활용하는 데 필요한 학습을 했을 것이기 때문이다.

나이가 아무리 많아져도 일하기를 중단하지 않는 사람들은 살아나가는 데 필요한 비용을 지출하고도 남을 만큼 돈을 벌 것이고, 장수를 하는 데 필요한 의료비를 지출하고도 돈이 남을 것이다. 또 남는 재산을 반드시 자녀에게 물려줘야할 필요성도 낮아진다. 자녀들도 이미 그들 나름의 재산을 모았을 것이기 때문이다. 재산 유증에 대한 조세혜택 부여와 부동산세 삭감이 이루어지지 않더라도 그들은 기부 목적의 가족 단위 신탁기금을 설립할 것이다. 록펠러, 포드, 게이츠의 재단에 비하면 그들의 신탁기금은 그 규모가 아주 작을 것이다. 하지만 그런 작은 가족 단위 신탁기금들을 모두 더하면 엄청난 자선활동의 증가를 불러올 것이다. 이와 더불어 개인적으로 몇 개의 신생기업들에 자금을 대주는 엔젤투자자들이 늘어나면서 혁신적 자본의 규모도 전례 없이 증대할 것이다.

삶의 가치와 라이프스타일에 대한 새로운 사고방식

피할 수 없는 일이긴 해도 그다지 놀랄 일은 아닌 것도 있다. 노인들을 직접 대상으로 하는 실버산업의 성장이 바로 그렇다. 온천, 유람선, 클럽메드 스타일의 노인 전용 휴양촌, 하이테크 시설을 갖춘 휴양지 사무실, 그 밖의 고급 휴양환경 등을 그 예로 들 수 있다. 의료서비스가 지원되는 주거환경과 스키나 사이클 등 활동적인 놀이가 결합된 주택도 마찬가지다. 레크리에이션 환경이 잘 갖추어진 콜로라도 주는 1970년대에는 어린이, 1980~1990년대에는 젊은이, 최근 몇 년 동안에는 중년층이 몰려들어 북적거렸으나 앞으로 얼마 지나지 않아 50세가 넘은 나이든 사람들이 가장 많이 찾는 곳이 될 것이다. 노인들을 위한 오락공원과 의류는 물론 전방의 물체를 식별하는 데 도움을 주는 레이더 장치와 같이 노인 운전자를 위한 자동차 부속장치, 노인의 피부에 적합한 화장품 등의 사업 분야가 붐을 이룰 것이다. 〈뉴스위크〉의 스테판 타일에 따르면 나이가 많은 사람들을 겨냥한 시세이도의 '베네피앙스'와 랑콤의 '압솔뤼' 브랜드가 두 회사의 스킨케어 매출에서 절반의 비중을 차지하고 있다.[14]

이와 같은 변화의 결과로 생활양식에 대한 우리의 근본적인 기대도 크게 바뀔 가능성이 대단히 높다. 우리의 수명이 미래로 점점 더 연장돼 가면서 교육, 결혼, 일이 우리의 삶에서 종전과 다른 형태와 조합으로 바뀔 것이다. 이미 사람들이 결혼하고 가정을 구성하고 아이를 낳는 시기를 점점 더 늦추고 있는 것을 본다. 인간의 수명이 35~45세였던 지난 세기 초의 세상에서 100세 이상 사는 것도 기대할 수 있게 된 오늘날의 세상으로 오면서 우리의 생활양식이 엄청나게 변한 것처럼 앞으로도 엄청난 생활양식의 변화를 보게 될 것이다.

우리가 피할 수 없는 더욱 놀랄 일은 아마도 결혼과 가족에 대한 우리의 태도 변화일 것이다. 보다 많은 세대가 이어지고 중첩된 가족을 점점 더 많이 보게 될 것이다. 그리고 수명이 늘어나면서 평생 한 번의 부부관계만을 유지하려는 사람은 줄어들 것이다. 오늘날에는 자식과 손자들을 가진 70대의 노인부부가 이혼을 해야 할 이유가 별로 없다. 그들은 서로에 대해 익숙하고 앞으로 살아갈 날도 그리 많지 않기 때문이다. 그러나 그들이 앞으로 35~40년을 더 살아야 한다면 어떻게 될까? 그래도 그들이 그렇게 긴 여생을 부부로 계속 같이 살아야 한다고 생각할까? 많은 노인 부부들이 그렇게 생각하지 않을 것이다. 혼외 간통은 계속 수용되지 않겠지만, 배우자를 바꿔가면서 재혼을 거듭하는 연속단혼은 흔해질 것이다. 이렇게 볼 때 이혼율의 급증도 앞으로 피할 수 없는 놀랄 일에 속할 것이다.

그 결과로 복잡하고, 여러 세대로 구성되고, 서로 교차하는 새로운 가족형태가 확산될 것이다. 새로운 가족형태에서는 양부모, 양조부모, 나이가 50세 이상 차이 나는 형제가 드물지 않게 될 것이고, 그런 가운데 가족 구성원들 사이의 관계가 서로 복잡하게 엇갈리게 될 것이다. 다세대 가족은 과거에도, 특히 부유한 계층에 많이 존재했다. 그러나 앞으로의 다세대 가족은 과거의 다세대 가족과는 여러 측면에서 다른 모습을 보여줄 것이다. 인종과 민족의 핏줄이 섞이고, 생활습관이 서로 다른 가족구성원도 많이 생겨날 것이다. 각각 조상으로부터 물려받은 서로 다른 문화와 생활방식이 하나의 가족관계 속에 공존하게 될 것이고, 한 가족이 여섯 세대로 구성되는 경우도 늘어날 것이다.

이 모든 것들이 우리의 정치적, 사회적 가치관에 어떤 변화를 일으킬지는 알 수 없다. 과거에는 사람들이 나이가 들면서 보수화되어 기존의 세계관에 순응하게 되는 경향이 있었다. 그러나 이제 전례 없이 부유하고 건강한 노인 세대가 등장하고 있다. 그들은 지속적으로 새로운 것을 배우는 데 익숙하고, 살아오는 동안 여러 번에 걸쳐 자신의 삶을 재구성하거나 재구성 당한 경험을 갖고 있다. 이런 사람들이 앞으로는 정치제도를 포함한 우리 사회의 여러 제도들에 점점 더 많이 존재하게 될 것이다. 스트롬 서먼드 상원의원은 100세 생일을 지내고

서야 바로 그 주일에 은퇴했는데, 이런 그의 태도는 미래에 많은 사람들이 본받게 될 행동양식이다. 아마도 의회는 앞으로 노인들도 등원할 수 있도록 휠체어가 드나들 수 있는 시설을 더 많이 늘려야 할 것이다.

노인 고용을 장려하는 나라들, 특히 일본, 중국, 미국, 그리고 유럽의 일부 국가들에서는 노인 고용의 확대가 생산성 향상의 엔진이 될 가능성이 그 반대의 가능성보다 높다. 물론 노인들은 육체적으로는 활력을 유지하더라도 변화를 두려워하고 기피할지도 모른다. 일본의 노인들이 바로 그러한 방향으로 오늘날의 일본 사회를 만들어냈다. 일본에서는 노인들이 그들의 뜻을 사회 전체에 관철시켰던 것이 장기 경제침체의 한 원인으로 작용했다.

미래에는 대부분의 노인들이 지금보다 더 모험적이고 실험정신을 갖게 될 것이라고 나는 생각한다. 증명할 수는 없지만 그럴 것이라고 확신한다. 나는 이 책을 쓰던 중에 55세까지 엄청난 돈을 번 내 친구와 며칠간을 같이 보냈다. 그는 더 이상 일하지 않아도 살아나가는 데 전혀 지장이 없을 만큼 재산을 모았으나 행복하지는 않다. 그는 종교에도 정치에도 관심이 없고, 새로운 사업을 시작할 뜻도 없다. 그는 골프를 따분하게 여기고, 개인용 비행기에도 싫증을 내고 있다. 남은 인생 동안 무엇을 해야 할까? 그는 그 대답을 절박하게 찾고 있다.

그는 한편으로는 모험을 즐기려 하고, 뭔가 완전히 새로운 일을 시도해보고 싶어 하지만, 다른 한편으로는 품위와 안락함에 집착하고 있다. 이런 갈등은 나쁜 것만은 아니다. 능력 있고 경험이 풍부한 많은 사람들의 마음속에 바로 그러한 갈등이 흔히 존재한다. 과거에는 아이디어와 실험적인 계획을 실제로 행동으로 옮길 수 있는 사람들은 오직 소수에 지나지 않았고, 그들은 그렇게 할 수 있는 어떤 통찰력 있는 관점을 지닌 사람들이었다.

제임스 힐턴은 그의 소설 《잃어버린 지평선(Lost Horizon)》에서 그런 관점을 잘 표현했다. 이 소설은 장수의 비결을 발견하고 은둔해 사는 한 마을 사람들에 관한 이야기다. 그 마을의 지도자는 소설의 화자(話者)에게 이렇게 말한다. "세상의 기준으로 말하면 자네는 아직 젊은 축에 드네. 사람들은 자네의 앞날이 창창하다고 말할 테지. 별일이 없다면 자네는 앞으로 20년 내지 30년 정도 더 살 것이고, 그동안 활력이 조금씩 천천히 감퇴될 뿐이겠지. 그것도 물론 낙담할 것은 아닐 것이네. 그러나 자네는 내가 보는 것처럼 보지는 못할 것이네. 내가 지금 보는 것은 가냘프고 숨이 차며 지나치게 열띤 막간극일세. 자네의 일생 중 처음 사반세기는 세상을 알기에는 너무 어린 상태여서 구름 낀 하늘 아래처럼 보냈을 게 분명할 테지. 그런가 하면 자네의 일생 중 마지막 사반세기는 세상을 살아나가기에는 너무 늙은 상태여서 더욱 더 검은 구름의 그늘이 드리워질 것이네. 그리고 그 두 구름의 사이로 자네의 일생을 비추는 햇빛이란 얼마나 가늘고 짧은가!"

그러나 앞으로는 놀랄 만큼 많은 사람들이 그 가느다란 햇빛에서 벗어나 훨씬 더 넓고 긴 대낮의 양지로 나서게 될 것이다.

3장

사 람 들 의 대 홍 수

1800년대 중반 이후 시작된 사람들의 지리적인 이동은 이제 그 영구적인 형태, 즉 지속적인 대규모 이동의 모습을 띠기 시작했다.

과거에는 국가 간 이주를 금지함으로써 그와 같은 대규모 인구이동을 막을 수 있었다. 그러나 이제는 더 이상 그런 식으로 인구이동을 방해할 수가 없게 됐다. 적어도 미국과 유럽에서는 분명히, 그리고 아시아, 아프리카, 중남미에서도 어느 정도는 인구이동을 막는 게 불가능하다. 교통수단이 다양해지고, 국가 간 통신이 얼마든지 이루어지고, 국경은 철벽이 아니어서 넘나들 구멍이 존재하는 오늘날에는 이주자들을 막기 위해 국경을 완전히 봉쇄하기란 불가능하다. 공식 경로를 밟아 이주할 수 없다고 해도 비공식 경로는 얼마든지 찾을 수 있다. 특히 육지로 연접한 나라의 경우가 그렇다. 호주는 이주해오는 사람들을 차단하는 것이 지금도 가능하고 앞으로도 가능할 것이다. 해로는 대개 봉쇄가 가능하다. 모로코에서 스페인으로, 알바니아에서 이탈리아로, 또는 아이티나 쿠바에서 미국의 플로리다로 몰래 사람들을 실어 나르는 데 성공하는 보트는 그 수가 아주 적다. 그러나 육로가 있는 곳에서는 이주자를 막을 수 없다.

옛날부터 사람들은 자기 나라의 불안정이나 박해를 피하기 위해서 혹은 자기 나라에서는 가질 수 없는 기회를 찾아서 이주를 하곤 했다. 새로운 나라에 도착한 이주자들은 대부분 곤궁한 상태가 되고 법적인 지위도 취약해 쉽게 착취당하곤 한다. 그들은 자기와 같은 나라에서 이주한 사람들이 사는 지역에 정착한다. 익숙하지 않은 새로운 환경에서 그들은 원래 그곳에서 살아온 사람들이 갖고 있는 각종 자원을 거의 갖지 못한 채 살아나가야 하며, 따라서 그들끼리 상부상조해야 하기 때문이다. 그들은 입맛에 맞는 일자리를 거의 찾기 어렵다. 때문에 중남미나 파키스탄에서 법률가나 건축가로 일했던 사람들이 미국 뉴욕에서 택시운전사를 하거나 영국 런던에서 식당 웨이터 일을 하는 경우를 흔히 볼 수 있다. 영국을 제외한 유럽에서는 법률로 이주자의 취업을 금지하는 나라가 많아서, 유럽으로 이주한 사람들이 결국은 공적부조 대상자로 전락하는 경우가 흔하다. 그들이 앞으로 몇 세대나 더 공적부조 대상자로 살아야 하는지는 분명치 않다. 유럽대륙으로 이주한 사람들은 대개 이주 첫 세대이거나 두 번째 세대일 텐데, 그들의 후손이 앞으로 어떤 환경에서 살아가게 될지는 아직 알 수 없기 때문이다. 한편으로 이주자들은 그들이 이주해간 노령화 사회에 젊은 에너지와 활력을 주입시키는 역할을 하기도 한다. 이런 역할에서 그들은 경제적 활력의 전조가 되기도 한다.

나도 미국으로 이주한 첫 세대다. 나의 부모는 헝가리 출신으로 나치의 인종학살을 피해 살아남은 사람들이다. 어머니는 아우슈비츠의 학살을 용케 벗어났고, 아버지는 노예노동을 하다가 다행히 죽지 않고 살아났다. 나는 독일에 설치됐던 난민촌에서 태어났다. 이런 역사적인 기억이 우리의 마음과 몸 깊숙이 자리 잡고 있기에 우리는 이주란 험한 길이라는 생각을 자연스럽게 하게 된다. 그것은 이주하는 사람들 자신에게도, 그들이 이주해간 사회에도, 그들이 떠난 나라에도 하나의 시련이자 시험이다. 이주의 물결이 홍수처럼 된 오늘날 그것은 또 하나의 시험, 즉 그들이 이주해간 나라는 기회의 땅이라는 관념의 시험이라는 의미도 지니게 됐다.

당신은 우리의 잠재 가능성이 무한하다는 이론을 믿는가? 다시 말해 부가 끊임없이 증가할 것이라고 생각하는가? 그렇게 생각한다면 당신은 이주자들을 받아들이는 데 대해 찬성하는 편일 것이다. 왜냐하면 이주해오는 사람들이 경제성장에 기여할 것이라고 생각할 것이기 때문이다.

반대로 당신은 어느 한 사회의 부의 증가에는 일정한 한계가 있다고 생각하거나, 부자 계층과 가난한 계층이 항상 공존하며 두 계층의 비율은 다소 변할 수는 있으나 근본적으로는 변하지 않는다고 생각할 수 있다. 그렇다면 당신은 필시 이주자를 받아들이는 것은 득보다 실이 많은 짓이라고 생각할 것이다. 왜냐하면 이주해온 외국인 가족의 생활형편이 나아지는 만큼 기존 내국인 가족 중 누군가는 사회계층의 사다리에서 아래로 떨어질 것이라고 생각하게 되기 때문이다.

어떤 의미에서 이주란 위 두 가지 관념을 다 시험하는 것이고, 그 동안 두 가지 관념이 각각 나름대로 타당성이 있음을 입증해왔다. 사람들이 부가 무한히 증가할 수 있다고 기대할 수 있을 만한 나라에서는 이주자들을 받아들이는 것이 사회의 활력을 유지해 나가는 기본요소가 된다. 이와 반대로 부가 정체되고 일정한 한계에 묶여 있는 나라에서 이주자들을 받아들이는 것은 사회적으로 아주 큰 부담이다.

이 가운데 전자에 해당되는 미국과 후자에 해당되는 유럽의 차이는 앞으로 더욱 더 확연해질 것이다. '아메리칸 드림'이라는 말로 상징되듯 무한한 기회와 가능성을 믿는 문화를 가진 미국은 앞으로도 계속 야심에 찬 이주자들이 몰려드는 나라가 될 것이다. 실제로 미국은 이주해온 사람들이 초기의 부와 교육수준 이상으로 계층상승을 하는 것이 상대적으로 수월하다. 내 개인적인 경험은 미국이 올바른 사회적 상태를 유지하는 한 이주자들이 그러한 계층상승의 꿈을 실현할 수 있는 곳임을 입증하는 한 예다. 나의 부모는 대학교육을 받지 못했고 늘 가난한 편이었다. 그들이 미국으로 이주한 것은 그들에게 돈이 없더라도 내가 대학에 갈 기회를 가질 수 있다는 것을 의미했다. 순자산을 기준으로 미국인들을 일렬로 세우면 나는 지금 맨 앞 2퍼센트 안에 들 것이다. 그러나 이런 내 경우가 특별한 것은 아니다. 미국에서 나 만큼 또는 나 이상으로 부유한 사람들은 400만 명이나 되며, 그 수는 앞으로 절대적으로는 물론 전체 인구에서 차지하는 비중으로도 더욱 더 확대될 것이 분명하다.

이와 대조적으로 유럽은 사람의 운명은 그렇게 쉽게 바꿀 수 없는 것이라고 생각하는 문화에 깊숙이 젖어있다. 유럽의 많은 정치인들은 사람들이 이미 갖고 있는 부와 지위를 그대로 보존하는 방향으로 설계된 기존의 정책과 관행들을 의식적으로든 무의식적으로든 그대로 받아들이고 있다. 미국에도 물론 그런 식의 정책과 관행이 있지만, 유럽만큼 많지는 않다. 그러나 유럽에는 그런 정책과 관행을 보완하는 요소도 있다. 유럽은 개인적인 성취 가능성을 그다지 믿지 않기 때문에 대신 가난한 사람들을 미국보다 더 잘 보살핀다. 그 결과 유럽 경제는 미국 경제에 비해 활력이 떨어지고, 이주노동자들이 훨씬 더 심각한 문제가 된다. 유럽에서 이주자들의 문제를 해결하기란 대단히 어려운 일이어서, 그 해결을 밀어붙이다가는 유럽연합 체제를 분열시킬 수도 있다. 유럽연합이 만약 이와 반대로 앞으로 이주자 문제를 잘 다뤄나갈 수 있게 된다면, 다른 문제들에도 얼마든지 견뎌낼 수 있을 것이다.

이런 관점에서 보면 이주자의 문제는 정책이나 인구통계학적인 문제이기 이전에 문화적 도전이다. 북미, 동아시아, 유럽 등 지금 세계에서 가장 강력한 지역의 사람들이 그들이 사는 곳으로 홍수처럼 밀어닥치는 이주자들을 받아들이고 그들을 뒷받침할 정도의 지적, 정서적 능력과 수단을 갖고 있는가? 이 질문에 대한 대답이 무엇이 될지 우리는 아직 모른다. 그러나 우리는 그와 같은 홍수가 몰려오고 있다는 사실은 알고 있으며, 이 문제와 관련해 많은 것들이 언제 어떻게 터질지 모를 상황이다.

신붓감과 일을 찾아 나서는 중국인들

중국의 경제적인 부상과 그것이 전 세계에 몰고 올 충격은 피할 수 없는 일이지만 이미 많은 사람들에게 널리 알려져 더 이상 놀랄 일은 아니다. 한때는 전 세계의 사업가와 기업인들이 중국이 시장을 개방하기를 간절히 바랐다. 이제 그들은 중국 기업들의 경쟁력에 두려움을 느낀다. 중국은 그 엄청난 저임 노동력뿐 아니라 정부정책의 변화, 기술혁신, 외국인투자에 의해 보강된 경제강국으로 떠올랐다. 연간 6~7퍼센트에 달하는 중국의 경제성장률은 대부분의 다른 나라들을 압도한다. 인도만이 유일한 예외다. 인도도 아시아의 발전소로 돌연 등장했고, 중국과 거의 비슷한 성장률을 보이고 있다. 전략문제 저술가로 널리 알려진 일본인 오마에 겐이치가 최근 중국의 경제부흥에 관해 쓴 저서에서 지적했듯이 중국의 그 같은 경제성장률은 빙산의 일각일 뿐이다. 선전, 상하이, 다롄과 같은 중국의 해안 도시들은 연간 15~20퍼센트의 속도로 급성장하고 있다. 이런 도시들의 성장세는 말레이시아, 대만, 타이, 한국과 같은 아시아 호랑이 국가들보다 더 빠르다.[15]

중국 제조업의 급속한 성장은 세계화의 한 결과라고 쉽게 생각할 수도 있다. 그러나 그것은 중국인들 스스로가 그들에게 필요한 재화와 서비스를 조달하기 위해 노력한 결과이기도 하다. 수백만 명의 중국인들이 그들의 가족사상 처음으로 가전제품과 자동차와 같은 것들을 구매할 수 있게 되면서 중국은 거대한 내수 시장을 형성하고 있다. 간단히 말해 지금 중국에서는 전 세계에서 가장 극적이고 잠재력이 큰 중산층의 부상이 일어나고 있다.

오마에 겐이치는 이렇게 말했다. "2002년의 중국에 비교될 만한 선례를 찾으려면 40년은 거슬러 올라가야 한다. 1960년대에는 일본이 세계적인 경쟁력을 갖춘 나라가 되기 위해 열심히 노력하고 준비했다. 그전에는 산업혁명 초기의 영국이 있었고, 1800년대 후반에는 처음으로 세계적인 경제강국의 징후를 보여주던 미국이 있었다."

오마에 겐이치뿐 아니라 중국에 관한 저술가로서 오랜 경력을 갖고 있고 지금은 버클리대학 저널리즘스쿨의 학장으로 있는 오빌 셸을 비롯한 많은 논평가들이 지적했듯이, 중국이 앞으로도 반드시 경제강국으로 지속적으로 성장할 것이라고 확언할 수는 없다. 셸이 말했듯이 중국에는 아직 무시할 수 없는 내적 모순들이 존재한다. 중국의 금융시장 등에 존재하는 제도화된 부패, 환경의 악화, 경제 활성화에는 도움이 되지만 정치적인 일당체제에는 치명적인 인터넷을 통한 자유로운 정보교류, 중국인들이 공산주의 이데올로기를 벗어던지기 시작하면서 나타나고 있는 신념의 위기 등이 바로 그런 내적 모순이다.

그러나 상황이 어떻게 전개되든 중국의 미래에 불가피하게 닥칠 두 가지 인구통계학적 추세가 있다. 이 두 가지 추세는 마오쩌둥이 사망하고 덩샤오핑이 권좌에 오른 직후에 도입된 정책의 예기치 못한 결과다. 이 두 가지 추세는 대단히 놀랄 만한 것으로, 중국과 다른 나라들의 기존 관계를 크게 변화시킬 것으로 보인다. 이 변화에 대해서는 어느 나라의 지도자들도 대비 태세를 갖추지 못했는데, 중국의 정치지도자들은 특히 더 그렇다.

내가 말한 두 가지 인구통계학적 추세 중 하나는 중국 정부의 '한 가족 한 자녀 갖기' 정책이 낳은 결과들이다. 중국 정부는 누구든 한 명 이상의 자녀를 낳아 기르기가 대단히 어렵게 만드는 인센티브와 벌칙을 도입해 시행해왔다. 그런데 중국의 정부 관리들은 그런 정책을 시행하면서 자녀의 성에 대해서는 아무런 제한을 두지 않았다. 그러자 중국인들은 태아의 성 확인을 하기 시작했다. 초음파 검사를 통해 태아의 성을 미리 확인해 보고 여자로 확인되면 낳지 않고 남자일 경우에만 낳는 관행이 널리 퍼졌다. 이로 인해 1990년에는 중국에서 태어난 여자아이 100명당 남자아이는 111명이 되어, 남녀 간 출생률

차이가 3~4퍼센트포인트에 이르렀다. 1995년에는 여자아이 100명당 116명의 남자아이가 태어났고, 이 비율이 지금까지 계속 유지되고 있다.[16]

　5퍼센트포인트 정도라면 그리 대단치 않은 것으로 보일지도 모른다. 그러나 중국에서 매년 1000만 명이 새로 태어난다는 사실을 감안하면 5퍼센트포인트의 출생률 격차는 매년 여자보다 남자가 50만 명씩 더 많이 태어나는 게 된다. 이런 추세가 앞으로 20년간 지속된다면 그 숫자는 무려 1000만 명에 이른다. 게다가 이런 남녀 간 출생률 격차는 중국 정부가 한 가족 한 자녀 갖기 정책을 포기하거나 중국인들이 남자아이보다 여자아이를 선호하게 되는 변화가 일어나지 않는 한 앞으로 20년보다 더 오래 지속될 수도 있다. 이런 남녀 간 출생률 격차는 중국처럼 결혼을 중시하는 유교문화의 나라에서는 간단치 않은 결과를 낳게 된다. 중국 안에서 결혼할 여자를 찾지 못하는 남자들이 이미 수백만 명에 이르고, 그들은 중국 밖에서 여자를 구하고 있다. 수많은 중국 청년들이 학위를 따거나 기술훈련을 받기 위해 해외로 나가면서 결혼할 신부까지 찾고 있는 것이다.

　해외로 나가는 중국의 젊은이들이 향하는 곳은 대체로 이미 중국인이 많이 모여 사는 대도시들이다. 특히 싱가포르, 샌프란시스코, 밴쿠버, 뉴욕, 리마, 런던 등이 인기를 끌고 있다. 그런 곳에서 중국의 젊은이들은 이미 과거에 이주한 친척이나 친지의 집에 머물면서 인근에서 신붓감을 구한다. 이런 그들의 외국생활은 대체로 짧은 기간으로 끝난다. 중국의 지방정부들이 전문분야의 지식과 기술을 습득한 해외의 젊은이들을 적극적으로 유치하려고 하기 때문이다. 그리고 이제는 젊은이들도 외국에서 지식과 기술을 습득한 뒤에 중국으로 다시 돌아가서도 돈을 벌 수 있을 정도로 중국의 기업경제가 발달했다.

그렇다고 해서 중국 젊은이들의 그런 외국생활이 별다른 의미가 없다는 말은 아니다. 그것은 사실 중국과 외부 세계와의 상호의존 관계를 전례 없이 증대시키는 결과를 낳고 있다. 이런 상호의존 관계는 두 가지 방향으로 일어나고 있다.

첫째, 중국 남자들이 우선 교육의 기회와 신붓감을 찾아 대거 해외로 몰려나가서 대체로 1~4년간 외국에 머문 다음 중국으로 되돌아간다. 이렇게 그들이 귀국하는 현상은 전례가 없는 일이다. 1948년에 중국 공산당이 집권한 이래 중국 사람들은 떠나기만 했고, 떠난 뒤에 다시 중국으로 돌아오는 사람들은 아주 적은 수에 지나지 않았다.

둘째, 중국이 아직 전체주의 국가인데다 이미 인구가 엄청난 나라임에도 불구하고 다른 나라들에서 중국으로 이주하는 비중국인들의 수가 크게 증가하고 있다. 부흥하는 중국 내에서 새로운 중산층이 된 중국 남자들은 예를 들어 파키스탄이나 필리핀, 기타 동남아시아 국가들, 심지어는 인도에서도 젊은 여자들을 끌어들일 수 있게 된다. 이렇게 이주하는 인구 규모가 얼마나 될지는 중국 정부가 다른 문화권에서 이주해오는 인구, 특히 중국 안에서 정착해 살면서 아이도 낳아 기르려고 하는 외국인들의 이주에 대해 얼마나 개방적인 태도를 취하느냐에 달려 있다.

글로벌 비즈니스 네트워크의 인구통계학자인 크리스 어텔은 이렇게 말한다. "시간이 지남에 따라 남녀 간 성비가 더욱 더 기울어진다는 점을 고려하면 중국 내에서 신붓감을 구하는 것은 이제 쉽지 않은 일이다. 굳이 예측을 해보라고 한다면, 2010년쯤에는 중국에서 성별로 차별화된 이주자 수용정책을 취하라는 강력한 압력이 생겨날 것이라고 말할 수 있다."

　이런 새로운 이주의 물결은 50년 이상 외부세계와 거의 차단된 상태였던 중국과 다른 나라들 사이에 새로운 형태의 상호의존 관계를 형성할 것이다. 새로운 상호의존 관계는 중국과 주변의 나라들 사이에 이미 존재해온 혈연관계를 더욱 확대시킬 것이고, 그런 혈연관계는 양방향으로 투자자금이 오고가는 자연스러운 통로의 기능을 하게 될 것이다. 아울러 중국과 다른 나라들 사이에 비단 사업을 하는 사람들뿐 아니라 가족과 친척을 방문하려는 사람들의 왕복여행이 크게 늘어날 것이 확실하다. 그렇게 되면 오마에 겐이치와 같은 논평가들이 전망하듯 '새로운 미국'으로서 중국의 위상이 강화될 것이다. 이는 곧 자신의 경제적 지위를 상승시키고 싶어 하는 사람들에게 중국이 새로운 '기회의 땅'이 됨을 의미한다.

　중국의 미래에 불가피하게 닥칠 두 번째 인구통계학적 추세는 중국 내부의 인구이동이다. 이미 수백만 명의 내륙 농촌지역 사람들이 급성장하는 해안 도시들을 향하고 있다. 그들은 경제적으로 번영하는 곳으로 가고자 하는 것이다. 게다가 그들은 아주 신속하게 움직이고 있다. 미국의 경우 전체 인구에서 도시 인구가 차지하는 비중이 10퍼센트에서 70퍼센트로 늘어나는 데 1세기 이상(1835~1960년)이 걸렸다.[17] 이 1세기 이상의 기간 동안 미국의 전체 인구는 1억 8000만 명이 넘은 적이 없다. 중국은 12억 인구를 갖고 있으나, 도시 인구의 비중이 미국처럼 늘어나는 데는 불과 몇 년밖에 걸리지 않을 것이다.

　셸은 이렇게 논평했다. "인류 역사상 가장 거대한 인구이동이 중국에서 전개되고 있다. 1억 5000만 명이 일자리를 얻기 위해 농촌에서 도시로 이동하고 있는데, 도시에서는 아무런 복지혜택도 교육도

보건서비스도 주거시설도 그들을 기다리고 있지 않다. 사실상 아무것도 없다. 베이징, 광둥, 상하이와 같은 도시들의 경우 그들이 말하는 '유동인구'의 비중이 대략 30~40퍼센트에 이른다. 이런 인구이동 추세는 경제적으로는 이로운 측면도 있다. 그들로부터 고속도로, 터널, 빌딩, 기타 사회기반시설을 건설하는 데 필요한 저임의 노동력이 공급되기 때문이다. 그러나 만약 중국 경제가 침체된다면 유동인구의 존재는 중국에 대단히 불리한 영향을 주게 된다. 왜냐하면 그럴 경우 중국은 갑자기 수천만 명에 이르는 유랑난민을 갖게 되는 셈이고, 그들을 사회적으로 수용할 만한 준비는 안 돼있기 때문이다. 그들은 다시 농촌으로 돌아갈 수도 없다."[18]

중국 해안의 도시들에서 활동하는 기업인들은 이런 상황을 즐기고 있다. 오마에 겐이치는 한 전자부품 조립공장의 경영자를 인터뷰한 이야기를 들려준다. 그 공장에는 1만 명의 노동자들이 일하고 있었는데, 모두 젊은 여성인 그들의 한 달 월급은 80달러였다. 그들 가운데 안경을 쓴 사람이 단 한 명도 보이지 않는 것을 의아하게 여긴 오마에가 그 이유를 묻자 그 공장의 경영자는 "눈이 나빠진 노동자는 즉시 해고해버린다"고 했다. 그는 이렇게 설명했다. "여기서 해고되더라도 다른 곳에서 일자리를 얻을 수 있다. 하지만 그것은 내 문제가 아니다. 우리 공장에서 일하고 싶어 하는 사람들은 수도 없이 많다."[19]

중국의 중앙정부는 이런 상황에 대해 그저 경악한 채 안절부절못하고 있다. 중국 정부는 농촌 사람들이 가급적 농촌을 떠나지 않도록, 그들이 도시로 몰려들지 않도록 하려고 노력하고 있지만 이런 노력은 별로 효과가 없어 보인다. 왜냐하면 중국 정부는 이와 동시에 농업 생산성을 끌어올리기 위해 가능한 모든 일을 다 하고 있기 때문이다. 마오쩌둥 시대에 중국의 경작지는 소규모로 나뉘어졌고, 그런 경작지에서 한 사람이 세 사람이 먹을 정도의 쌀을 생산해냈다. 그러나 그런 시절은 이미 지나갔고, 이제는 농촌에서 농민들이 할 수 있는 일이 충분치 않다. 그들은 오직 도시로 향할 수밖에 없고, 도시로 가지 않는다면 가족이나 친지에게 짐이 될 뿐이다.

게다가 그들이 새로 이주해 들어갈 공간도 많지 않다. 중국의 인구 문제는 몇 세기에 걸친 문제다. 사람이 살 수 있는 곳은 기억할 수 있는 옛날부터 이미 사람이 정착해 살아왔다. 미국에 있는 것과 같은 처녀지는 중국에 존재하지 않는다. 중국은 유럽 전체보다도 인구가 많을 뿐 아니라 인구밀도도 더 높다. 이런 측면으로 볼 때 최근 중국 내 인구이동은 중국의 미래를 위해 여분의 땅을 만들어낸다는 의미를 갖는 것인지도 모른다.

방콕과 싱가포르를 방문해보면 오늘날 중국이 직면한 상황과 선택할 수 있는 미래를 이해하는 데 도움이 된다. 방콕은 사람들이 많이 몰려 살고 있지만, 그들을 뒷받침하는 기반시설이 부족하고 생산적인 일거리도 부족하며 전기나 수도 시설도 제대로 갖춰져 있지 않은데다 남의 땅에 다 쓰러져가는 임시주택을 짓고 사는 사람들도 많다. 만약 중국의 해안 도시들이 방콕을 닮아간다면 중국의 새로운 사회는 아마도 지속불가능한 것이 될 것이다. 이런 경우라면 중국은 기존 인구를 수용하기에도 이미 벅찬 단계에 이르렀는지도 모른다.

그러나 중국의 새로운 중심 도시들이 100개의 싱가포르처럼 된다면, 다시 말해 효율성과 삶의 질을 중시하는 가운데 조밀하긴 하나 훌륭하게 설계되고 관리되는 100개의 도시들이 중국에 들어서고 그런 도시들의 시민사회가 잘 운영되는 기업처럼 관리된다면, 중국은 자기 인구를 충분히 다 수용하면서 번영해 나갈 수 있을 것이다. 중국 지방 정부의 지도자들은 사실 싱가포르를 본뜨려 하고 있다. 이 점에서 싱 가포르인들이 중국인들을 실제로 가르치고 있다. 그러나 지금은 중국 의 이런 싱가포르 본뜨기가 성공할 것인지 여부를 말하기에는 아직 이른 시기다.

어쨌든 그 과정은 순조롭거나 잘 조율된 모습으로 진행되지는 않 을 것이다. 우여곡절이 있을 것이다. 그러는 동안 도시환경의 악화, 엄청난 인구의 밀집, 슬럼가의 철거, 새로운 현대적 건물의 건설 등이 잇따를 것이다. 지진이 일어나도 재해로만 여겨지는 것이 아니라, 기 존의 허름한 건물과 시설이 무너진 자리에 새로운 기반시설을 건설할 수 있는 기회로도 여겨질 것이다. 어떤 지역들은 재개발이 지연되어 오늘날의 기준에서 사실상 사람이 살기 어려운 곳이 되어갈 것이다. 그러나 1949년만 해도 사람이 거의 살 수 없는 곳으로 여겨졌던 피츠 버그가 오늘날에는 미국에서 사람이 살기에 가장 좋은 곳들 가운데 하나로 간주될 정도로 변모했다는 사실도 잊어서는 안 된다. 이런 일 이 중국에서도 벌어질 수 있다.

내륙 사람들이 많이 이주해서 정착해 사는 도시의 개발현장을 보 면 앞으로 새로운 중국 사회가 어떻게 전개될 것인지에 대한 힌트를 얻을 수 있다. 예를 들어 베이징은 내륙으로부터 밀어닥친 엄청난 이 주의 물결에 대응해 에너지원을 변화시켰다. 10년 전만 해도 베이징 사람들은 작은 갈탄 화로로 난방을 하면서 거실의 지붕으로 난 굴뚝 을 통해 검은 연기를 내뿜었다. 물론 이것만 해도 분뇨를 태우던 이전 방식보다는 환경적 영향 면에서 한 단계 더 깨끗한 난방 방식이기는 했다. 그러나 그 결과 베이징의 대기는 크게 오염되어 한때는 베이징이라고 하면 갈탄 연기와 함께 대기에 뒤섞인 검댕으로 유명했다. 오늘날에는 그런 갈탄 화로들이 대부분 사라지고, 훨씬 깨끗한 천연가스에 의해 난방이 이루어진다. 이에 따라 베이징의 대기는 이미 많이 깨끗해졌고, 앞으로도 더욱 깨끗해질 것이다. 다만 베이징 시내 어디서나 흔히 볼 수 있었던 자전거들이 점점 자동차나 디젤버스로 바뀌고 있는 것은 대기에 좋지 않은 영향을 가져올 것 같다.

푸둥이라는 도시는 상하이 외곽의 황푸강 하구의 늪과 섬들 위에 새로 건설됐다. 사실 푸둥은 아직 상하이 시의 관리를 받고 있으므로 그 자체가 도시인 것은 아니다. 푸둥은 오히려 고층빌딩이 늘어선 거대한 산업단지에 주거와 오락 시설이 보완된 신시가지의 성격이 짙다. 푸둥은 브라질리아와 마찬가지로 하나의 계획도시로 설계됐지만, 그 안에 살게 될 사람들의 수요에 신축적으로 대응할 수 있도록 개발됐다는 점에서 브라질리아와 다르다. 따라서 푸둥은 브라질리아처럼 끔찍하고 단조로운 도시가 되지는 않을 것이다. 오히려 푸둥은 미래 중국의 도시개발에 원형이 될 것 같다. 중국의 중산층이 수평적이 아닌 수직적인 외곽의 주택들에 사는, 새로운 주거문화의 표준이 될 것이다. 홍콩이 이미 선례를 보여준 바 있는 이런 형태의 도시설계는 많은 인구가 효율적으로 밀집해서 살면서 사업 활동, 제조공장, 대량수송은 물론 쉽게 접근할 수 있는 녹지공간의 혜택을 누릴 수 있도록 해준다. 중국이 이런 전환을 성공적으로 해낼 수 있다면 중국 자체의 인구와 주거 문제를 해결하는 데 그치는 것이 아니라 전 세계 다른 나라들에게 하나의 모범사례, 즉 바쁘게 움직이는 많은 인구를 좁은 도시공간에 수용하는 데 필요한 혁신의 모범사례를 보여주는 역할도 하게 될 것이다.

문화적 다양성이 증대될 미국

미국의 원래 밑바탕이라고 할 수 있는 중서부 지역을 포함해 미국의 미래 인구통계학적 변화를 전망해보고 싶다면 캘리포니아 주를 우선 살펴보라. 2002년에 버클리대학에 입학한 신입생 가운데 45퍼센트 이상이 아시아계였다. 중남미와 카리브 해 연안지역 출신을 포함한 히스패닉계는 15퍼센트였다. 유럽계 자녀들은 30퍼센트에 지나지 않았다. 다시 말해 이 해의 버클리대학 신입생 가운데 아시아계와 히스패닉계가 유럽계에 비해 두 배였다는 것이다.

이런 버클리대학 신입생 통계가 처음 발표됐을 때 곳곳에서 경악의 탄성이 들리는 듯했다. 심지어는 버클리대학 내부에서도 다들 놀라는 표정이었다. 불과 몇 년 전만 해도 이 대학 신입생 중 아시아계 미국인의 비중은 15~20퍼센트에 지나지 않았다. 그러던 것이 갑자기 세 배로 뛰어오른 것이다.

이렇게 된 계기는 소수자 우대정책(affirmative action)의 종식이었다. 인종적이거나 민족적 구별을 없애고 학업과 성격 평가에만 근거해 신입생 선발을 한 결과로 신입생 중 흑인의 비중이 2년 전 10퍼센트에서 이 해에는 3퍼센트로 급감했다. 이런 흑인 신입생의 비중 급감은 예상된 것이었을 수도 있고, 그렇지 않았을 수도 있다. 그러나 소수자 우대정책을 반대하던 사람들이 또 다른 부수효과, 즉 아시아계의 부상을 예상하지는 못했던 것 같다. 아시아계 학생들은 학교성적과 대학입학 자격시험에서 높은 점수를 받는 경향이 있고, 이로 인해 좋은 대학의 입학허가를 받는 비중이 높다. 나는 아시아계 학생들이 왜 그렇게 공부를 잘하는지에 대해서는 설득력 있는 이유를 댈 수가 없다. 그들은 근면과 공부를 강조하는 가족의 자녀들인 것 같지만, 똑같이 근면과 공부를 중시하는 문화권 출신 학생들도 아시아계만큼 학업성취도를 보여주지 못한다.

그 결과 2025년 이후 오늘날의 대학생들이 40대 중반 또는 50대 초반이 되면 미국의 기업, 시민단체, 정부의 지도자들 중 아시아계가 늘어날 것이다. 물론 그때도 백인이 그런 엘리트급 일자리들을 더 많이 차지하고 있을 게 분명하지만, 모든 분야의 엘리트급 일자리들에서 백인이 다 우위를 점하고 있지는 못할 것이다. 그리고 그때는 백인이 그런 일자리들에 가장 적합하다고 말하기도 어려울 것이다. 유력한 지위의 일자리들은 현재 유색인으로 불리는 사람들에 의해 점점 더 많이 채워질 것이다. 그런 일자리들에는 특히 아시아계가 많이 진출할 것이며, 아시아계보다는 못하겠지만 중남미계도 많이 진출할 것이다. 이는 곧 미래 미국의 파워 엘리트가 40년 전과는, 그리고 오늘날과도 크게 달라질 것임을 의미한다. 이런 변화는 전문직, 특히 법률과 의료 분야 종사자 중 여성의 비중이 지난 30여 년간 크게 늘어난 것과 비슷한 모습을 띨 것이다. 그 변화는 미국의 사회문화 전반에 영향을 파급시킬 것이다. 그 형태와 방식은 지금 예단할 수 없지만, 그런 영향의 발생은 피할 수 없으며 의미 있는 수준이 될 것이 분명하다. 미국인들은 어느 날 아침에 일어나 보니 미국이 갑자기 백인들의 나라가 아니게 됐음을 알게 되는, 인구통계학적 놀라움을 경험하게 될 것이다.

유럽에서 미국으로의 대규모 이주의 물결은 2차대전과 더불어 거의 마무리됐다. 그 뒤에는 1956년 헝가리인들의 이주, 1990년대 러시아인들의 이주와 같은 돌발적인 대규모 이주의 사례들만 있었다. 지난 25년 동안에는 멕시코, 칠레 등 일부 남미 국가들에서 이주한 이들이 많았다. 그리고 특히 베트남과 캄보디아의 분쟁 이후에 동남아시아에서도 많은 이주자들이 몰려들었다. 인도네시아, 필리핀, 타이, 인도 등에서 모두 수백만 명이 미국으로 건너왔다. 이어 중국인 이민자들이 크게 늘어났다. 특히 영국이 홍콩을 중국에 반환하겠다고 했던 과거의 약속을 이행할 뜻을 분명히 한 뒤로 지난 5년간 중국인들이 대거 미국으로 이주했다. 이런 중국인들의 미국 이주는 중국 내 성비 불균형 심화로 중국 남자들의 해외진출이 가속화한 것에 의해 더욱 활발해졌고, 이런 추세는 갈수록 더 뚜렷해지고 있다.

지난 몇 년 사이에 아시아나 중남미에서 미국으로 이주한 사람들 가운데는 교육수준이 높고 직업훈련도 잘 된 사람들이 적지 않다. 대부분의 이주자들은 가족을 부양하기 위해서는 어떤 일이라도 하려 한다. 그래서 앞으로 대략 15년가량 그들은 택시운전사, 육체노동자, 정원사, 기계공 등으로 일하게 될 것이다. 그러나 그 자녀들은 2010년경부터 미국의 지도층에 진입하기 시작할 것이다.

버클리의 유니버시티 거리나 브루클린의 애틀랜틱 거리를 지날 때 길가의 레스토랑들을 잘 살펴보면 그 지역에 사는 사람들의 출신을 알 수 있다. 현재 버클리에는 살바도르, 파키스탄, 칠레, 타이, 베트남 출신들이 모여 사는 동네들이 각각 형성돼있다. 이런 동네 사람들은 이미 그곳 이주자촌에서 벗어나 미국 사회의 활동적인 부분으로 편입되기 시작했다. 그들은 유수한 대학들에 진학하고 있고, 주요 기업의 임원급으로 승진하고 있다. 더 나아가 그들은 이제 정치인이 되기도 하고 정책을 다루는 공무원이 되기 시작했다.

그렇다고 해서 그들이 모두 미국 사회의 지도층이 된다는 말은 아니다. 교육수준이 낮은 중남미계 사람들은 세월이 지나도 하류 중산층의 처지에서 결코 벗어나기 어려울 것이다. 그럼에도 늦어도 2015년까지는, 또는 이보다 훨씬 이른 시점에 미국의 기업, 언론, 정치, 예술, 교육, 지역사회 등 모든 분야의 영향력 있는 지도층에 다양한 인종과 민족 출신이 포진하게 될 것이다. 샌프란시스코, 뉴욕, 마이애미, 시카고와 같은 곳에서는 이런 전망이 그리 놀랄 일이 못된다. 그러나 그것은 아이오와 주의 디모인, 워싱턴 주의 스포캔, 미네소타 주의 미니애폴리스, 텍사스 주의 휴스턴, 웨스트버지니아 주의 휠링, 미시시피 주의 빌럭시, 메인 주의 방거와 같은 도시들과 도시외곽 지역들에서는 관점의 변화를 요구하게 될 것이다. 이미 대부분의 미국 지역사회들에는 다양한 배경을 가진 사람들이 어느 정도 섞여 있다. 그러나 그런 지역사회에서도 정치적 권력과 경제력이 존재하는 자리들은 아직까지 주로 기존의 백인 미국인들이 차지하고 있다. 이런 상황은 앞으로 바뀔 것이다. 이미 흑인들 가운데는 권력과 경제력의 사다리 꼭대기나 그 근처까지 올라간 사람들이 있다. 콜린 파월 국무장관과 타임워너의 최고경영자인 리처드 파슨스를 그 예로 들 수 있다.

사실 미국에서는 그동안에도 해외에서 들어온 이주자들이 사회적 지도층이나 존경받는 지위에까지 올라가는 일이 일어나 사람들을 놀라게 한 적이 여러 번 있었다. 1930년대에는 아일랜드인과 독일인의 후손들이 돌연 그런 지위에 많이 올라가 사람들을 놀라게 했다. 그들은 1800년대 중반에 미국으로 이주한 아일랜드인과 독일인들의 증손자뻘이었다. 그 뒤 1960~1970년대에는 유태인과 이탈리아인 이주자들의 2세대 또는 3세대들이 갑자기 미국 사회의 지도층에 두드러지게 많아졌다. 이런 일이 벌어질 때마다 자신들의 정치적 영향력이 축소

되는 것을 원하지 않는 보수적 기득권자들이 반발하곤 했다. 1990년대 중반의 경우 캘리포니아의 공화당 사람들이 이주자를 받아들이는 정책에 대한 반대운동에 나섰다. 그러나 그 과정에서 캘리포니아의 공화당 조직이 거의 와해될 뻔했다. 그 이유는 캘리포니아 주에서는 당시에 이미 유색인을 비롯한 다양한 배경의 사람들이 영향력 있는 지위에 상당히 많이 앉아 있었기 때문이다.

캘리포니아 주 이외의 다른 지역에서도 마찬가지 상황이 벌어질 것이다. 미국은 어떤 측면에서는 편협하다는 이야기를 듣기도 하지만, 이주자들을 받아들이는 데 있어서는 지구상의 어느 나라보다 우호적이다. 미국은 이미 해외에서 이주해온 사람들이 모여 사는 지역사회를 아주 많이 갖고 있기 때문에 새로 이주해오는 사람들이 새로운 환경에 적응하고 경제적 기반을 마련하기가 쉬운 편이다. 미국에서는 이주자들을 받아들이는 정책을 역전시키고자 하는 정치적 의지는 거의 찾아볼 수 없다. 그 이유는 기존의 미국인들 자신도 이주자의 후손들이라는 데 있다. 미국인들은 국가의 활력이 어느 정도는 이주자의 계속적인 유입에 의존한다고 생각한다. 이런 점은 미국 바깥에서 미국이 이주 대상지로 매력적인 곳이 되도록 하는 역할을 한다. 21세기에도 미국은 다른 어느 주요 국가들보다도 기존 인구에 비해 상대적으로 더 많은 이주자들을 받아들이는 나라로 남을 것이다.

이주자의 유입은 장기적인 사회변화의 근본 요인이 된다. 이주자들은 새로 편입된 사회에 스스로를 동화시키는 과정에서 그 사회 전체의 문화적인 모습을 미묘하게 변화시킨다. 그들이 사회지도층에 오를 수 있는 경우에는 더욱 더 그렇다. 그리고 그들이 이주해간 나라에서 사회지도층에 오르는 데는 교육이 큰 역할을 한다. 오늘날 아시아계 및 중남미계의 미국 이주가 붐을 이루기 전에 이런 식으로 미국 이주와 정착에 성공한 민족은 유태인이 마지막이었다. 유태인들은 1850년대 이후에 미국에 많이 들어왔다. 처음에는 독일에서, 그 다음에는 동유럽에서 주로 건너온 유태인들은 오랫동안 소매상이나 기능공과 같은 일부 직종에만 종사했다. 그 이유는 대부분의 미국 대학들이 극히 소수의 유태인만을 받아들였던 데 있었다. 그러다가 1950년대에 2차대전 참전 세대가 시민생활로 복귀하면서 미국 사회에 능력주의가 자리를 잡으면서부터 유태인들을 차별하는 것이 더 이상 용납되지 않게 됐다. 이에 따라 그전부터 교육수준과 학문적 성취도가 높았던 유태인들이 투자은행, 패션업계, 예술분야, 더 나아가 정부에서도 권력과 영향력이 있는 지위를 차지하는 등 돌연 부상하기 시작했다. 오늘날에는 유태인인 로버트 루빈, 랄프 로렌, 바바라 스트라이샌드, 스티븐 스필버그, 조지프 리버맨, 다이앤 파인스타인, 에어리 플레이셔 등이 각 분야를 주름잡고 있다. 물론 지금 그들이 활동하는 분야들이 과거에는 유태인들에게 완전히 문호가 닫혀 있었다고는 할 수 없다. 그러나 매우 배타적이었음은 확실하다.

　이와 비슷한 일이 오늘날 비유럽계 민족들에게도 벌어지고 있다. 이런 이유에서 나는 미국 사회의 문화적 다양성 또는 다문화주의(Multiculturalism)에 관한 요즘의 논의가 열띠게 진행되고 있기는 하나 오래 지속되지는 못할 것이라고 생각한다. 성 패트릭의 날을 기념해 시가행진을 벌이는 아일랜드계 미국인들이나 콜럼버스의 날을 기념해 시가행진을 벌이는 이탈리아계 미국인들이 때때로 고유의상을 입듯이 민족성을 드러내기도 하지만, 자신들의 민족성을 벗어버릴 자유와 권리도 얼마든지 갖고 있다. 아일랜드와 이탈리아 이외의 다른 나라나 민족 출신의 경우에도 그들이 미국인으로서 지도층의 지위에 오를 만큼 미국 사회에 동화된 뒤에는 같은 이야기를 할 수 있다. '사회란 각기 자신의 정치적, 사회적 정체성을 가진 다수의 민족문화들이 한데 모인 형태로 조직돼야 한다'는 의미를 지닌 다문화주의는 너무 순진한 생각이다. 다문화주의가 이상적인 사회의 모습일 수도 있고 아닐 수도 있지만, 그런 사회의 실현은 불가능하다. 실제 사회, 적어도 미국 사회는 그보다 더 다양하고 복잡한 출신배경을 가진 사람들이 사회적으로 진화하고 서로 섞이고 복합적인 관계를 맺는 사회다. 부분문화들 사이의 경계는 이미 군데군데 허물어졌고, 한때는 가로지를 수 없는 경계로 여겨졌던 흑인과 백인 간의 경계도 마찬가지다. 이런 점을 상징하는 두 가지 사실을 들어보겠다. 그중 하나는 랜덜 케네디가 최근에 낸 책《인종 간 혼혈: 성, 결혼, 정체성, 그리고 입양(Interracial Intimacies: Sex, Marriage, Identity, and Adoption)》에서 잘 묘사했듯이 서로 다른 인종이나 민족 사이의 결혼이 증가하고 있다는 사실이다. 또 하나는 텔레비전과 영화에 중남미계나 아시아계 미국인들의 이야기가 점점 더 많이 등장하고 있다는 사실이다. 한 예를 들면 최근의 영화 〈찰리의 천사들(Charlie's Angels)〉에 나오는 주인공 세 명 중 한 명은 중국계 미국인인 루시 류였다. 이 영화를 본 미국인 관객들은 루시 류가 중국계라는 점을 전혀 이상하게 생각하지 않았고, 그런 점을 굳이 언급한 영화평도 없었던 것은 주목할 만한 현상이다.

2025년의 미국 사회를 내다볼 때 흥미를 끄는 점은 미국이 중남미계, 아시아계 등의 부분문화들을 어떻게 변화시킬 것인가가 아니라, 오히려 그런 부분문화들이 미국을 어떻게 변화시킬 것인가다. 미국에서 처음으로 유태인들이 대거 대학에 진학했던 1950년대의 문화적 상황을 돌이켜 생각해보자. 당시로 되돌아가 생각한다면 그렇게 대학에 진학한 유태인들이 그 후 미국의 문화에 끼칠 영향을 예상해볼 수 있지 않았을까? 물론 미국의 문화에 영향을 주는 요소가 그들만은 아니었을 것이다. 그러나 그들은 중요한 요소였다. 그들로 인해 미국인들이 좀더 도시적인 교양을 지니게 되고, 더 많이 글을 읽을 줄 알게 되고, 더 재미있어지고, 시골귀족의 윤리에서 좀더 멀어지고, 종교적 근본주의와 신비주의에 대해 좀더 회의적이 되고, 자기 생각과 다른 생각을 가진 사람들을 무시하기보다는 그들에 대해 좀더 관용적인 태도를 갖거나 그들과 토론을 벌이게 된다고 예상할 수 있지 않았을까?

그렇다면 지금의 아시아계와 중남미계 미국인들은 앞으로 미국의 언론, 정부, 기업 등에 어떤 가치 변화를 가져올까? 이런 질문에 대답하기란 간단하지 않다. '미국적 가치'에 '아시아적 가치'가 단순히 하나의 새로운 요소로 첨가되는 식은 아닐 것이다. 아시아적 가치라는 것이 단일한 것도 아니다. 타이, 필리핀, 중국, 한국, 인도의 문화는 서로 엄청나게 다르다. 게다가 아시아계 미국인의 가치가 자기 나라를 한번도 떠나본 적이 없는 아시아 각국 사람들의 가치와 같을 리도 없다. 미국에서 명문 대학에 입학하는 아시아계 학생들 가운데 다수는 미국에 이주한 아시아인의 세 번째 내지 네 번째 세대에 속한다. 그들은 자기 부모나 조부모가 사용하던 언어를 구사하지 못할 수도 있다. 그들은 영어로 생각하고 말하는 데 훨씬 더 익숙하다. 여러 세대 위의 조상이 영국 사람인 미국인이라고 해서 그를 굳이 영국계 미국인이라고 부르지 않는 것과 마찬가지로, 세 번째 내지 네 번째 세대에 속하는 아시아계 미국인을 아시아인이라고 보는 것은 타당하지 않다.

그러나 미국의 백인들은 갖고 있지 않지만 아시아 사람들은 공유하는 몇 가지 공통된 문화적 요소들에 대해서는 주목할 가치가 있다. 유럽계 프로테스탄트 문화는 그 뿌리 깊은 곳에 발전의 윤리를 갖고 있다. 자신의 삶을 더욱 발전시키는 일은, 비록 그것이 기존 권위와 충돌하는 것이라 하더라도 하나의 도덕적 의무가 된다. 이에 비해 대부분의 아시아권 문화는 인간은 각기 벗어날 수 없는 자기의 위치가 있으며, 그 위치에서 벗어나려고 시도하는 것은 환상을 쫓는 것이라고 본다. 많은 아시아계 미국인들은 이 같은 유교적 관점과 자신의 현실적 모습 사이에서 갈등을 겪는다. 그들 자신과 그들의 부모는 미국으로 이주한 것만으로도 이미 그러한 유교적 관점에서 이탈한 것이기 때문이다. 그들은 개인적으로 사업가를 지향할 수 있지만, 자기 사업을 시도할 배경이 되는 사업가적 문화는 갖고 있지 않다. 그들에 앞서 미국에 온, 다른 많은 이주자들과 마찬가지로 그들도 자기 선조들로부터 물려받은 옛 가치와 미국의 새로운 문화 사이에서 갈등을 겪는다.

영어가 아닌 다른 언어들, 특히 스페인어가 미국 사회에 퍼지겠지만, 앞으로도 미국은 주로 영어를 말하는 나라로 남을 것이다. 대부분의 아시아 및 유럽의 언어들과 달리 영어는 다양한 나라들과 문화권에서도 폭넓게 사용되는 언어다. 2025년에 언어학자들에게 가장 놀랄 만한 일은 스페인어의 구절, 단어, 개념이 영어에 많이 들어와 있다는 점일 것이다. 스페인어는 이미 미국의 거리나 텔레비전에서 흔히 들을 수 있는 언어가 됐다. 이와 달리 중국어는 이탈리아어나 이디시어와 마찬가지로 미국 사회에서는 흔히 들을 수 없는 특수한 언어로 남아 있다. 앞으로 10년 사이에 미국에서는 중국어의 희소성을 빗댄 '즐거운 중국어'와 같은 제목을 단 책들이 출간될 것이다. 이런 책들이 출간되는 것은 아시아계 미국인들이 마침내 미국 사회 속에서 그들의 문화가 중요한 부분이 됐음을 자각하기 시작했다는 신호가 될 것이다.

이 모든 것들은 특히 미국의 백인들에게 놀랄 일이 될 것이다. 어느 날 아침, 잠에서 깬 그들은 자신들이 더 이상 순수한 영어로 말하지 않는다는 것을 알고는 놀라게 될 것이다. 그리고 자신들이 그동안 살아왔던 미국과는 다른 미국에 살고 있음을 알아차릴 것이다.

중국인들의 미국 이주가 그들 자신에게도 시련이듯이 미국에게도 하나의 시련이 될 것이다. 과연 미국은 하나의 다수 문화가 존재하지 않는 진정한 다문화 사회로 발전할 수 있을까? 과연 미국은 여러 다양한 정체성을 가진 사람들의 집단이 각기 자기의 공동체를 관리하고 꾸려나가는 분열된 모습의 사회를 넘어설 수 있을까? 과연 미국은 서로 다른 민족적, 문화적 배경과 관점을 가진 사람들이 각자의 특성을 지니면서도 서로 융합된 하나의 사회를 창출해낼 수 있을까? 이것은 이미 미국에 밀어닥치고 있는 하나의 새로운 도전이다. 그러나 이런 도전에 미국이 잘 대응해 나갈 것임은 낙관해도 좋을 것이다. 그런 도전은 오늘날 더욱 거세질 수 있다. 그러나 그동안 프로테스탄티즘의 미국이 마지못해, 또는 어느 정도의 폭력을 수반하면서도 이탈리아, 폴란드, 아일랜드, 그리스의 가톨릭 문화는 물론 유태인들의 문화까지도 성공적으로 흡수해왔음을 감안하면 앞으로의 도전에 대해서도 잘 대응할 것으로 낙관해도 좋을 것이다.

가족에 긴장이 가해지는 유럽

유럽에는 1960년대 이래 장기적인 이주자 유입의 물결이 밀려왔다.

주로 이슬람권에서 이주해오는 사람들이었다. 터키, 북아프리카, 카프카스 지역, 아프가니스탄, 파키스탄, 인도에 살던 사람들이 독일, 프랑스, 영국, 네덜란드, 벨기에, 스칸디나비아 반도로 속속 이주했다. 앞으로 수백만 명이 더 이주할 것이다. 그들은 일자리를 찾아서, 또는 여러 가지 이유로 난민이 되어서 유럽으로 이주하고 있다. 유럽에 이미 이주한 사람들은 다시 그들의 친지를 유럽으로 오도록 하는 유인이 되기도 한다. 사실 유럽으로의 이런 이주의 물결은 과거 식민주의의 결과이자 그 마무리라는 역사적인 의미도 갖고 있다. 인도와 파키스탄 사람들은 영국의 런던이나 맨체스터로 가고, 알제리 사람들은 프랑스 파리로 가며, 터키 사람들은 독일로 가곤 한다. 유럽인들이 해외에 구축했던 식민지들이 독립하거나 자치 체제를 갖춘 지도 오래된 지금, 그런 과거의 식민지로부터 식민모국으로 사람들이 이주하고 있는 것이다.

이런 이주는 유럽에서는 대부분 불법이었고, 앞으로도 불법으로 남을 것이다. 유럽인들은 일반적으로 외국인이 이주해오는 것을 결코 반긴 적이 없으나, 이주의 물결 자체는 막지 못한 채 속수무책이다. 유럽인들은 이주의 물결을 이해하는 데만 삼십여 년이 걸렸고, 그러는 사이에 이슬람권에서 이주한 사람들이 많은 유럽 국가들 안에 부분문화를 구축했다. 이주자들이 금발에 파란 눈의 기독교인들이라도 유럽인들 사이에 적대감이 일어났을 텐데 검은 피부에 아랍어를 말하는 이슬람권 사람들이 밀어닥쳤으니 그 적대감은 말도 못했다. 유럽인들은 경멸감을 갖고 그들을 대했다. 유럽의 어느 도시를 가 보더라도 12세기의 십자군전쟁으로 거슬러 올라가는, 그들에 대한 적대감을 느낄 수 있다.

유럽에 온 이슬람교도들은 흔히 유럽의 기독교문화가 게으르고 타락했으며 착취적이라고 생각한다. 그런데 그들은 왜 유럽으로 이주하는가? 유럽에는 일자리가 있기 때문이다. 모로코에는 일자리가 없다. 때문에 모로코의 이슬람 청년들은 스페인으로 건너가 자동차 공장에서 일하는 것이다. 지난 삼십여 년 동안 유럽 각국은 그들을 정식 이민자가 아닌 일시적인 외국인 노동자로만 취급함으로써 문제를 악화시켰다. 이슬람권에서 온 사람들을 고용해 써먹기만 했을 뿐 자국 시민이 될 기회를 주거나 정치적인 권리를 부여하지는 않음으로써 그들의 인격을 무시했다.

2025년이 되면 유럽의 주요 국가들 대부분에 아주 큰 규모의 이슬람권 출신들의 지역사회가 들어서게 될 것이다. 이슬람 여성들은 아이를 일찍 갖고 많이 낳는 경향이 있으므로, 그런 이슬람 지역사회의 인구증가율은 유럽의 일반적인 인구증가율보다 훨씬 높을 것이다. 유럽의 이슬람 인구 중 일부는 사회복지제도에 의존하게 될 것이고, 그런 계층은 범죄와 사회적 갈등의 온상이 될 것이다. 그러나 이슬람권에서 이주한 사람들 중에는 새로운 사업가로서의 에너지와 활력을 지닌 사람들도 있을 것이며, 이런 사람들은 그들이 정착한 유럽 사회의 경제성장과 삶의 질 개선에 기여하게 될 것이다. 그러나 부유하든 가난하든 유럽에 이주한 이슬람 사람들은 모두 한 가지 공통점을 가질 것이다. 그것은 그들이 유럽 사회에 융합되지 못한 채 그들끼리 살아갈 것이라는 점이다. 그들을 유럽 사회에 융합시키는 데 대해서는 그들이나 유럽 사회나 관심이 없다.

이슬람권에서 유럽으로 이주하는 사람들의 수가 그리 많지 않았던 1970년대에 이미 유럽 국가들은 그들을 사회문제로 바라보기 시작했다. 1970년대 중반에는 독일로 이주해 독일인 잡역부 여성과 결혼한 모로코인의 이야기를 다룬 라이너 베르너 파스빈더의 영화 〈공포가 영혼을 잡아먹다(Fear Eats the Soul)〉가 많은 논란을 불러일으켰다. 소규모에 그치던 이슬람인들의 유럽 이주는 냉전이 종식된 뒤 급류처럼 가속화되고 그 규모도 커졌다. 냉전의 종식으로 옛 소련과 그 위성국들, 즉 러시아, 알바니아, 카자흐스탄, 불가리아, 루마니아 등에서 유럽으로 가는 길이 열리게 됐다. 인도와 파키스탄 사이의 분쟁이 계속 이어짐에 따라 두 나라에서 유럽으로 이주하는 사람들이 점점 더 많아졌다. 걸프전쟁은 이런 인구이동을 더욱 촉진시켰다. 쿠웨이트와 사우디아라비아에서 빠져나온 팔레스타인과 파키스탄 사람들이 대거 유럽으로 몰려들었다. 최근에는 여러 가지 문제를 지닌 아프리카에서 사하라사막과 지중해를 건너 유럽으로 이주하는 사람들이 많아졌다.

1990년대 초에 체결된 마스트리히트 조약은 유럽공동체 국가들 사이의 국경을 개방시켰다. 일단 유럽의 한 국가에 거주하게 된 사람은 유럽의 다른 어느 나라에도 갈 수 있게 된 것이다. 이에 따라 외부로부터 진입이 비교적 수월한 스페인, 포르투갈, 이탈리아로 새로운 이주자들이 유입됐고, 일단 이들 나라에 들어온 사람들은 별 어려움 없이 프랑스, 독일, 네덜란드 등으로 기차를 타고 이동할 수 있게 됐다. 이런 인구이동의 결과는 아무도 내다보지 못했던 것 같다. 영국 런던은 이미 인구 중 15퍼센트가 이슬람인들이다. 1998년에는 영국의 대학진학 자격시험인 에이레벨(A level) 시험을 치른 학생들 가운데 파키스탄인이나 방글라데시인 여학생의 비중이 백인 남학생의 두 배가 넘기에 이르렀다.[20]

요즘에는 유럽으로 이주하는 이슬람인들이 대거 프랑스로 몰리고 있다. 이미 프랑스에는 400만 명의 이슬람인들이 살고 있어, 프랑스 전체 인구에서 차지하는 이슬람인의 비중이 7퍼센트에 이른다.[21] 이는 인구수나 비중 면에서 서유럽 국가들 가운데 가장 높은 수준이다. 프랑스는 예전의 식민지 국가들과 지금도 여러 가지 관계를 맺고 있다. 프랑스 다음으로는 독일에 300만 명, 영국 180만 명의 순서로 이슬람 사람들이 많이 거주한다. 영국은 예전에 자국의 식민지였던 여러 이슬람권 국가들과 깊은 역사적인 관계를 갖고 있으며, 영국에는 현금과 주식 자산을 기준으로 할 때 100만 달러 이상의 자산을 보유한 부자 이슬람인이 54명이 있는 것으로 집계됐다.[22] 영국에 이어 네덜란드에 75만 명, 스웨덴과 스위스에 각각 35만 명의 이슬람인들이 거주하고 있다.[23]

이 모든 나라들에서 이슬람인들의 이주로 인해 사회적 긴장이 고조되고 있다. 이주자들을 수용하는 것이 경제적, 사회적 활력의 원천이 돼온 미국에서와 같은 현상이 유럽에서도 되풀이되고 있음을 보게 될 수도 있다. 그러나 미국과 유럽 사이에는 두 가지 중대한 차이가 존재한다.

첫째, 이주자들의 사회적 수준이 다르다. 대학교육을 받았거나 창조적이고 기업가적인 기질을 가진 사람들은 가능하면 미국으로 이주하려고 하는 경향이 있다. 그들은 유럽보다는 미국에 기회가 더 많다고 생각한다. 예를 들어 파키스탄의 공학도라면 런던 교외지역에서 셀프서비스 세탁소를 운영하기 보다는 슈퍼컴퓨터가 있는 미국의 실리콘밸리로 가고 싶어 한다. 게다가 파키스탄에서든 알제리에서든 모로코에서든 그 정도의 교육을 받은 사람이라면 이미 오래전에 미국으로 이주했을지도 모른다. 그러나 첨단기술 교육을 받는 데 관심이 없

거나 직업교육을 제대로 받지 못한 사람들은 유럽으로 이주하는 경향
이 있는 게 현실이다.

둘째, 지금까지 유럽은 우수한 자질을 지닌 이주 희망자들에 대해
서도 폐쇄적인 태도를 보여 왔다. 나는 파리에 살고 있는 아주 유능한
레바논 사람을 한 명 아는데, 그는 자신이 다니는 회사에서 중간간부
의 지위 이상으로 승진하지 못하고 있다. 어쨌든 그는 프랑스 사람이
아니기 때문이다. 그의 아이들은 좋은 학교에 다니고, 그는 좋은 집에
서 살며, 그의 가족은 충분한 건강보험 혜택을 누리고 있다. 그러나
그는 프랑스 사회에서 지도자나 혁신자로서 자신의 잠재력을 펼쳐볼
기회를 얻지 못하고 있다. 앞으로 프랑스 사회가 변화하지 않는 한 그
의 자녀도, 그 자녀의 자녀도 프랑스 안에서는 지역사회의 엘리트층
에도 진입할 수가 없을 것이다. 미국인의 시각으로 볼 때 프랑스의 이
런 모습은 비극적인 인적자원 낭비다. 그러나 나의 레바논인 친구는
파리로 이주할 때 이미 그런 상황은 하나의 게임의 규칙으로 수용해
야 한다고 생각했다고 한다.

그래도 그 레바논인 친구는 프랑스로 이주하는 사람들이 부러워
할 만한 처지다. 그 친구가 아는 레바논 사람들은 프랑스로 이주한 뒤
의 처지가 대부분 그보다 훨씬 못하고 비참하다고 한다. 유럽으로 이
주한 사람들이 취업할 일자리가 없기 때문이다. 유럽 사람들은 그들
을 환영하지 않는다. 그러나 그들은 유럽에서 살아가야 하고 유럽 사
회의 보살핌을 받아야 한다. 그렇지 못하면 그들의 존재는 사회적 문
제가 된다. 이 때문에 유럽은 그들을 사회복지 대상자로 포함시켜 최
소한도의 돈과 건강보험 서비스를 제공한다. 이주자들은 암스테르담,
파리, 마르세유, 뮌헨 등의 빈민가에 몰려 산다. 그런 곳에 사는 이주

자들은 그 나라 사람들과 다른 언어를 사용하고 사는 문화도 다르다. 이 때문에 그들의 자녀는 학교에서 좋은 성적을 받을 수가 없다. 유럽인들이 보기에 그들 가운데서 믿고 고용할 만한 사람은 거의 없다. 그들은 대개 자녀가 많다. 유럽으로 이주한 이슬람인들의 출산율은 유럽인들에 비해 상당히 높은 수준이다.[24] 그들은 범죄에 빠져들기도 한다. 예를 들어 암스테르담에는 기차 여행객들의 주의를 분산시킨 뒤 가방을 훔치는 도둑질을 전문으로 하는 이슬람 청년들의 범죄조직들이 생겨났다. 또 리옹에는 감옥과 길거리를 왔다갔다하는 코트디부아르 출신 범죄자들이 많다.

이주자들 가운데 일부는 테러조직에 가담하기도 하고, 마약의 밀수와 거래에 나서기도 한다. 이런 일에는 폭력이 수반되는 경우가 많다. 2002년 11월 벨기에의 안트베르펜에서는 아랍 청년들이 아랍인들이 모여 사는 지역의 정치적 자율통제권과 아랍 학생들만의 학교 설립을 요구하며 이틀간 폭력시위를 벌였다. 이 시위 주동자들은 레바논의 테러조직인 헤즈볼라와 연계된 사람들이었던 게 분명했다. 시위에 나선 아랍 청년들은 친아랍 구호를 내붙이지 않은 가게들만 골라 유리창을 부쉈다.[25] 다른 한편으로는 독일인, 벨기에인, 프랑스인 등 유럽인들이 이슬람 사람들을 조롱하고 뒤쫓아 가 폭력을 행사하는 사건도 벌어져왔다.

이 모든 사태는 유럽 전체에 커다란 사회적, 정치적 딜레마를 안겨주고 있다. 2차대전 이래 유럽 국가들은 사회적 약자를 보살피는 것을 중시하는 문화적 가치를 깊이 간직해 왔다. 유럽의 작은 나라들이나 이탈리아, 독일, 프랑스의 작은 지역사회들을 가보면 그곳의 모든 사람들이 사회에 소속감을 느끼고 다른 사회구성원들과 서로 연결돼 있다는 느낌을 갖고 있음을 알 수 있다. 각자가 하나의 큰 가족의 구성원이기 때문에 서로를 돌볼 필요성이 있다고 생각하는 것이다. 그런데 그런 지역사회와 그리 가까운 관계를 형성하지 않은 사람이나 이방인들이 갑자기 들어와 같이 살겠다고 한다. 이럴 경우 그들도 돌봐줘야 하는 게 그동안의 윤리에 맞는다. 그러나 그들의 수가 너무 많아지고 행동도 거칠다면 그들이 다시 떠나기를 바라게 된다. 게다가 그들은 자신들을 위해 베풀어 준 것들에 대해 감사할 줄을 모른다. 결국은 얼마나 더 많은 그들을 돌봐주고 지원해줘야 하느냐는 의문이 든다.

이 문제는 앞으로 더욱 더 악화할 것이 분명하다. 그런 종류의 사회적 압력을 받으면서도 예전과 같은 삶의 방식을 유지해 나갈 수 있을까? 그렇지 못할 것이라는 게 정답인 것 같다. 그러나 유럽인들은 평화지향, 연성권력, 환경의 질, 문명화된 생활 등 지금의 가치들을 실현하기 위해 그동안 많은 일들을 겪어왔다. 유럽인들은 그런 것들을 쉽게 포기하려 하지 않을 것이다. 유럽인들이 이런 갈등을 잘 다뤄나가고 궁극적으로 갈등에서 벗어날 능력을 발휘할 것인지는 앞으로 20여 년간에 걸쳐 그들에게 닥칠 시험이 될 것이다. 그들이 이 시험을 잘 통과할 수 있을지는 아직 미지수다.

이주자 문제가 초래하는 정치적 긴장은 이제 막 시작됐을 뿐이다. 많은 유럽 국가들에서 보수우익이 기반을 넓히고 있다. 아직은 그들 말고는 이주자 유입에 대해 반대하는 입장을 취하는 다른 집단이 없다. 그들 중 일부는 이슬람과 이주자 수용에 대해 아주 노골적인 반대 입장을 취하고 있다. 프랑스의 국민전선당을 이끄는 장 마리 르펜, 암살당한 네덜란드의 정치인 핌 포르투완, 덴마크의 정치인 피아 키에르스고르, 독일 바이에른 주지사인 에드문트 슈토이버, 오스트리아의 외르크 하이더가 대표적인 예이며, 이 밖에도 많은 정치인들이 이슬람에 대한 반대 또는 이주자 수용에 대한 반대 입장을 취하고 있다.[26] 이런 정치지도자들의 수와 대중적인 인기는 앞으로 더욱 커질 것이다. 어떤 면에서는 이주자 수용을 반대하는 것은 폭풍이 불어오는 것을 반대하는 것만큼이나 소용이 없는 일이지만, 많은 사람들이 단 한 가지 가능한 대응은 바로 그런 태도를 취하는 것이라고 생각한다. 이런 태도는 다른 한편으로 파시스트 국가주의라는 끔찍한 연상을 불러일으키기도 한다.

앞으로도 유럽인들은 한편으로는 다문화 사회로 나아가야 한다고 생각하는 사람들, 다른 한편으로는 이주자 유입을 철저히 통제하길 원하는 사람들로 점점 더 양극화할 것이다. 어느 쪽이 이길지는 불확실하다. 그러나 어느 쪽이 이기든지 앞으로 유럽에서 이슬람 사람들이 많이 모여 사는 지역의 범죄와 테러행위를 막기 위한 이주자 전담 경찰력이 증대될 가능성이 높다. 사회민주주의의 보루인 유럽이 이주자 인구증가를 억제하기 위해서는 아마도 보편적인 신분증 제도를 처음으로 도입해 확립할 수도 있다. 앞으로 유럽에서는 더 많은 우익 정권이 들어서게 될 것이다. 사회민주주의적 태도를 취했던 정치인들이 우익으로 돌아서는 경우도 생길 것이고, 르펜과 슈토이버와 같이 국수적 민족주의를 줄기차게 주장하는 정치지도자도 계속 이어질 것이다. 나라마다 서로 다른 정책을 취할 수는 있지만, 어느 나라도 이주자 유입에 대해 아주 관용적인 태도를 취하지는 않을 것이다. 그 결과 많은 이주자들이 국경 부근에 몰리게 될 것이다.

유럽이 미국과 같다면 유입된 이주자들이 동화의 과정을 거쳐 유럽의 경제와 사회에 결국은 통합돼 들어갈 것이다. 그러나 유럽은 고대에 동쪽 이민족의 침입을 받았던 때 이후로는 그런 식으로 이민족이 들어와 기존 사회에 융합되는 역사적인 경험을 해본 적이 없다. 게다가 최근의 이주자 유입 물결은 그 성격이 새로운 것이어서 참고할 만한 선례도 없다. 그 궁극적인 결과가 어떤 것이 될지는 알 수 없다.

최악의 결과는 이주자 유입의 물결이 유럽대륙을 분열시키는 것이다. 임시 외국인노동자 비자로 유럽에 들어온 이슬람 테러리스트들이 파리의 에펠탑, 베를린의 의사당, 런던의 의사당 시계탑인 빅벤을 어느 날 동시에 폭파시키는 시나리오도 상상해볼 수 있다. 이런 일이 실제로 벌어진다면 유럽은 통일된 공동대응에 나서기보다는 유럽연합체제의 분열로 치닫게 될 것이다. 그럴 때 모든 나라들이 각기 국경을 봉쇄할 수도 있다. 각국 내부의 안보에 일어난 갈등은 각국 정부들 사이에 구축됐던 신뢰관계를 허물어뜨릴지도 모른다. 국경 통제가 강화되면 관세가 다시 부활할 것이다. 유럽의 공통통화로 도입된 유로체제는 붕괴할 것이고, 각국은 다시 원래의 자국 화폐로 복귀할 것이다. 상황이 이렇게 전개될 경우에는 앞으로 30년 안에 전쟁이 유럽대륙을 휩쓸게 될 가능성도 있다.

그러나 이와 달리 낙관적인 시나리오도 생각해볼 수 있다. 그것은 이주자의 물결이 유럽대륙을 다시 활성화시키는 경우다. 이 경우에는 다양성 면에서 장점이 있음이 판명될 것이다. 아울러 유럽에 쏟아져 들어온, 야심 차고 열심히 일하는 사람들 중에 유럽에 도움이 되는 과학적, 기술적 재능을 가진 사람들이 있음을 유럽인들이 알게 될 것이다. 관건은 유럽이 어떤 경제적 상황에 있게 될 것인가에 있다. 유럽의 경제가 활기차게 돌아가고, 기술과 자본의 여력이 충분하고, 경제 성장에 도움이 되는 투자가 활발하다면 유럽은 유입되는 이주자들을

효과적으로 고용하고, 그들이 보다 생산적인 일을 하도록 유도하게
될 것이다. 이 경우에는 유럽 사회가 이주의 물결이 초래한 갈등과 긴
장을 다뤄나가고 극복하기에 충분할 정도로 유연성을 갖게 될 것이
다. 1950년대는 미국으로의 이주 물결이 고조된 때였다. 그 이유는 당
시에 이른바 '정보의 시대'가 본격화되기 시작했고, 따라서 경력개발
에 도움이 되는 일자리가 많아졌기 때문이었다. 나의 아버지도 미국
으로 이주해 전자제품을 다루는 기술자로 일자리를 얻었다. 아버지는
그 뒤 15년 동안 자신의 옛 기술을 새로운 분야에 적용하고 활용하는
방법을 배워가면서 일을 계속했다.

이제 당신이 지금 한 유럽 국가의 정부나 기업에서 지도자의 위치
에 있다고 가정해 보자. 그리고 지도자로서 이주자 유입의 물결이 사
회적 갈등과 긴장을 몰고 오고 있음을 내다보고 있다고 가정하자. 당
신은 그러한 갈등과 긴장이 언제 위기를 촉발할지는 모르지만, 방향
전환을 위한 조치를 지금 취하지 않으면 그러한 위기가 결국은 닥칠
것임을 알고 있다. 자, 이런 경우에 당신은 어떻게 해야 하는가?

첫째, 부정하는 태도를 피하라. 변화와 맞서 싸우려 하지 말고, 오
히려 변화를 계획하라. 국경을 통제하면 이주자 유입 규모를 90퍼센
트 줄일 수 있다는 환상을 버려라. 일년에 적어도 수백만 명의 이주자
유입이 계속될 것이라는 사실을 받아들여라.

둘째, 유입되는 이주자의 물결을 받아들이라고 사람들을 훈계하
려고 하지 말라. 당신은 그들을 결코 납득시킬 수 없을 것이다. 대신
유입되는 이주자들의 질을 높여야 한다. 그들을 교육시키는 데 대대
적인 투자를 하라. 한 명의 시민을 길러내는 데 20년은 걸린다. 이런
점에서 교육투자의 성과를 얻기까지 너무 오랜 기간이 걸린다고 생각

할 수도 있다. 그러나 이주자 유입의 문제에 대해서는 단기적인 해법이란 없다. 당신이 택할 수 있는 유일한 전략은 장기적으로 근본적인 변화를 일으킬 수 있는 것이라면 무엇이든 하는 것이다. 그렇게 할 수 있게 해주는 가장 큰 수단은 교육, 아이들뿐만 아니라 어른들에게도 교육을 실시하는 것이다.

셋째, 새로운 현실을 고려해 형벌과 복지에 관한 정책을 재검토하라. 유입되는 이주자들 사이의 차이점을 분간해낼 수 있도록 법률제도의 틀을 다시 설계하라. 이는 생산적인 잠재력을 갖고 있는 사람들과, 결코 생산적이 될 수 없는 사람들을 구분해내기 위한 것이다. 이런 구분을 토대로, 유입되는 이주자들 가운데 지원해줘야 할 사람들과 다시 국외로 방출해야 할 사람들을 가려내라.

넷째, 이주자 문제를 다루는 가장 좋은 방법은 이주해 오려는 사람들로 하여금 이주할 뜻을 버리고 자기 나라에 머물도록 하는 것이다. 이는 곧 예전 유럽의 식민지였던 나라들의 경제성장, 번영, 자유를 촉진시킨다는 것이다. 이주자들의 모국이 발전할 수 있도록 돕는 것이 필요하다. 예를 들어 멕시코에 대한 미국의 정책이 바로 이런 것이다. 적어도 1994년 북미자유무역협정 출범 이후에는 이런 미국의 정책이 효과를 거두고 있는 것으로 보인다.

우리가 알고 있는 유럽의 가치와 문화를 고려할 때 위 네 가지 방법 중 네 번째 방법이 앞으로 유럽으로 몰리는 이주자들의 물결이 초래할 피할 수 없는 놀랄 일을 가장 잘 다뤄나갈 수 있는 길일 것이다.

4장

다시 도래하는 장기호황

2000년 4월 닷컴주식 거품이 터졌을 때 처음에 사람들은 여전히 낙관적인 분위기였다. 많은 사람들이 당시의 거품 붕괴가 한 차례의 작은 조정일 것이라고 생각했다. 투자자들은 자신의 투자 포트폴리오가 그전의 닷컴호황 때 수준으로 다시 회복될 것이라고 믿었다.

그러나 상황은 그들이 생각하는 정상적인 수준으로 되돌아가지 않았다. 수많은 중산층 사람들이 자신의 뮤추얼펀드와 연금펀드의 가치가 그 뒤 3년간에 걸쳐 반토막 나는 것을 조용히 지켜봐야만 했다. 2003년 1월만 해도 에스앤피 500 지수에 들어가는 주식들 가운데 94퍼센트의 주가가 떨어졌다. 주요 주가지수들은 대략 12퍼센트 하락했다. 한때는 55세에 은퇴해 바하마 제도에서 여생을 즐기리라고 생각했던 사람들이 이제는 늙어서 은퇴도 하지 못하고 죽을 때까지 일을 해야 하는 것 아니냐는 걱정을 하게 됐다. 주식시장뿐 아니라 경제의 다른 부문들도 타격을 받았다. 고용 수준은 극적으로 떨어지지는 않았지만 그다지 확대되지도 않았다. 주정부들은 엄청난 적자에 빠졌다. 엔론과 월드컴을 비롯한 주요 기업들의 부정사건은 대기업들의 사업관행도 반드시 믿을 만한 것은 아님을 보여주었다. 테러와의 전쟁과 그 결과에 대한 공포감은 시장의 호황과 세계의 정치적 안정이 서로 긴밀한 관계에 있다는 점을 부각시켰다. 일본과 중남미의 여러 나라들은 경제위기에 빠져 있고, 미국도 그들의 대열에 합류할 수 있다는 우려가 퍼지고 있다.

대부분의 사람들이 생각하는 상식적인 판단은 앞으로 불안이 고조된다는 것이다. 우리는 지금 깊고도 긴 경제침체의 늪으로 빠져들고 있으며, 그 형태는 일본이 10여 년간 겪어왔고 미국은 1930년대의 대공황 이래 겪어본 적이 없는 디플레이션과 결합된 더블 딥이 될 것이라는 것이다. 이런 상황에서 얼른 받아들이기 어려울지 모르지만 피할 수 없는 놀랄 일이 경제 분야에서 다가오고 있다. 그것은 지금의 경제하강이 오래가지 않을 것이며, 장기호황(The Long Boom)이 다시 돌아오고 있다는 것이다.

지금의 경제적 상황에 대한 가장 적합한 표현은 '경제적 불안증'일 것이다. 내가 장기호황이 다시 돌아오고 있다고 말한다 해서 지금의 경제적 불안증이 아주 빨리 역전될 것이라는 뜻은 아니다. 세계 경제는 아마도 이삼 년은 더 정체상태를 지속할 것이다. 이렇게 판단하는 이유를 나는 이 장의 뒷부분에서 밝힐 것이다. 단기적인 이득이나 손실을 필연적인 것으로 예측하기는 어렵다. 경제가 단기적으로 어떻게 될 것인지를 예측하기란 쉽지 않다. 왜냐하면 단기적인 영향을 주고받으면서 단기적인 목표를 끊임없이 수정하는 수많은 경제행위자들이 뒤섞여 존재하기 때문이다.

　그러나 장기적인 추세는 분명하다. 무엇보다 최근 호황에 기반요소로 작용했던 것들이 사라지지 않고 그대로 존속하고 있기 때문이다. 그런 요소들은 사라지지 않았다. 독자인 당신도 만약 나처럼 조금만 시간을 들여 경제에 작용하는 요소들을 살핀다면 1990년대 중반부터 제시돼온 장기호황의 시나리오가 여전히 유효하다는 사실을 알게 될 것이다. 장기호황의 시나리오는 우리가 이미 세계적인 경제확장의 시기에 접어들었으며, 이 경제확장은 전 세계에 걸쳐 말 그대로 수십억 명의 사람들을 끌어올려 중산층의 삶을 살도록 할 것이라는 전망이다.

　공교롭게도 나는 장기호황이라는 말을 대중화시키는 데 적잖이 기여했다. 처음에는 1997년에 〈와이어드〉라는 잡지에 기고한 글에서, 그 다음에는 피터 레이든과 조엘 하이애트와 공저해 1999년에 출간한 책에서 나는 세계가 전례 없는 번영의 시기에 접어들고 있다는 전망을 전달하기 위해 장기호황이라는 표현을 구사했다. 특히 내가 〈와이어드〉에 기고했을 때는 대학을 졸업한 젊은이들이 20여 년 동안 계속 침체돼온 경제에 편입된다는 우울한 생각을 하고 있을 때였다. 언론은 1980년대의 호황을 속임수나 가짜로 간주하고 있었다. 그것은 고든 게코(영화 〈월스트리트〉에 나오는 인물로 돈이라면 인정사정없는 증권가의 큰손-옮긴이)와 같은 투기자들에게 이로운 거품일 뿐 아치 벙커(1970년대에 인기를 모은 시트콤 〈올 인 더 패밀리〉에 나오는 인물로 보수적인 화물노동자-옮긴이)와 같은 중간계층에게 도움이 되는 실질적인 부의 창출은 없는 유사 호황이라는 것이었다. 세계가 지속적인 번영의 시기로 접어들고 있다는 생각을 사람들이 받아들이기가 어려운 상황이었다. 그리고 나는 당시 사람들의 그런 회의적인 태도를 비난할 수는 없었다.

돌이켜봐도 나는 그 후에 확산된 신경제에 대한 복음주의적 열광보다는 1990년대 중반에 사람들이 보였던 회의적인 태도가 더 타당했다고 생각한다. 1990년대 후반에는 불과 몇 년 사이에 다우지수가 1만 2000까지 올랐고, 당시의 주식시장 거품을 장기호황과 연결시켜 생각하기가 쉬웠다. 그러나 이 둘은 결코 같은 것이 아니었고, 나와 나의 동료들은 둘을 분리시켜 보려고 애썼다. 사실 장기호황의 추세를 주목하던 사람이라면 당시의 주식시장 거품은 두려운 것이었다. 그것은 오래 지속될 수가 없는 것이었다. 나는 스페인을 여행 중이던 1999년 10월의 어느 날 아침에 일어나자마자 내 투자자산을 관리하고 있던 사람에게 전화를 걸어 "주식시장에 투자해놓은 것을 모두 다 빼라"고 말했다. 나는 주식시장에서 빼낸 돈을 모두 채권펀드에 집어넣었다. 이 바람에 나는 돈을 더 많이 벌 수 있는 기회를 잃었는지도 모른다. 그러나 나는 시장의 거품에 내 돈을 올려놓음으로써 생기는 긴장감을 더 이상 견딜 수가 없었다. 1996년부터 2001년까지 5년간 다우지수가 극적으로 올랐다가 떨어졌지만 장기호황의 추세선은 상당히 안정적으로 이어졌다. 그것은 1983년부터 매년 5퍼센트 정도의 성장세를 보여 온, 상승하는 직선의 형태이고 우리가 생각하기에 40년의 주기를 갖는 것이다. 1983년 이래의 추세를 확인해보면 다우지수가 오르내림은 있었지만 장기추세선보다 아래로 떨어진 적은 없었다.

오늘날 장기호황이 다시 돌아오고 있다는 데 대해 회의감을 품는 사람이 있더라도 나는 그를 탓할 수가 없다. 왜냐하면 그동안 우리는 모두 격심한 경제 변동을 거쳐 왔기 때문이다. 그러나 장기호황이 다시 돌아오고 있다는 전망은 단지 희망사항만은 아니다. 그것은 다음 두 가지 근본적인 요소의 효과를 관찰한 결과로 얻어진 결론이다.

첫째, 경제적 생산성이 진짜로 증대되고 있다. 신경제라는 것은 분명히 존재한다. 컴퓨터 기술과 혁신적인 경영관리에서 비롯된 신경제는 기업과 보통 사람들로 하여금 시간과 돈을 투자해 더 높은 효율성과 수익으로 전례 없는 수준의 성과를 올릴 수 있도록 해준다. 전 세계의 모든 산업들은 꾸준히 제품의 질을 높이고 비용을 낮추고 있다. 게다가 일련의 새로운 산업들이 도약할 채비를 하고 있다. 자동차산업과 같은 전통적인 분야의 일부 산업들은 혁신적 변화의 문턱에 서 있다. 생산성 증대는 실제로 효과가 있다. 아마도 생산성은 우리가 전세계 인류의 부를 확대시키는 데 사용할 수 있는 가장 적합하고 일관성이 있는 수단일 것이다.

둘째, 세계화 역시 그 효력을 발휘하고 있다. 세계화를 통한 국가 간 무역 및 고용의 통합은 논란의 대상이 되고 있고 논란거리가 될 요소들을 내포하고 있는 게 사실이지만, 그럼에도 불구하고 전 세계에 걸쳐 번영의 기반을 확대하는 데 진정으로 유효한 수단임이 확인되고 있다.

이 밖에 제3의 요소도 있다. 1990년대 중반에는 충분히 눈에 띄지 않았지만 거품이 붕괴하는 과정에서 도드라지게 부각된 이 제3의 요소는 바로 경제 활동의 기반이 되는 시설과 제도, 즉 인프라의 혁신에 내포된 가치창출의 잠재력이다. 기존의 통신망, 에너지, 교통과 수송, 수자원, 금융, 교육 등은 각기 나름의 내력과 기능을 갖고 있다. 일부 도시들의 도로망은 천 년도 넘는 옛날에 닦여진 길을 따라 놓여지고 있다. 이런 내력을 감안하면 런던의 한쪽 끝에서 다른 쪽 끝으로 가는 데 세 시간이나 걸리는 것도 놀랄 일이 아니다. 시대에 뒤떨어진 낡은 인프라가 효과적으로 변혁될 때마다 장기호황의 기세가 한 차례씩 가속화되곤 한다. 이런 종류의 인프라 변혁은 조용하게 이루어지면서 곳곳에서 볼 수 있는 우리 시대의 한 특징이 되고 있다. 이는 신용카드, 현금자동인출기, 휴대전화, 인터넷의 영향을 생각해보면 금세 알 수 있다. 인프라의 개선이 잘 이루어지면 큰 효과를 발휘하며, 우리는 지난 2세기에 걸쳐 인프라의 개선을 어떻게 해야 잘하는 것인지를 학습해왔다.

위 세 가지 추세는 2차대전 이래 꾸준히 강화되거나 확산돼 왔다. 그러나 그 완전한 효과를 깨닫는 데는 몇 세대의 기간이 필요한 경우가 많다. 생산성이 향상되고 세계화가 진전되는 속도가 하락하더라도, 그리고 기존 인프라, 특히 통신 분야의 기존 인프라를 부분적으로라도 재구축하는 데 어려움이 있더라도 위 세 가지 추세는 오늘날에도 전적으로 계속되고 있다. 세 가지 추세가 경제적 발전을 추동하는 한 장기호황은 계속 진행될 것이다.

그러나 우리가 생각하는 것 이상으로 위 세 가지 추세는 복잡하다. 따라서 세 가지 추세 하나하나를 좀더 자세히 살펴보는 것도 좋겠다.

생산성 향상은 신기루일까?

생산성이란 하나의 경제적 척도로서 분명한 의미를 갖고 있다. 그것은 지출된 비용에 대한 성과의 비율이며, 흔히 노동시간 한 시간당 생산물의 화폐가치로 측정된다. 그러나 하나의 시스템을 이해하는 개넘적인 방법으로서의 생산성은 대단히 중요하면서도 모호하다. 생산성이 향상되면 그 사회의 부가 증가한다. 따라서 생산성 향상은 인플레이션 없는 경제성장을 가능하게 하는 방법이 된다. 그러나 생산성을 향상시키는 요인들이 무엇인가에 대해서는 누구도 명쾌하게 말하지 못한다.

이 주제에 대한 가장 믿을 만한 연구자들 가운데 한 사람은 노스웨스턴대학의 경제학자 로버트 고든이다. 고든은 닷컴 붐이 한창일 때 '신경제(new economy)'라는 개념에 대해 회의적이었던 것으로 알려져 있다. 그는 특히 컴퓨터 기술이 모든 기업을 전통적 경제학으로 이해할 수 있는 범위를 넘어서는, 새롭고 훨씬 효율적인 수준으로 비약시켰다는 관념에 대해 회의적이었다. 그의 연구에 따르면 생산성 수준이 아주 높은 컴퓨터산업의 데이터에 의해 국가 단위의 생산성 수치가 왜곡되고 있었다. 이에 대해 고든은 당연한 결과라고 말했다. 컴퓨터산업에 종사하는 기업들은 상대적으로 적은 비용만을 지출하면서도 전례 없는 수익을 올리기 때문이라는 것이었다. 그러나 이런 현상은 오래갈 수 없었다. 왜냐하면 그런 현상은 일시적인 자극에 의한 사업 활성화에 바탕을 둔 것이었기 때문이다. 예를 들어 인터넷 보급 초기에 갑자기 모든 소매업체들이 인터넷 홈페이지를 개설하지 않을 수 없게 된 것, 그리고 '2000년 연도인식 오류(Y2K)' 문제가 갑자기 불거져 수많은 기업들이 주요 컴퓨터시스템을 온통 재구축하지 않을 수 없게 된 것이 그런 일시적 자극이었다.[27] 이런 요인들의 효과를 제거하고 보면 1990년대의 생산성 향상은 1950년대보다도 훨씬 저조했다고 고든은 주장했다.

그러나 그는 최근의 연구에서 견해를 바꾸었다.[28] 그는 닷컴 붐이 끝난 뒤에 생산성 추이를 다시 연구해보고 나서는 생산성이 1990년대에 큰 변화를 일으켰다고 확신하게 된 것으로 보인다. 그의 말을 인용하면 이렇다. "미국의 생산성 향상이 신기루라고 단정하기에는 아직 너무 이르다. 신경제가 정점에 이른 2000년 중반 이후의 연평균 성장률이 1995년부터 2000년까지의 성장률에 비해 거의 비슷하게 높은 수준을 유지했기 때문이다."[29]

이 이야기를 완전히 이해하려면 미국의 생산성이 연평균 2.6퍼센트로 향상되던 1950년부터 1973년까지를 되돌아볼 필요가 있다. 이 기간은 전후 산업부흥의 절정기였다. 당시 미국에서는 서로 다른 주를 연결하는 고속도로의 건설, 사업상의 항공여행 수요 증가, 중산층 소비재 시장의 확대, 대량생산과 경영관리를 위한 새로운 기법의 등장 등으로 인해 대규모 산업들이 현격한 변화를 일으키고 있었다. 1973년 이후에는 미국의 생산성증가율이 1.4퍼센트 정도로 곤두박질했다. 아마도 유가 급등이 생산성을 억눌렀기 때문이었던 것으로 보인다. 그러나 그 밖에 문화적인 요인들도 작용했다. 대기업들이 채택한 기계적이고 관료적인 경영관리 방식이 획일적인 기업문화에 대한 혐오증을 확산시켰던 것이다. 이와 더불어 베트남전쟁을 거친 젊은 세대 중 똑똑하고 혁신적인 젊은이들이 대기업에서 일하기를 기피하고 자기들의 정치적 관심에 부합함과 동시에 스스로를 발전시킬 수 있는 다른 분야에서 일하려는 경향이 두드러졌다. 이리하여 사람들은 1950년대만큼 생산성에 관심을 갖지 않았고, 결국은 실제로 생산성이 떨어졌다.

미국의 생산성증가율은 1995년이 되어서야 연률 2.3퍼센트로 회복됐고, 그 이후에도 그 수준에서 유지되거나 그 이상으로 올랐다. 생산성증가율에 관한 통계는 집계기관에 따라 조금씩 다른 것이 몇 가지 있지만, 기본적인 추세는 다 똑같다. 생산성증가율 1.4퍼센트와 2.3퍼센트의 차이가 대수롭지 않다고 생각하는 사람이라면 이렇게 생각해보자. 생산성증가율 1.4퍼센트와 2.3퍼센트의 차이는 사람들의 생활수준이 2배로 상승하는 데 걸리는 시간이 50년과 25년으로 달라지게 한다.[30] 만약 고든이 예전에 한 말이 맞는다면 닷컴거품이 붕괴했을 때 생산성증가율이 크게 떨어졌어야 했다. 그러나 그런 일은 일어나지 않았다. 그 뒤 고든은 자신의 연구 결과에서 닷컴거품 붕괴 이후의 경기침체 기간 중 가장 상황이 좋지 않았던 시기에도 더 적은 양의 노동으로 더 많은 것을 생산하는 우리의 능력은 비교적 빠른 속도로 개선돼 왔음을 확인했다.

1995년에 생산성증가율이 높아졌던 이유는 무엇일까? 생산성증가율의 회복에 왜 그렇게 오랜 세월이 걸렸을까? 그리고 회복된 뒤에 높아진 생산성증가율이 계속 유지되고 있는 이유는 무엇일까? 여러 가지 요인들이 작용한 결과일 것이다. 그런 요인들은 생산성에 직접적인 영향을 준 요인으로 입증하기는 어렵지만 어떤 방식으로든 영향을 준 것이 확실하다.

▪ **기술** 컴퓨터와 통신의 혁명은 사업이 수행되는 방식을 변혁시킴으로써 생산성을 극적으로 끌어올렸다. 예를 들어 휴대전화는 항공여행 중에도 사업 활동을 통합적으로 조율할 수 있도록 해줌으로써 여행하는 사람들의 생산성을 크게 향상시켰다. 덕분에 시간낭비와 낭패를 당하는 사례가 줄어들었다. 얼마 전에 내가 유럽에서 예약해 놓은 비행기가 폭풍으로 인해 운항이 취소된 적이 있다. 나는 비행기 대신

렌터카를 타고 목적지까지 갔다. 나는 출발하기 전에는 전화를 걸 여유가 없었고, 렌터카 안에서야 비로소 목적지에서 만나기로 한 사람들에게 휴대폰을 걸어 약속시간을 늦출 수 있었다. 만약 휴대폰이 존재하지 않았다면 렌터카를 타고 가면서 약속시간을 조정하는 것이 불가능했을 것이고, 목적지에서 만나기로 한 사람들과 만날 수도 없었을 것이다. 이동 중에 사업상 약속을 조정하는 일은 오늘날에는 보편화된 일이다.

우리가 당연한 것으로 여기는 편익들 가운데는 따지고 보면 기술의 발전이 아니고서는 가능하지도 않았을 것들이 많다. 20년 전이라면 아예 존재하지도 않던 것들도 오늘날에는 당연한 것으로 여겨진다. 신용카드와 신속한 카드인증 절차, 개인용 컴퓨터, 현금자동인출기, 스프레드시트 프로그램, 저가의 하드디스크와 재기록이 가능한 시디(CD-RW), 레이저 프린터, 팩시밀리, 즉석 인쇄 및 서류배달 기술, 전자우편, 스팸메일 등 원치 않는 메일을 걸러주는 기술, 해저 광케이블, 인터넷, 위성항법시스템(GPS) 등이 바로 그런 것들이다. 더욱 최근에는 와이파이(Wi-Fi) 무선 광대역 인터넷이 붐을 이루면서 월드와이드웹과 노트북과 연결됨으로써 호텔과 커피숍은 물론 전 세계 공항도 얼마든지 정보접근의 중심지가 될 수 있게 됐다. 이런 정보망은 10여 년 전의 대형 도서관만큼 유용하며, 정보접근 자체는 훨씬 더 쉬워졌다.

이런 기술들도 처음 도입됐을 때는 직접적인 생산성증대 효과를 내지 않았다. 역사적 연구 결과를 보면 한 세대의 사람들이 지도적인 위치에 올라 그들의 기업이나 사회를 새로운 기술로써 재구성하는 데는 적어도 10여 년 이상의 세월이 걸린다. 예를 들어 20세기 초에는 제조업 분야에서 비용을 낮추고 생산성을 향상시키는 데 전기원동기가 중요한 역할을 했다. 전기원동기는 발명된 뒤에 공장들에서 매우 신속히 채택됐다. 그러나 공장들이 하나의 큰 중앙 전기원동기에서 벨트로 동력을 전달해 각종 기계들을 구동시키는 대신 소규모 전기원동기들을 설치함으로써 전기원동기를 효율적으로 이용할 수 있게 되는 데는 수십 년이 걸렸다.[31] 마찬가지로 미국에서 전구가 발명된 시점에서부터 일반적인 보통 사업장에서 전기로 불을 밝히기 시작한 시점까지는 대략 40년이 걸렸고, 유럽의 경우는 이보다 긴 80년이 걸렸다. 로버트 고든이 보기에는 미국이 유럽보다 전깃불을 더 일찍 산업현장에서 채택한 데서 얻은 생산성 우위는 2차대전 이후 미국이 유럽을 따돌리는 데 중요한 요소로 작용했다.[32]

이와 비슷한 오늘날의 사례는, 기업들이 스프레드시트 프로그램의 활발한 의사소통 촉진 기능을 최대한 활용해 사업에 대한 점검, 계획, 회계 업무를 재구성하는 데 걸리는 시간에서도 발견할 수 있다.

▪ 다른 요인들 신용한도 제도와 신용카드를 포함한 신용 및 투자의 새로운 방법들은 기업가들로 하여금 생산성을 촉진하는 혁신에 과감히 뛰어들기 쉽게 만들어주고 있다. 레버리지 기법이나 고수익 채권과 같은 금융혁신은 기업들의 사업 활동을 뒷받침하고 촉진하는 투자 자본의 효과적인 조성을 가능하게 했다. 그런가 하면 린(lean) 생산방식, 식스 시그마, 품질개선, 시스템적 사고, 자율작업(self-directed) 팀, 리엔지니어링과 같은 경영관리 기법들은 생산성을 촉진하는 데 분명한 기여를 했다. 시나리오 플래닝도 여기에 포함시킬 수 있을 것이다. 이런 경영관리 기법들은 혁신적이고 비관료적인 경영관리에 대한 관

심을 새롭게 환기시키는 역할을 하기도 했다.

혁신적 경영관리의 부상은 우리 시대의 가장 중요한 흐름 중 하나라고 피터 드러커는 주장했다.[33] 로버트 고든은 소매업의 진화, 특히 홈데포나 월마트와 같은 대형 소매점의 발달을 중시한다. 이런 대형 소매점들은 자체 물류비용을 계속 낮춰가면서 제조업체들에게 제품 가격을 낮추도록 부단히 압력을 가한다는 것이다. 아울러 그는 노동조합도 임금을 상승시키는 압력을 통해 비슷한 기여를 한다고 말한다. 노동비용이 높을수록 보다 효과적이고도 효율적으로 일하는 방법을 찾게 하는 유인이 커진다는 것이다.[34] 기업 경영진으로 하여금 자기 회사 주식의 가격을 단기간에 상승시키도록 하는 압력의 존재도 일정한 역할을 했을 것이다. 자동차산업을 비롯한 일부 산업들에서 연료전지와 같은 새로운 기술들을 채택함으로써 환경개선이라는 절박한 과제에 부응하는 방향으로 스스로 혁신하도록 하는 압력이 존재하는 것도 마찬가지다.

고든은 생산성증가율이 계속 높은 수준을 유지할 것이라고는 확신하지 못하고 있다. 노동비용은 주기적으로 등락하는 양상을 보인다고 그는 지적했다. 사업 환경이 좋은 시절에는 기업들이 자족감에 빠져 고용을 늘리기 시작하고, 이에 따라 생산성은 떨어진다. 기술혁신은 그 효과가 오래가지 못한다. 종이장부에서 스프레드시트로의 전환은 오직 한 번만 일어나는 일이다. 그러나 일기적인 형태를 띠지 않는 요인들도 있다. 오늘날 혁신을 선도하는 산업들에서는 연속적으로 혁신을 거듭하는 사례도 많다. 혁신을 중단하지 않고 계속하는 것이다. 소매점들의 가격인하 압력도 결코 중단되지 않는다. 한 번 완화된 규제가 다시 도입되는 경우는 있다 하더라도 드물다. 뒤의 7장과 8장에서 보게 되겠지만, 기술의 생산성증대 효과는 새로운 기술들이 등장하면서 가속적으로 커진다. 신물질의 분자공학, 생물공학, 새로운 에너지 기술, 미세공학과 고체공학을 이용한 제조기법, 정밀로봇 등의 새로운 기술혁신의 파도는 대부분의 사람들이 예상하는 시기보다 훨씬 더 일찍 엄청난 생산성증대 효과를 가져올 것이다.

이런 요인들은 앞으로 생산성이 지속적으로 향상될 것이라는 기대를 갖게 한다. 각종의 요인들이 동시에 작용하게 되면서 생산성 향상은 사실상 피할 수 없는 일이 될 것이다. 가장 소극적으로 전망해본다면 최근 삼사 년간보다 낮은 수준의 경제성장과 더 큰 변동성을 보이면서 한두 번 정도 경기를 일으킬 수도 있지만, 생산성을 증대시키는 근본 추동력은 없어지지 않을 것이다.

경제성장이 앞으로 20년 동안 어느 정도 수준이 될 것인가를 내가 말한다면, 지금 비관적으로 미래를 내다보는 사람들은 크게 놀랄 것이다. 생산성증대로 가능한 경제성장만 고려한다 해도 앞으로 한 세대의 기간 동안 우리의 생활수준은 아마도 두 배로 향상될 것이다.

세계화, 의심스런 세계에서 신뢰를 유지하기

지금의 국제개발기구 및 금융기구, 특히 국제통화기금, 세계은행, 세계무역기구는 1945년에 탄생된 이후 대략 1990년께까지는 본질적으로 냉전의 기구였다. 그것들은 자본주의 경제체제를 가진 나라들이 공산주의나 파시즘의 먹이가 되지 않도록 보호하고 그들의 힘을 키워주기 위해 만들어졌다. 국제무역은 곧 강력하게 융성해졌다. 그러나 냉전시대의 국제기구들을 뒷받침한 배후의 동기는 경제적인 것 외에 정치적인 것도 있었다. 그 정치적인 동기로 인해 공산주의 국가들에 대항하는 동맹국들의 집단이 만들어졌고, 이 집단에 소속된 나라들은 경제적으로 점점 더 긴밀하게 얽히게 됨으로써 한 덩어리로 살아갈 수밖에 없게 됐다.

2차대전 직후 20년 동안에는 국제무역의 규모가 그리 크지 않았다. 전쟁에 의한 피해가 가장 적었던 미국이 세계 경제에서 약 50퍼센트의 비중을 차지하게 됐다. 미국을 제외한 다른 모든 나라들은 2차대전의 피해에서 벗어나거나 식민지의 지위에서 벗어나기 위한 노력을 기울이면서 미국을 추격하기 시작했다.

그 뒤 일본이 부상했고, 서유럽의 경제가 성장했으며, 국제무역의 중요성이 점점 더 커졌다. 그러나 세계 경제는 여전히 냉전의 맥락 속에서만 발전하고 있었다. 소련의 붕괴와 중국의 경제 개방과 더불어 세계화가 전환점을 맞았다. 세계 경제의 통합은 더 이상 반공을 뒷받침한다는 목적을 달성하는 수단이 아니게 됐다. 세계 경제 자체가 목적이 됐고, 민주주의와 자유가 그 보완적인 목적으로 떠올랐다. 그리고 이전에 철의 장막에 가려져 있던 나라들과 중국이 세계 경제에 편입됐다.

세계화의 성과를 보여주는 한 가지 척도는 세계 경제에서 차지하는 미국의 비중이다. 이제 미국 경제는 전 세계 총생산에서 25퍼센트의 비중만을 차지하고 있다. 이는 미국 경제가 위축됐기 때문이 아니라 미국을 제외한 다른 나라들이 뒤쫓아 왔기 때문이다. 아울러 이제 미국 기업들은 세계의 다른 나라들의 경제와 예전보다 훨씬 더 긴밀하게 융합돼 있다. 미국의 바이오테크 기업들이 스위스 기업들의 소유로 돼 있고, 알래스카의 석유는 영국 석유회사인 브리티시 퍼트롤리엄에 의해 통제되고 있으며, 호주 자본의 소유인 폭스나 독일 자본의 소유인 베텔스만과 같은 외국인 소유의 미디어 기업들이 미국의 미디어 기업들과 경합하고 있다. 나는 이런 현상이 나쁜 것이라고 생각하지 않는다. 이런 현상의 주된 효과는 전 세계 기업들의 통합을 더욱 촉진하는 것이었다.

1990년대가 번영의 절정을 보여준 것은 우연이 아니었다. 세계화가 그와 같은 번영을 낳았다. 세계화, 그리고 세계화를 촉진하기 위해 설계된 조직들, 특히 국제통화기금, 세계은행, 세계무역기구가 냉전시대에 비해 훨씬 더 논란거리가 된 것도 역시 우연이 아니었다. 세계은행에서 일한 적이 있고 지금은 세계은행 비판자로 알려진 노벨 경제학상 수상자 조지프 스티글리츠가 제대로 지적했듯이, 세계은행을 비롯한 국제기구들이 운영되는 방식을 보면 회원국들에게 가혹하고, 그 앞잡이들이 종종 오만한 태도를 보이고, 정치적 책임성이 빈약하고, 수행하는 사업이 냉전시대의 유산에 좌우되는 경우가 아직도 많다. 그들이 성공적으로 과업을 수행한 경우에도 그들의 구체적인 정책이 효과가 있었다기보다는 세계화가 작동한 결과라고 봐야 한다는 주장도 가능하다.

국제통화기금, 세계은행, 세계무역기구는 그 형태와 역할이 계속 변하는 조직들이고, 지금의 형태와 역할도 과거에 여러 단계를 거치며 변화해온 결과다. 이들 국제기구가 20년 뒤에도 지금과 같은 방식으로 운영되지는 않을 것이다. 그 안에서 일하는 사람들도 이 점을 잘 알고 있다. 그러나 이들 국제기구 자체는 현재의 이름 그대로, 또는 세계화의 2대 교의인 시장개혁과 자유무역을 뒷받침하는 다른 유사한 조직으로 바뀌어 계속 존속할 것이다. 세계화를 뒷받침하는 것은 단지 다국적기업의 이해관계나 금융시장만이 아니다. 지난 30여 년의 경험도 세계화를 뒷받침하고 있다. 그 방자함과 오류에도 불구하고 세계화는 "수억 명의 사람들이 불과 얼마 전까지만 해도 그들 자신은 물론 대부분의 경제학자들도 가능하다고 생각하지 않았던 높이까지 생활수준을 끌어올릴 수 있도록 도왔다"고 스티글리츠는 말했다.[35]

일 년 전만 해도 나는 세계화가 반세계화의 추세를 극복하고 살아남을 수 있을지 확신하지 못하고 있었다. 반세계화의 추세는 시애틀을 비롯한 주요 도시들의 거리에서 벌어진 항의시위, 베네수엘라나 브라질 등에서 국제통화기금을 비롯한 전 세계 채권자들의 지시를 거부할 것이라는 공약을 내건 후보의 대통령 당선, 세계화의 혜택을 가장 많이 받는 나라이자 '불량배 슈퍼파워(rogue superpower)'로 등장한 미국에 대한 혐오감정의 확산, 다른 나라들, 특히 미국에 대해 오랜 불신의 역사를 갖고 있고 여전히 미국을 불신하는 러시아와 중국의 고립 등으로 나타났다.

그 가운데 러시아와 중국의 반대는 두 나라의 규모와 과거 역사에 비추어 세계화에 가장 큰 걸림돌들 가운데 하나로 여겨졌다. 그러나 이들 두 나라의 반대가 세계화에 대한 최대의 걸림돌은 아닌 것으로 드러났다. 최대의 걸림돌은 테러리즘, 특히 미래의 테러위협인 것으로 판명됐다. 뉴욕의 세계무역센터 테러는 일반적인 세계무역에 대한 직접적인 공격이기도 했다. 사람들이 항공여행을 두려워하고 외국인에게 입국허가를 내주는 것을 싫어하게 된다면 국가 간 금융거래와 물류를 활성화하기 위한 인프라의 건설이 어려워질 것이다.

반세계화 추세는 지금도 여전히 살아있다. 반세계화 추세가 힘을 얻을수록 장기호황 추세는 위축될 것이다. 그런데 반세계화 추세는 일종의 반작용으로 반세계화 추세를 저지하고 세계화를 촉진하는 경향을 불러일으켰다. 예를 들어 알 카에다의 테러공격은 중국과 러시아가 세계의 다른 나라들, 특히 미국과 안보체제상의 통합을 가속화하도록 했다. 미국은 9.11 테러 이후 중국과 러시아에 대한 적대적 발언의 수위를 크게 낮추었는데, 이는 대단히 긍정적인 조처였다. 이처럼 막후에서는 세계화에 유리한 방향의 지정학적 변화가 가속화됐다. 정치적으로는 세계가 분열되고 있다고 말할 수 있겠지만, 경제적인 추세는 국가들 사이의 연결관계를 증대시키는 방향으로 가고 있다. 미국, 중국, 러시아, 인도, 동남아시아를 오가는 투자, 무역, 여행의 흐름은 계속적으로 확대, 발전하고 있다. 미국 주도의 이라크 침공에 대한 정치적 반발은 이런 긍정적 추세를 누그러뜨리거나 역전시킬 수도 있다. 다음 장에서 자세히 살펴보겠지만 중남미, 아프리카, 인도네시아, 그리고 특히 중동의 나라들 가운데 만성적으로 질서를 무시하는 나라에서 문제가 발생할 수도 있다.

궁극적으로 세계화의 질적인 내용은 각국 정부들, 국제적으로 활동하는 기업들, 주요 투자자들과 은행들, 그리고 소비자들이 서로 어느 정도나 신뢰하고 불신하는가에 달려 있다. 신뢰가 크면 상호 연관관계가 깊어지고, 상호 연관관계가 깊어지면 장기호황이 촉진된다. 이런 관점에서 보면, 국제형사재판소와 여러 환경조약들과 같은 국제적 협력구조에 대한 미국의 무관심은 위험하다. 그것이 국제사회의 상호신뢰를 저해하기 때문이다.

그러나 지난 50년 동안 구축돼온 신뢰를 무너뜨리기는 대단히 어렵다. 각국 정치지도자들이 서로를 아무리 의심스러워하더라도 마찬가지 얘기를 할 수 있다. 그와 같은 신뢰가 살아있다는 것을 보여주는 한 가지 신호로 나는 북미자유무역협정을 꼽을 수 있다. 미국 안에서 이 협정에 대한 대중적 관심이 적음에도 불구하고, 그리고 멕시코 쪽에 마약밀수와 중남미 금융위기의 위험이 존재함에도 불구하고, 북미자유무역협정은 기본적으로 그 성과를 거두고 있다. 이 협정은 멕시코와 미국의 경제를 서로 긴밀하게 연결시켰고, 이제는 서로 떼어놓으려고 해도 그렇게 할 수 없게 됐다. 1994년에 멕시코가 금융위기를 맞았을 때 미국은 멕시코에 대한 구제금융에 나섰다. 만약 미국이 그렇게 하지 않았다면 미국은 멕시코의 금융위기로부터 큰 타격을 받았을 것이다. 오늘날에는 북미자유무역협정을 중미의 일부와 칠레로까지 확대시키자는 논의가 진행되고 있다.

만약 세계 각국이 미국을 신뢰할 만한 나라라고 느끼게 된다면 세계화 추세는 더욱 급속히 진전될 것이다. 반대로 미국이 스스로를 고립시키는 쪽으로 나아간다 해도 그 속도는 크게 늦춰지더라도 세계화 추세 자체는 멈추지 않을 것이다. 어느 쪽이 되든 장기호황은 다시 그 모습을 드러낼 것이다. 또 앞으로도 미국의 일인당 소득은 떨어지기보다는 오히려 더 높아지겠지만, 미국 경제가 세계 경제에서 차지하는 비중은 25퍼센트 이하로 떨어질 것이다. 여기서 주목할 나라는 중국과 인도다. 합쳐서 전 세계 인구의 3분의 1 이상을 차지하는 이 두 나라에서 중산층이 급속히 늘어나고 있다. 2020년이 되면 중국은 압도적인 경제강국이 될 것이고, 인도도 중국에 그리 많이 뒤처진 상태는 아닐 것이다. 2020년의 인도에는 여전히 5억 명 정도의 극빈자들이 존재하겠지만, 상당히 안락한 삶을 영위하는 인구도 5억 명에 이를 것이다. 중국은 2억 5000만 명 정도의 중산층 인구를 갖게 될 것이다.

두 나라의 이런 중산층 인구는 유럽에 비해 1.5배가 될 것이다. 그들은 세계 다른 나라들로부터 공급되는 재화와 서비스를 소비하면서 세계 경제를 새로운 모습으로 영구히 변화시킬 것이다.

인프라, 기존 시설의 변혁

인프라의 개선은 부의 축적에 효과가 있다. 생산성을 향상시키기 때문이다. 이는 전화, 전력공급, 고속도로망 덕분에 우리가 얼마나 더 생산적으로 일을 할 수 있게 됐는지를 생각해보면 금세 알 수 있다. 게다가 인프라의 개선은 세계화를 촉진한다. 인프라의 기준이 나라마다 다른 것을 사람들은 당연시하고 있다. 하지만 인프라의 기준이 나라마다 같은 것과 다른 것은 큰 차이가 있다. 외국에 여행가서 전자기기를 사용하기 위해 전원에 연결하려다가 그 나라 전원장치에 맞는 어댑터가 없어 낭패를 본 사람이라면 누구나 인프라 기준의 통일이 갖는 중요성을 잘 알 것이다. 예를 들어 세계적으로 통일된 기준의 컨테이너로 선박화물을 수송하게 된 것은 국제무역의 생산성에 대단히 큰 촉진제가 됐다.

인프라의 개선이 가져다주는 편익은 또 있다. 인프라의 개선은 사람들이 서로 안정적이고도 믿을 만한 연관관계를 맺는 기반을 구축해준다. 이렇게 되면 무역거래도 훨씬 더 원활해진다. 개선된 인프라는 변덕스러운 운명이 초래하는 역경을 극복할 수 있는 수단이 되기도 한다. 탄탄한 보험산업도 인프라의 한 종류다. 보험산업이 존재하지 않는다면 잠재적인 위험성이 큰 신기술이나 새로운 해외시장에 대한 투자의 리스크를 감내할 수 있는 기업이 많지 않을 것이다. 개선된 인프라는 사람들이 직장에서의 일과 만족스러운 가정생활을 균형적으로 병행할 수 있게 해주기도 한다. 만족스러운 가정생활이야말로 많은 사람들이 일을 하러 직장으로 가는 이유가 아니겠는가. 이런 점에서 낮 시간에 아이들을 돌봐주는 훌륭한 아동보육 체제는 인프라의 한 종류가 된다. 개선된 인프라는 혁신과 기술연구에 필요한 자금지원과 상호접촉을 가능케 해준다. 따라서 훌륭한 대학 체제도 일종의 인프라로 볼 수 있다.

생산성과 세계화가 장기호황을 앞으로 밀고나가는 역할을 한다면 인프라는 속도조정기의 역할을 한다. 인프라 발전의 속도와 질은 우리가 얼마나 빨리 번영으로의 길을 달려갈 수 있느냐를 좌우하는 주된 요소다. 예를 들어 아래와 같은 종류의 인프라들을 살펴보면서, 그것들이 발전하면서 경제성장을 어떻게 촉진하거나 제약하는지를 검토해보자.

▪ **전력** 2001년에 미국 캘리포니아 주는 필요한 만큼 충분한 양의 전력을 확보할 수가 없었다. 이것은 기술적인 문제가 아니라 인프라의 위기였다. 전력의 수요와 공급을 이어주는 연결망의 용량이 미흡했던 것이다. 이와 똑같은 제약 요인이 개발도상국들에도 존재한다. 전력을 적절히 공급할 수 있는 체제를 갖추는 일은 흔히 번영으로 가는 첫 걸음으로 간주된다. 왜냐하면 사람들이 사업을 하거나 직장에서 일을 하려면 전깃불을 밝히고 원동기를 돌릴 수 있는 전력이 필요하기 때문이다. 전력 공급망의 문제는 아직 다 해결되지는 않았지만, 그 중요성은 인식된 상태다. 따라서 앞으로는 이 문제가 경제 활동에

제약 요인이 되지는 않을 것이다. 전력 인프라에 대한 좀더 자세한 이야기는 미래의 에너지와 환경 문제를 다루게 될 7장에서 하기로 하자.

■ **항공여행** 항공여행은 한편으로는 발전하고 있지만, 다른 한편으로는 퇴보하고 있다. 현재와 같은 비효율적인 수레바퀴형(hub-and-spoke) 체제에 대한 대안으로 에어택시(air taxi, 근거리용 소형 여객기-옮긴이) 체제를 구축하려는 움직임이 가속화되고 있다. 에어택시 체제란 예컨대 로체스터에서 신시내티로 가려면 충분한 수의 승객이 모이기를 기다렸다가 소규모 비행기를 임대해 같이 타고 가는 방식이다. 이런 식의 항공여행에 적합한 첫 비행기로 개발된 '이클립스(Eclipse) 500' 이라는 경량 제트기는 요금이 마일당 0.56달러에 지나지 않는다. 이런 저렴한 수준의 요금이라면 세 사람이 함께 타고 로체스터에서 신시내티로 갈 경우 총 요금이 수백 달러에 지나지 않게 된다. 오늘날 리어제트(Learjet)라는 전세기를 임대하려면 개인당 2000달러는 내야 한다는 점을 고려하면, 에어택시는 정기적으로 운항하는 일반 항공편에 대해 상대적으로 가격경쟁력이 있다. '이클립스 500' 을 운영하는 '이클립스' 라는 기업은 개인용 컴퓨터산업 출신의 벤처캐피털리스트로부터 출자를 받았으며, 충분한 컴퓨터시스템을 갖춘 비행기는 중앙 항공통제 체제에 의존하지 않고도 독자적으로 운항경로를 설정할 수 있다고 처음부터 주장했다.

이와 같은 '자유운항통제 체제' 가 정착하려면 기존 운항통제 인프라에 커다란 변화가 일어나야 한다. 게다가 안보상의 이유로 운항통제가 점점 더 강화되는 상황에서 그런 변화가 일어나야 한다. 그러나 항공보안을 더욱 강화하라는 요구는 운항통제 체제 전반에 대한 완전한 재설계를 촉구하고 있다. 이는 마치 컴퓨터의 2000년 연도인식 오류 문제가 일으킬 수 있는 위기적 상황에 대한 우려가 대부분의 기업들에게 대규모 컴퓨터시스템으로 구성된 전산망 인프라를 재설계하도록 자극한 것과 같다. 항공 분야에서는 아직 그와 같은 인프라의 재설계가 일어나지 않았다. 아직은 제한적인 효과만을 갖는 땜질식 안보조처들을 시행하고 있을 뿐이다. 그러나 조만간 새로운 운항통제 체제를 갖추도록 하는 압력이 견딜 수 없을 정도로 증대될 것이다. 그 시점에 이르면 장기호황은 또 한 번 강력한 추진력을 얻게 될 것이다.

  · 지상교통 교통체증 문제는 누구나 아는 뻔한 이야기라고 생각할지 모르지만, 사실은 전 세계에 걸쳐 경제성장을 억누르는 요인 가운데 가장 심각한 것이다. 오늘날 선진국이든 개발도상국이든 세계 어디서나 대도시 지역은 경제 활동이 집중되는 곳이다. 그런데 대도시 지역의 대부분에서 교통 혼잡이 감내할 수 있는 수준을 넘어섰다. 대도시 지역에 사는 사람들은 불과 40여 킬로미터 거리를 이동하기 위해 두세 시간 이상을 들여야 한다. 이는 생산성을 심각하게 떨어뜨리는 요인일 뿐 아니라 사회생활을 힘겹게 한다. 방콕이나 카이로 같은 도시들은 교통체증이 아주 심각하다. 런던, 로마, 뉴욕, 샌프란시스코도 거의 비슷하다. 대부분의 도시들에서 교통체증은 그동안 천천히, 그러나 꾸준히 심해졌고, 그러는 동안 사람들은 문제를 깨닫지 못하고 있다가 대중교통 체제에 위기가 발생하고 나서야 갑자기 그 심각성을 알아차린다. 바로 이런 상황에 부닥친 런던 시는 업무시간대에 시내에 진입하는 모든 차량에 대해 새로운 요금을 부과하기 시작했다.

  현재의 지역별 교통체계가 제대로 작동하지 못하고 있다는 사실을 우리 모두 알고 있다. 그러나 뾰족한 해결책은 쉽사리 찾아지지 않는다. 대중교통 수단의 확대가 유일하게 그럴듯한 해결책으로 제시되고 있다. 인구가 조밀하고 교통이 꽉 막힌 도시에서는 경량전철이나 지하철을 늘리는 것이 유일한 해결책이라는 주장도 있다. 그러나 이런 교통 체제를 갖추는 데는 돈이 많이 들고, 온갖 논란이 야기되며, 실제로 시행되기까지 시간도 많이 걸린다. 샌프란시스코의 지하철인 바트(BART)선을 새너제이의 공항까지 연장하는 데 30년이나 걸렸다. 게다가 대중교통수단의 확대는 '교통의 개인화'를 지향하는 세계적인 추세에 역행하는 것이다. 교통의 개인화란 이동하는 각 개인이 자신의 출발점, 목적지, 이동경로, 이동시간을 스스로 통제할 수 있도록 한다는 것이다. 각 개인이 원하는 이동수단으로 어디든 원하는 대로 갈 수 있어야 한다는 생각에서 후퇴하려는 사람이나 사회는 거의 없을 것이다. 따라서 지하철도 사회의 유연성과 이동성에 잘 융합된 형태로 건설돼야만 효과를 거둘 것이다. 말하자면 보다 자주 다니고, 시 외곽의 역마다 저렴한 요금의 대규모 주차장이 존재하고, 노선이 잘 짜여지고, 공항이나 기차역과 잘 연결된 지하철이라야 보다 효과적으로 제 기능을 발휘할 것이다.

도로를 더 많이 닦는 것도 대안이 될 수 있지만 실현하기가 쉽지는 않다. 고속도로를 건설하는 사람들은 물론 운전자들도 잘 알듯 도로라는 것은 새로 놓이자마자 통행량이 금세 용량 한도까지 꽉 찬다. '남부횡단로(Southern Crossing)'라는 이름으로 제안된 샌프란시스코~오클랜드 간 다리는 환경보호론자들의 반대에 부닥쳐 건설되지 못했다. 그러나 이 다리가 건설됐다고 해도 개통 첫날부터 몰려드는 자동차들로 체증현상을 보였을 것이다. 그렇다고 해서 이 다리가 건설되지 말아야 한다는 것은 아니다. 지하철과의 연관성 없이 그런 다리만 건설한다고 해서 교통이 개선되지는 않는다는 말을 하고 싶을 뿐이다.

그리고 이 모든 것들에는 투자를 장기적으로 하고 책임성도 갖춘 자금이 필요하다. 사실 그런 자금을 공급해주는 금융체제 자체가 가장 중요한 인프라인지도 모른다. 보스턴의 교통체계 개선계획인 '빅딕(Big Dig)'은 건설비 지출이 예산을 엄청나게 초과해버림으로써 그와 같은 계획을 추진하기 위해서는 보다 효과적이고 체계적인 기안과 공사관리가 필요하다는 것을 보여주었다. 빅딕 계획은 이와 같은 요소들을 전혀 갖추지 못했던 것이다. 보다 효율적인 사업추진 조직이 구성되지 않는 한 빅딕과 같은 계획은 앞으로도 시간과 돈의 낭비를 가져다 줄 것이다.

지금까지 제안된 기술적 해결방법들 역시 아직은 그 성과가 실망스러운 수준에 머물고 있다. 컴퓨터로 통제되는 자동차와 자동화 도로의 구상은 실현되기 어려워 보인다. 이 구상을 실현하려면 너무나 많은 산업들의 공동작업이 필요하기 때문이다. 영화 〈마이너리티 리포트〉의 제작진에게 우리가 제안한 것은 자기부상식 교통수단이었다. 영화에서 존 앤더튼(톰 크루즈 역)은 '수직 고속도로'를 타고 이동한다. 이 부분이 이 영화에서 가장 대담한 미래예측이다. 그와 같은 기술, 특히 수직으로 이동하도록 해주는 기술을 현실화하는 것은 어려운 일일 것이다. 게다가 워싱턴과 같은 기성 도시에서 대규모의 새로운 교통 인프라를 건설한다는 것은 지극히 어려운 일일 것이다. 영화에서 앤더튼은 수직 고속도로뿐 아니라 현재의 지하철과 똑같은 지하철도 이용한다. 앞으로 50년 뒤에도 워싱턴은 미래형 자기부상식 교통수단이 아닌 지금과 같은 지하철이 대중교통수단으로 여전히 이용되고 있을 가능성이 높다.

그러나 어떤 형태로든 현재의 교통체증에 대한 해결책이 반드시 찾아질 것이다. 그게 언제인지, 그리고 어디에서 처음으로 실현될지는 알 수 없다. 다만 잘 설계된 교통체계를 실현시킨 지역은 가장 똑똑하고 자질이 우수한 사람들이 그곳에 몰려들면서 번영하게 될 것임이 분명하다. 교통체계가 잘 갖춰지고 훌륭한 연구대학이 있는 도시는 앞으로 경제호황의 중심지가 될 것이다.

이런 맥락에서 빅딕은 그 엄청난 결함에도 불구하고 미래를 내다보는 도시설계의 값진 선례가 될 것이다. 글로벌 비즈니스 네트워크에서 빅딕과 비슷한 교통체계 개선계획에 관여한 적이 있다. 그 계획을 추진하는 사람들은 해답이 아닌 질문을 던지는 것에서부터 일을 시작했다. 해당 지역 주민들이 원하는 것은 무엇인가? 그들은 어떤 방식으로 출퇴근과 여행을 하고 싶어 하는가? 새로운 교통체계가 잘 작동된다는 것을 무엇으로 보장할 수 있는가? 그 체계가 안전하고 환경적으로 문제가 없다는 것을 확신할 수 있는가? 이런 질문들에 대한 대답은 지역마다 다를 것이다. 그러나 이런 질문들은 반드시 던져야 할 것들이다.

■ **금융기관과 기업 지배구조** 금융의 인프라는 지난 25년간 꾸준히 발전해왔고 앞으로도 계속 발전하면서 해마다 부를 창출할 새로운 기회를 가져다 줄 것이다. 조지프 노세라가 1980년대와 1990년대의 금융혁신에 관해 쓴 저서 《한 조각의 행동(A Piece of the Action)》에서 지적했듯이, 카터와 레이건 행정부 시절에 실시된 금융규제 완화는 미국

의 중산층이 전례 없는 방식으로 투자에 나서고 신용차입을 하는 결과를 초래했다. 머니마켓펀드, 헤지펀드, 퇴직금펀드, 수수료를 낮춘 할인증권회사, 현금자동입출금기, 온라인뱅킹 등 1980~1990년대의 각종 금융혁신 가운데는 독립적으로 고안되고 생겨난 것이 많다. 하지만 그러한 혁신들이 합쳐지면서 하나의 새로운 금융 인프라가 구축됐다. 이런 변화는 시장에서 투자자본을 증가시키고, 증가된 투자자본은 장기호황을 뒷받침했다.

현재 적어도 두 가지의 새로운 금융 인프라가 우리의 눈앞에 가시화되고 있다. 두 가지 다 신뢰를 구축하기 위한 것이다. 그중 하나는 개발도상국들의 토지개혁이 가져올 금융 인프라다. 페루의 경제학자인 에르난도 데 소토는 일관성 있고 보편적인 재산권 체제를 뒷받침하는 법률이 빈곤 퇴치의 전제조건이라고 주장하고 있다. 재산권 관련 법률이 존재하지 않거나 존재하더라도 그 내용이 자의적인 경우에는 주택, 토지, 사업체에 대한 법률적 권리가 불확실해서 사람들이 그것들을 근거로 대출을 받을 수가 없기 때문이라는 것이다. "자본주의가 서구에서는 정착한 반면 다른 지역에서는 원활하게 작동하지 않는 이유는, 서구에서는 대부분의 자산이 하나의 공식적인 재산권 표시체제에 통합돼 있는 반면 다른 지역에서는 그렇지 않기 때문이다."[36]

현재 가시화되고 있는 두 번째 금융 인프라는 2001~2002년에 일어난 일련의 기업 지배구조 관련 스캔들로부터 발전돼 나왔다. 이 금융 인프라의 첫 번째 사례는 사베인스-옥슬리 법(Sarbanes-Oxley Act, 미국 민주당 상원의원인 폴 사베인스와 공화당 하원의원인 마이클 옥슬리가 제안하고 의회 심의를 거쳐 2002년 7월 부시 대통령의 서명으로 발효된 기업의 회계 및 지배구조 관련 개혁법-옮긴이)이지만, 이것만으로 끝나는 것이 아닐 것이다. 새로운 규제의 시대, 다시 말해 기업들이 투자자와 외부자들에게 훨씬 더 투명해지는 동시에 훨씬 더 명시적인 검증이 이루어지도록 규제되는 시대가 이제 막 시작된 것이 분명하다.

　■ **기반 정보환경으로서의 월드와이드웹과 인터넷**　월드와이드웹과 인터넷은 디지털 통신의 기반으로 앞으로도 계속 발전할 것이다. 특히 웹은 계획적으로 고안된 것이 아니기에 그 발전이 놀랍다. 본질적으로 웹은 정보를 표시하고 정보에 주소를 달아주는 소프트웨어적 기준들의 집합에 지나지 않는다. 웹은 스위스의 한 슈퍼컴퓨터센터의 정보분류 체계를 개발하기 위한 하급 연구자의 논문에서 유래한 것이다. 이런 우연한 유래에도 불구하고 웹은 인류 역사상 가장 정교한 정보교류의 수단이 됐으며, 지금도 계속해서 심화, 발전하고 있다. 앞으로 역사는 인쇄술과 더불어 웹을 인류의 문명을 발달시킨 획기적 인프라로 기록할 것이다.

　나 자신도 정보의 원천으로서 웹에 크게 의존하는 것이 습관화됐음을 느낀다. 먼 곳을 여행할 때도 나는 호텔의 책상에 앉아 노트북을 열고 웹에서 정보를 검색하며, 불과 몇 초 만에 필요한 정보를 얻곤 한다. 이는 얼마전까지만 해도 불가능한 일이었다. 웹을 검색해도 필요한 정보를 찾을 수 없었거나, 찾는 데 시간이 많이 걸렸거나, 마침내 찾는다 하더라도 그 정보의 질이 낮은 수준이었다. 웹에서 얻을 수 있는 정보의 질을 신뢰하지 못하는 사람들이 많았다. 온갖 잡동사니 정보들 속에서 필요하면서도 괜찮은 정보를 얻는다는 것은 불가능하다거나, 웹을 통해 얻은 정보의 신뢰성을 판단하기 어렵다는 말들이 많았다. 그러나 그런 우려 중 많은 부분은 그리 중요한 문제가 아닌 것으로 판명되고 있다. 점점 더 많은 사람들이 질 좋고 유용한 정보를 웹에 올리고 있으며, 그런 정보를 웹에서 찾아내는 일도 점점 더 쉬워지고 있다.

아트 클라이너가 지적[37]했듯이 웹이 지닌 핵심적인 가치는 정보를 보여주는 방식에 있는 것이 아니라 정보를 분류하고 검색하게 해주는 방식에 있다. 이제 웹은 인간 활동의 '전화번호부'가 됐다. 이처럼 주소와 이름에 구애받지 않고 제 역할을 하는 '전화번호부'는 인류 역사상 처음 생겨난 것이다. 2003년 현재 열두 살인 내 아들은 레고 놀이에 푹 빠져 있다. 그는 인터넷을 통해 레고 놀이에 숙련된 사람들을 쉽게 만나며, 그런 사람들이 웹에 올려놓은 레고 놀이의 방법과 요령을 얼마든지 찾아낸다. 그들이 만들어놓은 웹사이트들은 레고 놀이를 즐기는 5000명 내지 1만 명의 공동체를 형성하고 있다. 그들 가운데 어떤 방식으로든 서로를 이미 알고 있었던 사람들은 거의 없다. 이에 비하면 1980년대의 온라인 유저그룹이나 커뮤니티는 그리 대단한 게 아니었다.

온라인과 오프라인의 컴퓨터 서적 출판사를 창업해 성공적으로 키워낸 팀 오레일리는 음반업계가 개인 간(P2P, peer-to-peer) 파일교환 소프트웨어를 '해적행위'라고 규정하고 이에 맞서는 싸움에 나선 것은 단지 소수의 유명 음악인들의 이익을 대변하기 위한 것이라고 지적했다. "해적행위라는 것은 일종의 누진세와 같은 역할을 한다. 이것은 더 많은 사람들이 음악을 들을 수 있도록 함으로써 더 많은 편익을 누릴 수 있도록 해주는 대신 유명 예술가들의 수익에서 몇 퍼센트 정도를 깎아내는 것일 수 있다. 여기서 '깎아내는 것일 수 있다'고만 하고 그렇다고 단정하지 않는 것은 실제로 그런지가 입증되지 않았기 때문이다."[38]

　　제한된 지역 안에서만 자기 음악을 들어줄 청중을 갖고 있는 록밴드가 10만 개나 존재한다. 자기 음악을 음반으로 만들어 배포할 처지에 있지 않은 이들은 다른 지역에 사는 사람들이 개인 간 파일교환 소프트웨어인 냅스터를 통해 자기 음악을 들어주기를 오히려 바란다. 대형 출판사인 랜덤하우스가 마이클 크라이튼(미국의 공상과학소설 작가-옮긴이)의 책을 팔아먹을 만큼 팔아먹었는지에 관심을 갖기보다는 자기의 블로그를 읽어줄 사람이 있을지를 걱정하는 작가들도 수백만 명이나 존재한다. 이런 이들은 오히려 누군가가 자기의 작품을 디지털적으로 복사해 가기를 바란다. 그렇게 돼야 자기가 계속 창작하는 글들을 읽기 위해 자기의 블로그에 회원으로 가입하는 사람들이 늘어날 것이라고 생각하기 때문이다. 이들에게 냅스터, 그누텔라, 카자와 같은 파일교환 소프트웨어와 네트워크는 해적행위라기보다는 소중한 인프라의 한 종류다. 오레일리는 조만간 음반업계도 이와 비슷한 관점으로 돌아설 것이라고 주장한다.

　　"음악업계에서 모든 사람들이 다 같은 노래를 들을 수 있게 해주고, 복제를 제한하는 조처를 없애고, 노래에 관한 보다 정확한 메타데이터나 그 밖의 부가서비스를 제공한다면 유료 회원을 수억 명으로 늘릴 수 있을 것이라고 나는 장담한다. 다만 그런 서비스의 제공이 너무 지연돼서는 안 된다. 너무 지연되면 카자와 같은 것이 그런 서비스를 제공하고 유료화를 할 것이다."[39]

　　웹상의 정보를 이용하는 데 대해 대가를 지급하도록 하는 사업모델이 구체적으로 어떤 것이어야 하느냐에 대해서는 아직 해답이 없다. 무선 데이터 회사인 빈디고(Vindigo)의 프리미엄 서비스와 같은 것을 유료회원으로 가입해 이용하는 데 대해서는 사람들이 금전적 대가를 지급할 것이라는 공감대는 형성됐다. 그러나 그런 사람들이 실제로 얼마나 존재할 것인지는 미지수다. 그런 사람들의 수가 얼마나 늘어날 것인지가 관건일 것 같다. 연간 25달러를 회비로 내는 사람이 수억 명에 이른다면 1인 또는 2인의 정보제공 서비스를 뒷받침할 수도 있을 것이다.

웹과 관련해 앞으로 우리에게 반드시 닥칠 대표적인 변화는 정보를 생성해내고 유통시키는 사업의 모델이 다시 정의되는 것이다. 이 변화는 경제적인 제약 요인이 되기보다는 오히려 경제적인 이익을 가져다줄 것이다. 이 변화는 돈을 벌 기회를 훨씬 더 많이 창출할 것이고, 장기호황을 촉진할 것이다. 그러나 이런 일이 현실화하기 위해서는 한 가지 인프라가 더 필요하다. 만약 이 인프라의 구축이 저지된다면 2000년의 주식시장 붕괴와 같은 사태가 다시 발생할 것이다. 따라서 이 인프라가 실제로 잘 구축되기 전에는 장기호황이 본격적으로 재개될 것이라고 예상하기 어렵다. 이 인프라는 바로 광대역 통신망(브로드밴드)이다.

광대역 통신망의 위기

닷컴거품의 붕괴를 촉발한 것은 광대역 통신망의 결여였다. 2000년 초에 연방통신위원회(FCC)는 '베이비 벨(Baby Bells, 1984년 AT&T가 반독점 소송에서 패한 뒤 분사한 지역전화회사들-옮긴이)' 가운데 살아남은 네 회사, 즉 버라이즌, 에스비시, 퀘스트, 벨사우스에 대해 그들의 지역회선을 '디지털가입자회선(DSL)' 업체들에게 개방하도록 강요하지 않을 것임을 분명히 했다. 이것은 최근 몇 년간 연방통신위원회가 내린 결정들 가운데 가장 시야가 짧은 결정이었다. 고화질 텔레비전의 기준에 대해 연방통신위원회가 갈팡질팡하는 태도를 보임에 따라 가까운 시일 안에 케이블 텔레비전을 통해 고화질 텔레비전 방송을 보기 어려워졌다. 연방통신위원회는 1930년대의 미디어 구분을 토대로 한 행정조직에 발이 묶여있다. 다시 말해 장거리전화, 지역전화, 국제전화, 케이블 텔레비전, 휴대전화 각각에 대해 별도의 부서를 두고 있다. 반면 인터넷 담당 부서는 아예 없고, 위성통신은 국제전화에 엉거주춤 포함돼 있다. 각 부서의 관리들은 담당 분야의 업계 관계자나 로비스트들과의 의사소통은 자주 쉽게 하지만, 다른 부서의 관리들과는 의사소통을 잘 하지 않는다. 이것은 대부분의 로비스트들이 그들이 원하는 방향으로 규제의 틀을 만드는 데 적합한 체제다.

그런데 광대역의 경우에는 이런 규제의 틀에 의해 커다란 영향을 받는다. 이런 규제의 틀 덕분에 베이비 벨 회사들은 광대역 통신망에서 각 가정으로 연결하는 회선에 대해 사실상의, 그러나 일시적일 수밖에 없는 독점권을 행사한다. 이에 따라 베이비 벨 회사들은 광대역 통신망 서비스를 소비자들에게 제공하는 가격으로 적절하다고 여겨지는 월 25달러보다 더 높은 가격을 계속 부과할 수 있게 됐다. 이들 회사는 통신망 업체들이 가정에 회선을 연결해주는 것을 어렵게 만들 수 있다. 아주 제한적인 방식 외에는 회선 연결을 아예 못하게 할 수도 있다. 이렇게 함으로써 그들은 인터넷 전체의 가치를 훼손할 수 있다.

이것이 미국 통신망의 현실이다. 디지털가입자회선은 가정의 인터넷 통신망 연결 방식으로는 그런대로 쓸만해서 널리 이용되는 방식이긴 하지만, 최선의 기술은 아니다. 이것은 새로운 광섬유망을 가정과 사무실에 연결하는 것이 아니라 단지 기존 전화선의 미사용 주파수대를 이용하는 것이다. 디지털가입자회선도 연결되지 않은 가정이 많고, 연결돼 있다 하더라도 인터넷 접속이 안정적이지 않다. 디지털가입자회선 사업자들 가운데 일부는 이미 파산했고, 코바드(Covad)와 같은 일부 관련 기업들은 회선 설치를 확대하는 데 필요한 기간망 접근이 어렵고 기술적 정보를 얻을 수 없다면서 베이비 벨 회사들을 상대로 소송을 진행 중이다. 베이비 벨 회사들은 '지역적 브로드밴드'라는 개념을 내세워 사탕발림을 하고 있으나, 정작 그들의 경영진은 이것이 핵심 사업 분야인 기존 전화 서비스를 저해하고, 기존 자산의 가치를 떨어뜨릴 것이라고 우려하고 있다. 상황이 이런데 무엇 때문에 리스크를 떠안아야 하는가? 그들은 리스크를 회피했다. 그 결과 디지털가입자회선과 케이블 모뎀을 비롯한 그 밖의 지역적 브로드밴드 방식은 미국에서 전 가정의 10퍼센트에만 보급됐을 뿐이다. 다른 부유한 나라들의 경우 이 비율은 30~40퍼센트에 이른다. 한국은 브로드밴드의 가정 보급률이 거의 100퍼센트에 육박한다. 이 점은 앞으로 한국의 경쟁력에 주된 원천이 될 것이다.

네트워크의 가치에 관한 원칙으로 메트컬프의 법칙(Metcalfe's Law)이라는 것이 있다. 이 법칙에 따르면 네트워크 이용자의 수가 직선적으로 증가할 때 네트워크의 가치는 기하급수적으로 증가한다고 한다. 인터넷에도 이 법칙이 적용되는 게 분명하지만, 연방통신위원회의 정책이 그어놓은 한계까지만 그렇다. 예를 들어 모뎀으로서는 비교적 빠른 속도인 초당 5만 6000비트의 모뎀을 이용하는 환경에서는 온라인 광고가 제대로 이루어질 수 없다. 온라인 광고를 하려면 지역적 브로드밴드가 실현돼야 한다. 다시 말해 가정과 사무실에 광대역 통신망이 직접 연결돼야 한다. 모든 형태의 비디오, 긴 텍스트 파일, 냅스터 등을 통한 오디오 파일 공유, 대부분의 온라인 거래에서 이루어지는 각종 선택행위, 라디오 방송, 온라인 전화나 비디오 전화 등의 경우도 마찬가지다. 이 모든 새로운 미디어 서비스와 전자상거래를 이용하는 고객들의 수가 처음에는 늘어나다가 연방통신위원회의 정책이 그어놓은 한계에 부닥치자 갑자기 꺾여버렸다. 수많은 사업계획들이 바로 그와 같은 고객들이 존재하고 늘어날 것이라는 전제 위에 수립되고 진행됐다. 그런데 고객이 될 수 있는 사람들과 연결해줄 인프라가 구축되지 않을 게 명백해지자 그와 같은 사업계획들의 자본구조가 타당성을 상실하게 됐다. 그 가운데 일부는 분명히 과도하게 낙관적인 전망에 근거한 것이어서 파산한다 해도 할 말이 없는 것이지만, 충분히 가치가 있는 사업계획인데도 응당 누려야 할 기회를 갖지 못하게 된 경우도 많다.

이미 수백 마일이 깔린 장거리 광섬유 케이블도 저렴한 지역적 브로드밴드가 실현돼야만 그 기능을 제대로 발휘할 수 있다. 그동안 장거리 광섬유 케이블망을 구축하는 데 들어간 투자자금은 말라버렸고, 이제는 방치된 광섬유 케이블을 투기자본이 헐값에 사들이고 있다. 월드컴, 글로벌크로싱 등의 파산으로 그 여파가 이미 나타났으나, 더욱 심각한 사태가 닥칠 수도 있다. 한때 세계에서 가장 잘 나가던 기업인 에이티앤티(AT&T)는 지금 위기에 몰려있고, 닷컴 붕괴의 여파를 극복하고 살아남지 못할 수도 있다. 만약 에이티앤티가 파산한다면, 장거리 통신 네트워크 중 이 기업이 관리하던 60퍼센트와 알카텔, 노던텔레콤, 루슨트 등 이 회사의 협력업체들도 타격을 받을 것이다. 그리고 월드컴이 사업재구축을 하는 데 실패한다면 이 회사의 자회사인 유유넷(UUNET)이 파산하게 될 수도 있다. 1990년대 후반에 월드컴에 인수된 유유넷은 인터넷 기간망의 40퍼센트가량을 운영하고 있는 업체다. 전화회사들 가운데 베이비 벨 회사들만은 살아남을 수도 있겠지만, 산업분야 자체가 상호연관성이 커서 이들 역시 파산할 수도 있다. 전화 시스템과 인터넷은 살아남을 게 확실하지만, 관련 기업들이 법정관리에 들어가는 과정을 거치게 될 것이다. 그러는 사이에 통신분야의 기술혁신과 신규투자는 중단될 것이다. 이미 새로운 전화기술의 연구와 도입에는 투자가 더 이상 이루어지지 않고 있다. 통신은 장기호황의 기반이 되는 중요한 인프라라는 점에서 통신산업의 현 상황은 이미 장기호황에 불리한 낭비요소가 되고 있다.

통신산업의 이 모든 혼란은 우리가 반드시 겪어야 할 일은 아니었다. 미국 정부는 그동안 광대역 통신망에 투자하기를 기피해왔다. 광대역 통신망에 대한 투자는 민간부문에서 알아서 할 일이지 정부에서 개입할 일이 아니라는 이념적 견해 때문이었다. 그러나 철도를 비롯해 산업화의 그간 역사에서 정부는 주요 인프라에 대한 투자자이자 선도자의 역할을 해왔다. 보편적인 전화 서비스는 원래 긴급상황에 처한 사람들에게 필요한 서비스를 제공한다는 취지에서 정부가 주도한 혁신이었다. 미국에서 주 경계를 넘는 고속도로망의 건설도 연방정부의 투자로 이루어졌다. 드와이트 아이젠하워 대통령이 2차대전 때 독일의 아우토반(자동차 전용 고속도로 — 옮긴이)이 병력의 신속한 이동에 얼마나 도움이 되는지는 직접 관찰했던 결과였다. 이런 연유에서 미국의 고속도로 위로 설치된 다리들은 모두 그 높이가 419.1센티미터 이상이다. 이는 대륙 간 탄도미사일을 싣고 고속도로를 달리는 트럭이 통과할 수 있는 높이다. 인터넷도 원래는 국방부 산하의 국방첨단연구계획청(DARPA)이 후원한 컴퓨터 연결 프로젝프에서 유래한 것이다.

연방통신위원회와 의회가 미국 안의 모든 가정과 사무실에 광섬유 케이블망이 연결되도록 적극적으로 나선다고 가정해보자. 그리고 그렇게 하는 데 드는 초기비용을 연방정부에서 보조한다고 가정해보자. 예를 들어 광대역 통신망 사업자들에게 정부가 보증하는 대출을 제공하는 방법도 생각해볼 수 있다. 이런 가정들이 현실화돼야만 1990년대 초에 유행하던 '정보 고속도로'라는 구호에 걸맞은 인터넷 시스템이 구축돼, 수억 명의 사람들이 접속해서 누구도 예상할 수 없었던 방식으로 그것을 이용하게 될 것이다. 그리고 이런 정도의 인프라가 갖춰져야만 그 위에서 진정한 신경제가 건설될 수 있다.

이런 일은 물론 정부의 개입 없이도 달성될 수 있다. 디지털가입자회선보다 훨씬 더 기능이 우수한 광섬유 케이블망이 구축되고 모든 가정이 그것에 연결되는 날은 반드시 올 것이다. 다만 그렇게 되기까지는 많은 시간이 걸리거나 위기를 거치게 될 것이다. 단순히 시간이 많이 걸리는 경우라면 2012년 또는 2015년까지 그렇게 될 것이고, 그 사이에 미국은 새로운 사업 분야에서 선도자로서 누리는 이점을 더 많이 잃게 될 것이다. 이와 달리 위기를 거치는 경우라면, 그 위기는 에이티앤티가 파산하거나 정부에 구제를 요청하는 형태가 될 것이다. 그리고 이 경우에는 광섬유 케이블을 가정과 사무실로 연결하는 일을 에이티앤티와는 다른 업종의 기업들에게 맡기기 위해 보조금을 지급해야 할 것이다. 이런 일을 맡을 수 있는 업계는 케이블 텔레비전 업계일 수도 있고, 망을 운영한 경험은 있으나 베이비 벨 회사들만큼 인터넷을 두려워하지는 않는 전력회사나 수자원회사가 될 수도 있을 것이다.

미국 정부를 비롯해 어느 나라 정부든 경제호황을 촉진하려 한다면 광대역 통신망이라는 특수한 인프라에 투자를 하는 것이 아마도 가장 큰 효과를 겨냥할 수 있는 방법일 것이다.

다음 차례의 경기순환

지금까지 살펴보았듯이 장기호황 추세가 재개되도록 할 만한 추동력은 존재하지만, 주식시장에서 주가가 다시 급등하려면 앞으로 9~10년은 더 지나야 할지도 모른다. 시장이 그동안 움직여온 패턴에 따른다면 주가는 당분간 수평으로 횡보하다가 어느 시점에선가 상승세가 가속화하기 시작한 다음 2010년경에 또 한 차례의 광적인 투기적 급등세를 보일 것이다. 2000년 거품 붕괴의 기억이 사람들의 기억에서 지워지고 탐욕적인 심리가 다시 고개를 들게 되려면 그 정도의 시간은 걸릴 것이다.

그 사이에 우리는 몇 건의 커다란 금융위기를 경험하게 될 것이 거의 확실하다. 특히 금융시장이 외부와 격리돼 있는 중국에서 금융위기가 발생할 가능성이 있다. 일본과 중남미에서도 또 한 차례의 금융위기가 일어날 가능성이 있고, 인도와 미국도 금융위기를 겪을 수 있다. 금융위기를 일으키는 경기순환 자체가 나쁜 것은 아니다. 경기순환의 과정에서 금융위기는 생산성을 크게 향상시키는 계기가 된다.

왜냐하면 금융위기가 닥치면 사람들이 첨단 기술을 시험해 보려고 하고, 구식의 산업과 구식의 사업방식을 털어내기 때문이다.

나는 장기호황이 반드시 재개된다고 생각하기에, 최근 논란의 대상이 되고 있는 미국의 국가부채와 국제수지 적자는 문제될 것이 없다고 본다. 미국의 국가부채는 앞으로도 늘어날 것이지만, 장기호황이 그 부채를 갚을 수 있는 수단을 마련해줄 것이다. 다만 일상적인 경비 지출이나 전쟁을 하기 위해 해외에서 차입을 더 하는 것은 국가부채와 국제수지 적자 문제를 심각하게 만들 수 있다. 앞으로는 사람들이 은퇴하는 연령이 점점 더 높아질 것이기 때문에 사회보장제도에 여유가 생길 것이다. 미국의 공식 은퇴연령은 2025년 이전에 75세로 늦춰질 가능성이 있다.

장기호황의 지속기간에 영향을 미칠 수 있는 논쟁이 대부분 수면 밑에서 지금 진행되고 있다. 이 논쟁의 초점은 우선 감세에 맞춰져 있다. 비교적 부유한 사람들에게 이로운 방향으로 감세를 하느냐, 아니면 상대적으로 가난한 사람들에게 이로운 방향으로 감세를 하느냐가 논란거리로 등장했다. 이런 논쟁의 배경에는 미국 사회가 가난한 사람들을 희생시켜 부유한 사람들을 돕고 있는 것 아니냐는 우려가 깔려 있다. 그러나 내가 보기에 미국은 양쪽 다, 말하자면 부유한 사람들도 가난한 사람들도 잘 돌본다. 여기서 부유한 사람들이란 순자산 기준으로 전체 미국인들 가운데 최상위 20퍼센트를 가리킨다. 이들은 비교적 넉넉한 부를 갖고 살아간다. 반대로 가난한 사람들이란 가난 속에서 살아가는 최하위 20퍼센트를 가리킨다. 이 두 그룹은 미국의 정책 담당자들에 의해 관찰되고 있다. 두 그룹 다 세제 혜택이나 보조금 지급 등의 방법으로 정부에서 지원을 해줘야 할 대상으로 간주되고 있다.

정책 담당자들에 의해 무시당하고 있는 계층은 중간의 60퍼센트다. 그 가운데 중요한 그룹은 밑에서 두 번째 5분의 1 계층, 다시 말해 인구 전체에서 소득 순위가 밑에서 20퍼센트에서 40퍼센트 사이에 드는 사람들이다. 이들은 빈곤층보다 단지 한 단계 위에 있고, 닷컴 붐 시기에는 그런대로 먹고살 만했는데 지금은 그렇지 않다. 농촌지역의 공장 노동자, 군인의 가족, 계절에 따라 일하기도 하고 쉬기도 하는 계절노동자, 택시운전사나 가정간호사와 같은 개별노동자, 편모 또는 편부 가정의 구성원 중 다수 등이 바로 이 계층에 속한다. 일본이나 독일과 같은 나라는 이런 계층의 사람들을 사회의 생산적인 노동력으로 활용하기 위한 노력을 기울이지만, 미국은 마치 그들이 아예 존재하지도 않는 것처럼 무시해버린다. 예를 들어 민간 건강보험에 가입하기에는 너무 가난하고 메디케어(Medicare, 고령자 및 장애자 의료보험-옮긴이) 혜택을 받을 자격보다는 소득이 많은 사람들이 바로 이 계층에 속한다.

그 결과 미국은 부작용에 시달리고 있다. 사회보장 서비스의 질에 격차가 존재하고, 일반적인 삶의 질에도 차이가 존재한다. 환경상의 건강 문제, 알코올 중독, 부진한 교육, 기회의 결여로 고통을 받는 사람들은 주로 밑에서 두 번째 5분의 1 계층이다. 미국은 원래 유럽의 계급적 억압에 대항해 수립된 나라임에도 어느 사이엔가 스스로 체계적인 억압을 당하는 계급을 창출해냈다.

경제에 대한 이들의 기여는 일반적으로 인식되는 것보다 훨씬 더 크다. 이들이 잘해나가면 경제 전체도 잘 굴러간다. 예를 들어 닷컴 붐 시기에는 이들의 경제적 상황이 좋았다. 생활비는 낮은 수준에 억

제된 반면 임금은 상승했고, 덕분에 이들은 물질적으로 나아졌다. 이들 가운데 일부는 아파트를 임대해 살다가 닷컴 붐 시기에 작으나마 자기 집을 사서 자가주택 거주자가 됐다. 또 일부는 임시직에서 정규직으로 직장을 옮겼다. 웹밴(Webvan, 온라인 식료품 배달업체 - 옮긴이)은 이들 가운데서 배달원을 대거 채용했다. 이들은 보다 고급의 숙련직 일자리를 얻는 데 필요한 직업훈련을 받을 기회를 많이 가질 수 있었고, 그 자녀들도 더 좋은 기회를 많이 가질 수 있었다.

그러나 지난 3년여에 걸쳐 이 계층 사람들은 설 자리를 잃어버렸다. 생활비는 상승했고, 임금은 떨어졌으며, 취직할 수 있는 일자리는 줄어들었다. 전체 미국인들 가운데 이 계층 사람들이 상대적으로 더 많이 타격을 입었다. 이 때문에 다른 사람들도 피해를 입었다. 왜냐하면 이들은 경제의 '속도조절 바퀴' 역할을 하기 때문이다. 이들의 생활형편이 나아지면 소비와 투자가 상위 계층들로부터 그들에게 흘러내리는 정도만큼이나 그들로부터 상위계층으로 되돌아 올라간다. 밑에서 20~40퍼센트 계층의 경제적 복리는 미국 전체의 사회적, 정치적, 경제적 목표의 하나로 중시돼야 한다. 이 계층의 복리 수준을 끌어올릴 수 있어야만 장기호황도 지속될 수 있다. 명쾌하게 입증할 수는 없지만, 나는 그렇게 생각한다. 그렇게 하지 못한다 하더라도 장기호황이 지속되기는 하겠지만, 그 잠재적 가능성이 충분히 다 실현되지는 못할 것이다.

잘못될 수 있는 것은?

장기호황이 반드시 지속되는가? 장기호황의 지속을 가로막을 수 있는 한 가지 시나리오는 장기적으로 질질 끄는 전쟁이다.

그러나 그런 전쟁이라도 실제로 장기호황의 지속을 가로막을 수 있으려면, 완전한 경제 붕괴로 이어질 수 있을 만큼 파괴적인 전쟁이어야 할 것이다. 갈등과 긴장이 만연해 있더라도 이 세계가 그런대로 굴러가게 해주는 질서의 요소들은 존재한다. 이런 요소들 덕분에 미국, 유럽, 러시아, 중국, 인도, 남아프리카공화국, 동남아시아를 포함한 세계적인 경제통합이 이루어질 수 있다. 다만 남아프리카공화국을 제외한 아프리카 전 지역, 중남미의 일부, 중동의 대부분은 이 세계적 경제통합에 포함되지 못할 것이다. 이 점은 모두에게 수치스러운 부분으로 남겠지만, 그들을 제외한 제한적인 경제통합의 네트워크만으로도 장기호황을 지속시켜 나가는 데는 충분할 것이다.

어떤 면에서 미국은 세계적인 장기호황을 위한 초석을 놓을 기회를 놓쳤다. 냉전이 종식된 뒤에 클린턴 행정부나 부시 행정부가 질서 있는 국제관계를 촉진할 수 있었다. 2차대전이 끝난 뒤에 트루먼 행정부가 했던 것과 같은 일을 할 수 있었다. 당시에는 마셜플랜, 세계은행, 국제통화기금, 유엔과 같은 일련의 경제적, 정치적 국제기구들을 만들었다. 물론 이들 국제기구에 대해 나와 달리 생각하는 사람들도 있겠지만, 나는 이들 국제기구가 2차대전 이후 50년간 지속돼온 평화와 안정의 초석이 됐다고 생각한다.

냉전이 종식된 뒤에 그와 같은 일을 할 수 있었던 기회는 세계무역센터와 펜타곤에 비행기를 들이받은 9.11 테러로 인해 사라져버렸다.

그 대신 우리는 종전과 전혀 다른 새로운 지정학적 긴장을 헤쳐 나가야 하게 됐고, 로마제국이 붕괴한 이래의 그 어떤 국제관계와도 다른 새로운 국제관계의 구조를 갖게 됐다. 경제적 상황의 점진적 개선과 병행해 새로운 정치적 국제관계의 구조가 형성되리라는 것은 또 하나의 피할 수 없는 놀랄 일이 될 것이다. 다음 장은 이 주제를 다룬다.

5장

완전히 새로운 세계질서

법질서냐 우정이냐? 당신은 이 두 가지 가운데 어느 것이 더 도덕적 가치가 있다고 생각하는가?

예를 들어 술에 취한 친구가 운전하는 차에 당신이 동승했는데, 그 차가 지나가던 행인을 치었다고 하자. 며칠 뒤 그 친구가 당신에게 전화를 걸어 자기를 위해 증언을 해달라고 하면서, 증언에서 자기가 운전할 때 술에 취한 상태가 아니었다고 거짓말을 해달라고 요구해 왔다고 하자. 당신은 그 누구도, 설령 친구라도 법 위에 있을 수는 없다고 생각하고 진실을 말할 것인가? 아니면 당신의 도움이 절실한 그 친구를 보호해줄 것인가? 만일 후자라면 당신은 친구마저도 나를 믿지 못하게 한다면 도대체 나는 어떤 소용이 있는 인간이 될 수 있겠느냐고 생각할지도 모르겠다.

이 난제의 예는 문화적 다양성을 연구하는 알폰스 트롬피나스와 찰스 햄든터너의 저서에서 가져온 것이다.[40] 10년 넘게 세계 각국 사람들의 문화적 태도에 대해 연구해온 이들 두 학자에 따르면 법질서냐, 우정이냐 하는 난제에 대해 사람들이 대응하는 방식은 나라별로 다르다. 예를 들어 억압적인 소비에트 체제에서 거의 1세기 가까운 세월을 살아온 러시아 사람들은 개별주의자(particularist)의 태도를 보인다는 것이다. 다시 말해 위와 같은 난제에 부닥쳤을 때 러시아 사람들은 모든 사람들에게 보편적으로 적용되는 비개인적인 법질서보다는 개별적인 우정과 인간관계를 훨씬 더 중요하고 가치가 있다고 생각한다. 전체주의 체제에서는 법률이 정부에 의해 자의적으로 왜곡될 수 있는 반면 개별적인 인간관계는 살아나가면서 믿고 의지할 수 있는 모든 것이 된다.

이와 반대로 미국은 세계에서 처음으로 근대적인 헌법을 토대로 수립된 나라로, 건국 이래 미국인들은 보편주의자(universalist)의 태도를 보여 왔다. 사람들은 누구나 동일한 권리와 기회를 누릴 수 있어야 한다는 생각은 미국이라는 나라의 기본원칙 중 하나다. 미국은 해외에서 이주해온 사람들과 그 후손들의 나라이며, 이런 점에서 미국인들은 법을 믿고 존중하는 성향을 지니고 있다. 트롬피나스와 햄든터너는 바로 이 때문에 미국에는 변호사 수가 많다고 했다.

전 세계 사람들도 미국에게 보편주의를 기대해왔다. 특히 2차대전 이후 미국은 국제법, 국제기구, 그리고 핵무기나 기타 첨단무기의 개발과 배치를 억제하는 것과 같은 세계적인 문제에 관한 국제조약을 일관되게 주창해온 나라 중 하나였다. 이런 것들은 모든 나라들에 동일하게 적용되는 국제 법질서의 새로운 체제였다. 이런 지향에 대해 미국 내에서 정치적 우익에 속하는 사람들은 늘 어느 정도는 불편한 느낌을 가져왔다. 그들은 무엇보다 미국의 이익이 우선시돼야 한다고 주장해왔다. 그러나 보편적인 법률의 틀이라는 것은 본질적으로 미국적인 것인데다 민주주의, 자유시장, 사회적 신분상승의 꿈과 같은 다른 미국적 개념들과도 잘 어울리는 것이었다.

반면 유럽은 훨씬 더 개별주의적인 곳이었다. 두 차례의 세계대전 이후 유럽은 작은 문제들을 놓고 옥신각신하는 일에 매달려왔고, 그러는 과정에서 유럽인들은 법의 지배가 나라들 사이에 꾸준히 발전돼온 상호 동맹관계나 신뢰관계를 넘어설 수 없다고 생각했다. 드골에서부터 마거릿 대처와 실비오 베를루스코니(이탈리아 총리 - 옮긴이)에 이르기까지 유럽의 정치지도자들은 자신의 개인적인 인간관계를 국가이익 증진의 수단으로 활용하는, 화려하고도 개성적인 사람들이었다. 그들은 보편적인 원칙에 대해서는 입에 발린 말조차도 거의 하지 않았다. 그들이 이런 태도를 취할 수 있었던 것은, 미국과 소련이라는 두 강대국이 세계를 양분하고 군사적인 질서로 두 진영을 관리하고 있었기 때문이다.

그러나 그때는 그때고 지금은 지금이다. 그동안 세계의 지정학적 구조는 문화적으로 반전됐다. 이 문화적 반전은 냉전이 종식되면서 나타나기 시작한 현상이지만, 조지 부시 행정부가 들어서기 전까지는 그다지 명료하지 않았다. 그럼에도 그것은 미묘하면서도 폭넓은 변화를 일으켰다.

이제 유럽은 질서 있게 번영을 가꿔나가는 세계의 다른 나라들과 더불어 보편적인 법의 지배를 주창하는 데 앞장서고 있다. 유럽의 힘은 도덕적 설득이라는 '연성권력(軟性權力)'의 성격을 띠고 있다. 반면 과거에는 개별주의적인 흐름이 지배적이던 세계 속에서 보편주의의 나라였던 미국이 이제는 보편주의적인 세계 속에서 개별주의의 나라가 돼버렸다. 그리고 미국의 힘은 군사력과 경제력의 우위에 바탕을 둔 것으로 바뀌었다. 도덕적 권위가 과거 한때는 미국의 강점 중 하나였고 지금도 미국 국내에서는 중시되고 있지만, 국제무대에서는 이제 도덕적 권위가 더 이상 중요한 요소가 아니다. 로버트 케이건의 표현에 따르면, 미국인들은 화성에서 오고 유럽인들은 금성에서 온 것 같다. 미국과 유럽 외에 날이 갈수록 점점 더 혼란해지고 질서를 무시하는 제3의 나라들도 존재한다. 이들 나라는 세계무대에서 주변적인 위치로 전락할 위기에 직면해 있다. 이들에게 힘이 있다면 그것은 테러의 힘이다. 휘두를 수 있는 유일한 힘이 테러뿐이라면 이들은 테러를 점점 더 자주 행사할 것이다.

이런 모습은 과거와 완전히 다른 '새로운 세계질서'다. 이는 오늘날 우리에게 닥친 것이자 앞으로도 수십 년간은 지속될 것이라는 점에서 우리가 피할 수 없는 것이다. 이 새로운 세계질서의 등장은 위에서 이야기한 세 국가그룹의 모든 정치인과 시민들에게 놀라운 일이다. 마치 어느 날 아침에 잠에서 깨어난 모든 사람들이 일제히 머리를 긁으며 "어떻게 해서 내가 이런 나라에 살게 됐지?"라고 독백하고 있는 것과 같다. 따라서 우리의 지정학적 미래가 어떤 것이 될 것인지를 이해하려면 '질서를 존중하는 나라들(the orderly nations)', '질서를 무시하는 나라들(the disorderly nations)', 그리고 미국이라는 세 국가그룹의 상호작용 방식을 관찰해야만 할 것이다.

불량배 슈퍼파워가 된 미국

"우리 편이 아니면 테러리스트 편이다." 2001년 9월 11일 세계무역센터와 펜타곤에 테러공격이 가해진 직후 조지 부시 미국 대통령이 연설하던 중에 한 말이다. 이 말은 미국의 새로운 지정학적 신조인 부시 독트린의 핵심이 됐다.

부시 독트린은 테러리스트들을 숨겨주는 나라들은 테러리스트들과 똑같은 죄를 짓는 것이고, 미국은 그런 나라들을 적으로 취급할 것이며, 앞으로는 적이 공격해오기를 기다리기보다는 적에 대해 선제적 대응조치를 취할 것이라는 내용을 담고 있다.

부시 대통령은 2002년 12월에는 이렇게 말했다. "누구든 미국과 해외주둔 미군, 그리고 미국의 우방과 동맹국을 대상으로 대량살상무기를 사용한 자에 대해 미국은 이용할 수 있는 모든 수단을 포함한 압도적인 군사력으로 대응할 권리를 갖고 있음을 분명히 해둔다."[41] 달리 말하면 어떤 나라들이 테러리스트들의 도피처이고 어떤 나라들이 그렇지 않은지에 대한 판단은 더 이상 유엔과 같은 국제기구의 몫이 아니라는 것이다. 미국이 '이용할 수 있는 모든 수단' 중 하나인 핵무기의 경우에도 국제적인 법질서보다 미국 정치지도자들의 독립적인 판단이 더 중요하다는 것이다. 따라서 이라크나 북한과 같은 나라가 위협이 되는지 안 되는지는 미국이 자기의 특수한 입장과 이해관계에 따라 판단할 것이고, 그런 판단을 근거로 행동에 나설 것이며, 필요하다면 일방적인 행동도 하겠다는 것이다.

미국의 이런 언어구사와 행동이 바로 미국의 이라크 침공에 항의하는 사람들을 분개하고 경악하게 한다. 미국 안에 사는 사람이든 미국 밖에 사는 사람이든 이런 반응을 보이는 이들은 부시 행정부가 미국의 보다 깊은 보편주의 정신을 배반했다고 생각한다. 미국의 보편주의 정신에는 미국은 다른 나라의 요청이 없는 한 그 나라에 들어가지 않는다는 원칙도 포함돼 있다. 지금 미국은 다른 나라들을 외부 위협에서 보호하는 나라가 아니라 오히려 위협하는 나라가 되고 있다.

영국의 논평가인 윌 허튼은 많은 사람들의 생각을 대변해 이렇게 말했다. "(미국을 신뢰하기 위해서는) 세심함, 지혜, 가능한 한 폭넓은 연대, 합법적인 정당성이 필요하며, 다른 모든 수단이 봉쇄됐을 경우에는 물론 무력을 사용할 의지도 필요하다. 그런데 우리가 듣게 되는 말은 선제공격이다. 이것은 이미 1919년 베르사유 조약에 의해 불법화된 것이다. 게다가 세계에서 가장 위대하고 존경받는 민주주의 공화국, 국내에서든 해외에서든 법을 존중하는 나라라고 스스로 자랑해온 나라로부터 이런 말을 듣게 된다. 유럽인들이 미국에게 기대하는 것은 이런 말보다 훨씬 더 수준이 높은 것이다."[42] 이런 관점에서는 이라크를 상대로 한 전쟁이 정당화될 수도 있다. 다만 미국이 전쟁의 목적에 있어서 투명하고 '보편주의적 태도'를 갖는 경우에만 그렇다. 즉 개입에서도 보편주의적 원칙을 지킨다고 모든 사람들이 생각하는 경우에만 그렇다는 말이다.

이라크에 관한 국제적 논쟁의 초점이 사담 후세인 정권이 합법적이냐는 문제에서 벗어나 미국의 무력행사가 합법적이냐는 문제로 옮겨가게 된 것도 바로 이런 이유에서다. 북한이나 사우디아라비아, 또는 이스라엘이나 팔레스타인이 아니고 하필이면 왜 이라크가 침공해야 할 만큼 사악한 나라인가? 미국이 이런 질문에 대해 적절한 대답을 하지 못한다면, 다른 나라 사람들은 모두 미국이란 나라는 통제가 불가능한 나라이며, 따라서 사악하다 하더라도 통제는 가능한 이라크보다 미국이 오히려 더 큰 우려의 대상이라고 생각할 것이다.

이런 생각 중 적어도 한 가지는 옳다. 미국은 지금 통제가 불가능한 나라다. 지금의 미국이 믿을 수 없는 나라라는 말은 아니다. 그러나 미국 이외의 세계 각국 사람들이 앞으로는 미국을 믿을 수 없는 나라라고 생각하게 될 수 있다. 이라크전쟁은 중요한 사안이긴 하나 이 책이 다루는 주제의 범위를 넘어서는 문제다. 이라크전쟁은 아주 빠르게 전개되고 있고, 그 결과가 어떨 것인지는 예단할 수 없다. 그러나 이라크전쟁은 앞으로의 전개상황 여하와 상관없이 미국의 지정학적 역할에 영구적인 변화가 일어났음을 이미 입증했다. 2001년 9월 11일 미국에 대한 테러공격은 대부분의 미국 시민들에게 충격을 주었을 것이다. 하지만 먼 훗날 역사가들이 오늘날을 되돌아볼 때는 9.11 테러보다도 미국의 지정학적 역할 변화를 더 놀랍고 충격적인 것으로 여길 것이라고 나는 생각한다. 미국인들은 세계에서 홀로 존재하는 데 익숙하지 않다. 미국인들은 환영을 받고, 심지어는 사랑을 받는 데 익숙하다. 특히 2차대전 이후의 유럽인들에게는 더욱 그렇다. 그러나 새로운 지정학적 역할을 하게 된 미국이 사랑을 받기란 쉽지 않다. 이제 중요한 것은 '존경'과 '성숙'이다. 미국인들은 이제 최초의 전 지구적 '불량배 슈퍼파워' 국가의 일원으로 사는 데 익숙해질 것이다.

불량배 슈퍼파워라는 표현은 카터 행정부 시절에 언론에 처음 등장했다. 당시 이 표현은 소련을 가리키는 말이었다.[43] 아마도 안드로포프가 통치하던 소련을 지칭한 것이었을 게다. 그 뒤인 1990년대 중반에 이 표현은 중국을 가리키는 말로 다시 자주 사용됐다.[44] 이 표현이 미국을 가리켜 사용되기 시작한 것은 1999년께부터였다. 처음에는 미국에 대한 하나의 가설적인 지칭어였다. 당시 미국의 보수적 학자들이 르완다나 코소보와 같은 분쟁지역에 미국이 개입하는 것에 반대하면서 미국을 불량배 슈퍼파워라고 표현했던 것이다.[45] 그들은 미국이 자신의 팽창주의와 해외에서의 국가건설 행위를 억제해야 하며, 그렇게 하지 않으면 불량배 슈퍼파워가 될 것이라고 경고했다. 그런데 지금은 이 말이 우익이 아닌 좌익에서 자주 사용되며, 더 이상 미래의 가능성을 가리키는 것이 아니게 됐다. 온라인 정보검색 서비스인 넥시스(Nexis)를 이용해보거나 단순히 웹 검색만 해보더라도 미국을 가리키는 표현으로서 불량배 슈퍼파워라는 말이 아주 많이 사용된다는 사실을 알 수 있다. 이제 이 말은 미국의 현재 모습, 더 나아가 냉전 종식 이후 미국의 모습을 가리키는 표현이 됐다.

불량배 슈퍼파워는 무력과 경제력을 갖춘 지정학적 실체로서 그 활동범위 안에 있는 모든 나라와 집단을 압도하는 동시에 자기의 행위에 제약을 거의 또는 전혀 받지 않는 나라라는 뜻이다. 불량배 슈퍼파워가 반드시 제국이어야 할 필요는 없다. 오히려 식민지와 종속국에 대해 관리비용을 들이고 책임을 져야 하는 일 없이 불량배 슈퍼파워가 되는 것이 더 쉬운 일일 것이다. 어느 한 나라가 불량배 슈퍼파워가 되는 동시에 근본적으로는 민주주의적이고 개방적이며 선의를 지닌 나라일 수도 있다. 사실 미국의 힘도 미국이 지난 230년 동안 비교적 개방적이고 선의를 지닌 민주주의 국가였던 데서 나온 것이다. 그러나 미국 밖의 다른 나라 사람들의 관점에서 미국을 보면 이야기가 다르다. 다른 나라 사람들 가운데 미국이 선의를 지니고 있다고 인정하는 이들도 그 선의의 방향이 틀렸다고 본다. 미국을 제외한 다른 문명국가들은 오늘날 서로 합의하고 지키기로 한 국제법과 국제조약에 의해 크게 제약을 받는다. 그러나 미국은 자기를 제외한 그 누구의 법에도 구애받지 않고 행동한다. 미국은 지구상에서 가장 크고 강한 나라이기 때문에 얼마든지 그렇게 할 수 있다.

과거 냉전시대에는 부시 독트린과 같은 것은 선포될 수 없었을 것이다. 만약 냉전시대에 그런 게 선포됐다면 전 세계에 커다란 공포, 특히 냉전이 실제 전쟁으로 바뀌는 공포를 불러일으켰을 것이다. 그러나 당시에는 미국이 불량배 슈퍼파워가 아니었다. 당시 미국은 공산주의를 억제하고 패퇴시키기 위해 뭉친 자유세계 동맹국들 가운데 가장 중요한 나라였다. 그러나 오늘날의 미국은 친구와 적을 구별하는 것이 무의미할 정도로 자기의 정치적, 경제적, 군사적 힘을 마구 휘두르고 있다. 역사상 그 어느 나라도 지금의 미국처럼 제약 없는 힘을 휘두른 적이 없다. 중국의 한나라도 로마제국도 지금의 미국에 비하면 단지 부분적인 강대국일 뿐이었다. 한나라나 로마제국의 영향력이 미치는 지리적 범위는 훨씬 좁았고, 그 범위 밖에 있는 대부분의 세계는 그들로부터 아무런 영향도 받지 않았다. 오늘날 세계의 지정학적 무대에 대한 미국의 관계는 컴퓨터산업에 대한 마이크로소프트의 관계에 비유할 수 있다. 미국은 대단히 성공적인 나라며 승리하는 나라다. 미국은 이 세계의 어느 나라에게도 자기가 최고임을 인식시킬 수 있고, 다른 나라가 하는 행동이 마음에 들지 않으면 얼마든지 거칠게 대응할 태세가 돼 있는 나라다. 모든 사람들이 마이크로소프트를 그다지 좋아하지 않고 있는 것처럼, 앞으로 몇십 년간 미국을 좋아하는 사람들은 많지 않을 것이다.

부시 독트린은 바로 이런 변화의 한 징후이지, 백악관을 차지한 특정한 개인의 성향을 반영하는 것으로 보아서는 안 된다. 앨 고어는 부시 독트린이 지닌 잠재적 위험성에 대해 공개적으로 언급한 사람들 가운데 한 사람이다. 그러나 2000년 선거에서 부시 대신 고어가 대통령에 당선됐더라도 그 역시 부시가 부닥친 것과 똑같은 압력, 즉 테러리즘이 가해오는 압력에 부닥쳤을 것이다. 그도 테러리스트나 다른 나라가 미국의 영토 안에서 미국의 시민을 살해하는 일이 다시는 벌어지지 않도록 하라는 요구를 받았을 것이고, 국가를 넘는 국제적인 주권을 수용하는 것은 미국을 위험에 빠뜨린다는 주장의 압력을 받았을 것이다. 그가 만약 부시 대신 대통령이 되어 '고어 독트린'이라는 것을 선포했다면, 그 세부적인 내용은 물론 부시 독트린과는 같지 않았을 테지만 이라크를 표적으로 가려내어 비난하고 침공하는 것을 포함해 많은 점에서 부시 독트린과 다르지 않았을 것이다. 나는 9.11 테러 뒤에 클린턴 행정부에서 일했던 적이 있는 전직 고위관리들과 대화를 나눈 적이 있다. 그들 역시 고어가 대통령이 됐더라도 미국 행정부는 사담 후세인을 대상으로 무엇인가를 해야만 했을 것이라고 생각하고 있었다.

분명 고어는 물론 미국의 어떤 대통령도 미국은 독특한 나라, 다시 말해 여느 나라들과 다른 나라라는 생각을 할 것이다. 미국은 국제법에 의해 제약받지 않는다. 사실 불량배 슈퍼파워인 미국은 국제법의 가장 명백한 표적이다. 이는 마치 미국 반독점법의 가장 명백한 표적이 마이크로소프트인 것과 같다. 그 규모와 위상 때문이다. 과거에 미국은 국제조약의 체결과 국제기구의 설립에서 주도적인 역할을 했고, 클린턴 행정부는 그런 국제조약과 국제기구에 대해 좋은 말을 하곤 했다. 그럼에도 미국은 냉전 종식 이후 국제조약과 국제기구에서 점점 더 발을 빼왔고, 특히 2000년의 대통령 선거 이후에는 발을 빼는 속도가 더 빨라졌다. 2000년 선거 이후 미국은 수십 년 동안 지속되던 국제 핵무기감축협정에서 탈퇴했고, 인권침해와 전쟁범죄를 다룰 영구적인 법정으로 국제사회에서 추진해온 국제형사재판소의 설립을 지지하기를 거부했으며, 기후변화에 관한 교토협약을 무시했다.

이런 식의 고립주의는 그 대가를 치르게 마련이어서, 그로 인한 기회의 손실이 클 것이다. 지구환경 보호를 위해 가장 바람직한 방안은 환경보호 활동과 환경 관련 분쟁의 해결을 위한 투자를 할 전 세계적인 '환경기금(Eco-IMF)'의 설립일 것이다. 그러나 이런 기금이 설립될 가능성은 전무하다. 미국이 이에 아무런 관심도 보이지 않고 있기 때문이다. 지뢰 금지에 관한 조약이나 국제해양법에 미국이 참여하는 모습을 볼 수도 없을 것이다. 미국의 예전 동맹국들이 미국을 거부하는 행동이 앞으로 더욱 확산될 것이다. 미국과 예전의 동맹국들 사이의 유대관계는 단절될 것이다. 그 한 예로 미국은 앞으로 5년여에 걸쳐 거의 모든 해외 미군기지에서 철수할 것이다. 오키나와와 괌, 그리고 독일과 중동지역에 있는 미군기지 터들은 모두 해당국에 반환될 것이다. 다만 아프가니스탄과 이라크에 미군기지가 상설화돼 존속할 가능성은 있다. 무엇보다도 근본적으로, 이제 세계 각국이 자국 영토에 미군이 주둔하는 것을 원하지 않는다. 그리고 미국은 기꺼이 외국에 주둔하고 있는 군대를 철수시킬 것이다. 군사기술의 발달로 인해 미군을 상시적으로 주둔시킬 필요성이 줄어들었고, 부분적으로는 미국의 정치지도자들이 앞으로는 외국에 군사적 지원을 하는 데 요구되는 재정적 부담을 지기를 꺼려할 것이기 때문이다. 이 문제에 대해서는 뒤에서도 다시 한번 언급하겠다.

이와 더불어 우리가 고려해야 할 또 하나의 필연적인 경향이 있다.

그것은 바로 미국인들이 다른 나라 사람들과의 연대를 지키려고 하는 경향이다. 미국인들, 특히 인터넷을 자주 사용하는 미국인들은 국제적으로 버림받은 나라의 국민이 되고 싶어 하지 않는다. 그들은 1980년대 후반과 1990년대 초반에 다른 나라 사람들과 나눴던 우정, 상호존중, 그리고 서로에 대한 영향력을 보존하고 싶어 한다. 미국인들은 여행과 무역거래를 하길 원하며, 세계무대에 선량한 참여자로 인정받기를 원한다. 많은 미국인들이 유엔과 같은 국제기구를 여전히 신뢰하고 지지한다. 이는 미국 문화에 아직도 강력한 보편주의적인 성향이 남아있기 때문일 것이다. 그리고 미국에는 아직 수많은 법률가들이 있다.

미국 안에 존재하는 이런 갈등, 아마도 보편주의자들과 일방주의자들 사이에 존재한다고 말할 수 있는 갈등의 뿌리는 건국 당시까지 거슬러 올라간다. 아울러 이 갈등은 앞으로도 무한히 계속되면서 미국의 미래에서 가장 중요한 불확실성의 요소가 될 것이다. 현재 미국은 국제무대에서 가장 덩치가 큰 나라다. 미국에 비하면 다른 모든 나라들은 훨씬 작아 보인다. 미국은 쉽사리 악당이 되어 자기가 나아가는 길에 방해가 되는 자는 모두 밀쳐버릴 수도 있고, 거꾸로 곤경에 처한 작은 나라들을 도울 수도 있다. 미국 안에는 미국을 이 두 가지 방향으로 끌어당기는 힘이 동시에 존재한다. 앞으로 어느 쪽이 우세하게 될까? 미국은 불량배 슈퍼파워가 되는 걸 피할 수 없다. 미국을 견제해줄 나라는 없다. 그러나 미국이 어떤 종류의 불량배가 될 것인지는 아직 분명하지 않다.

공교롭게도 이런 미국을 위협할 수 있는 유일한 적도 알 카에다와 같은 불량배다. 알 카에다는 나라도 땅도 먹여 살릴 국민도 없어, 국가라는 것에 의해 제한을 받지 않는다. 알 카에다는 어느 나라도 쉽게 사용하지 못하는 무기들을 사용한다. 알 카에다는 바이오테러와 화학 물질은 물론 공격 대상인 미국의 비행기, 더 나아가 미국이 그들에 대항하는 수단으로 채택한 기술과 인프라까지도 자기들의 무기로 이용한다. 이런 비대칭적인 전쟁에서 미국은 과연 자기를 보호할 수 있을까? 이 질문에 대한 대답은 그와 같은 알 카에다의 도전에 대해 미국이 어떤 방식으로 대응하느냐에 달려있다.

미국 군사력의 미래

국제무대의 다른 행위자들을 살펴보기 전에 미국을 이런 독특한 지위에 올려놓은 요소들을 검토해볼 필요가 있다. 미국이 토머스 제퍼슨이 말한 대로 '평화와 상업, 그리고 세계의 어느 나라와도 동맹관계를 맺지 않고 모든 나라들과 우정을 추구' 하는 데 몰두하던 작은 민주주의 국가에서 불량배 슈퍼파워로 변모한 것은 그 어떤 의도적인 정치책략이나 군사책략에 따른 것이 아니다. 2차대전 직후에는 이런 의도적인 책략이 미국에 존재했던 게 사실이지만, 그 토대가 되는 상황은 이미 그전부터 닦여져 있었다. 어쨌든 미국의 변화과정 전부는 미국의 독특한 특징이 낳은 자연스러운 결과인지도 모른다. 미국은 지리적 규모가 거대하고, 태평양과 대서양에 의해 적국이나 경쟁국이 될 수 있는 다른 나라들과 격리돼 있고, 이주자들의 유입에 개방적이고, 경제 활동이 자유롭고, 자원이 풍부하고, 혁신적인 문화를 갖고 있다. 미국은 늘 다른 나라들로부터 가장 야심적인 사람들을 불러

들여 잘 대우했고, 그들에게 부자가 될 기회를 주었다. 역사상 미국으로 이주한 사람들과 그 자녀들 중에는 대단히 혁신적이고 유능한 군사지도자와 경제사상가들도 있었다. 라파예트 후작(1757~1834, 프랑스의 군인이자 정치가로 미국 독립전쟁에서 조지 워싱턴을 도와 업적을 남김-옮긴이)과 베르너 폰 브라운(1912~1977, 독일 태생의 미국 로켓기술자-옮긴이)도 그 대표적인 예다. 이런 사람들은 대체로 미국에서 환영을 받았다.

슈퍼파워라는 미국의 지위는 미국의 고등교육 체제의 자연스러운 산물이기도 하다. 19세기에 토지를 무상으로 공여 받은 미국의 대학들은 유럽에서는 여전히 협소한 특권이던 대학교육을 훨씬 더 폭넓은 사람들에게 제공할 수 있었다. 이것은 대학 수준의 기술연구와 기술개발에 대한 투자를 민주화한 것이라고 말할 수 있다. 그 덕분에 미국은 19세기 중반 이후에는 계속해서 기계기술과 발명, 특히 군사적인 용도의 발명에서 선두에 서왔다. 이런 지속적인 혁신이 1세기 정도 누적된 결과로 미국은 압도적인 군사력을 보유하게 된 것이다.

프린스턴, 하버드, 엠아이티, 스탠포드, 버클리를 비롯한 미국의 대학들은 지금도 미국의 가장 큰 군사적 자산이다. 대학들은 미국의 경제력과 군사력을 주도적으로 키워나가는 자율적인 성장엔진의 역할을 아무도 눈치 채지 못하는 방식으로 수행한다. 지금 중국이 엄청난 투자를 해서 과학도시나 대학들을 창설하는 것은 바로 이런 시스템을 갖추려는 노력이다. 그러나 어떤 기관이나 시설을 설치하는 것만으로는 부족하다. 언론과 결사의 자유에 대한 관용도 필요하고, 서점과 카페, 자전거 길에까지 지적인 분위기가 흘러넘치게 해야 한다. 이렇게 해야만 명석한 사람들을 유인하고 정착하게 할 수 있다. 이런 점에서는 미국이 앞으로도 우위를 유지할 것이다. 미국의 주요 대학들은 이미 자기들이 운영하는 기금과 연구 결과에 대한 보상에서 나오는 재원으로도 운영이 가능한 수준에 이르렀다.

1차대전 때 기술적 우위, 특히 전투기 분야의 기술적 우위가 아니었다면 미국은 힘겨운 전쟁을 치렀을 것이다. 2차대전은 이런 미국의 기술적 우위를 다시 한번 입증했다. 대공황을 거치면서 빈약해진 산업기반 위에 서 있었던 미국인들은 두 차례의 세계대전을 치르면서 미국이 그들 스스로 생각했던 것보다 훨씬 더 힘이 세다는 사실을 알게 됐다. 미국은 동시에 두 개의 전선에서 승리했고, 그 과정에서 전례 없는 엄청난 양의 물자와 무기를 신속하게 전쟁에 투입했고, 병력이동을 통합 조율하는 시스템설계(systems design) 기법을 활용했고, 사상초유의 파괴능력을 갖춘 원자탄이라는 무기를 개발해 실전에 배치했다.

2차대전 직후 몇 년 동안은 군사적, 기술적 능력에서 미국이 소련을 얼마나 많이 앞섰는지를 아무도 눈치 채지 못했다. 이 경쟁에 끼어든 다른 나라도 없었다. 물론 미국의 군사력은 한국전쟁에서 중국이 구사한 인해전술과 베트남전쟁에서 베트콩이 구사한 게릴라전에는 취약함이 드러났다. 그러나 베트남전쟁에서의 패배는 역설적으로 미국의 군사적 능력을 더욱 강화시켰다. 베트남전쟁을 치르는 동안 미군은 모든 새로운 관리기법을 사용했고, 온갖 조직적인 학습 과정을 거쳤다.

미국은 베트남전쟁 때 이미 군사적 연구개발 분야에서 세계 최고의 수준에 도달했고, 그 뒤 미국과 다른 모든 나라들 사이의 격차는 점점 더 벌어져왔다. 오늘날 미국의 군사예산은 미국을 제외한 세계

10대 국가들의 군사예산을 합친 것보다 크다. 군사예산 증가가 억제 됐던 클린턴 행정부 때도 마찬가지였다. 미국인들은 대체로 이런 규모의 막대한 군사비 지출을 지지한다. 군사비 지출을 줄이라는 목소리는 미국 안에서 거의 들을 수 없다. 미국은 지구상에서 가장 혁신적인 군대를 갖고 있고, 그 군대는 세계 최고의 첨단무기로 무장돼 있으며, 군사기술을 더욱 더 발전시켜 나갈 자유를 누리고 있다. 한 가지 예를 들면, 미군은 세계에서 가장 정교한 첨단 시뮬레이션시스템을 갖고 있으며, 이를 이용해 가상 전략훈련을 실시하고 있다. 컴퓨터를 이용하는 이런 가상 전략훈련 시설 중 하나인 캘리포니아의 어윈기지(Fort Irwin)는 그 부지 면적이 2428제곱킬로미터에 이르고, 운영비가 하루평균 100만 달러나 된다.[46]

베트남전쟁 이후 군사력과 관련해 일어난 변화 중 가장 큰 것은 컴퓨터 기술의 발전에 따라 엄청난 기술적 능력이 생겼다는 것이다. 컴퓨터가 실현시킨 정밀센서와 원격통제 기법은 사람이 타지 않은 무인무기를 실전에 투입할 수 있게 해주고 있다. 예를 들어 차세대 전투기는 'UCAV(Unmanned Combat Air Vehicle, 무인전투기-옮긴이)'가 될 것이다. 이것은 비디오 게임기를 통해 실제 전투기를 조종하는 것과 같다. 조종사는 전장에서 아주 멀리 떨어진 안전한 곳에 앉아서 전투기를 조종한다. 병사 개개인의 기술적, 생물학적 전투능력을 증대시키기 위한 연구개발에서도 획기적인 진전이 이루어지고 있다. 예를 들어 전투기 조종사에게 레이저 눈 수술을 해서 독수리의 시력(독수리는 5.0의 시력을 갖고 있다고 함-옮긴이)을 갖게 할 수 있다. 그런가 하면 병사에게 약물을 투여해 72시간 동안 잠을 자지 못해도 전투력의 저하가 일어나지 않도록 할 수도 있다. 병사의 야간 시력을 증대시켜

을 선례로 삼을 것이고, 기존의 전통적인 군조직의 역할은 축소될 것이다. 내가 이 책을 쓰고 있는 동안에도 미국은 필리핀의 남부 해안을 수색하고, 알 카에다와 연계된 아부사야프(Abu Sayyaf)의 조직원 750명을 격멸하기 위해 필리핀에 1700명의 병력을 파견했다.[47] 이런 식의 미군 병력 배치는 앞으로 점점 더 자주 보게 될 것이다. 미군에 또 하나의 모델이 되는 것은 이스라엘의 정보기관인 모사드다. 모사드는 1972년 뮌헨 올림픽 때 이스라엘 선수들을 공격한 테러조직인 '검은 9월단'의 모든 조직원들을 낱낱이 추적해 사살했다. 모사드의 이런 조처는 아주 명백한 메시지를 던졌고, 그 뒤에는 올림픽에서 그와 같은 테러공격은 다시 발생하지 않았다.

간단히 말해 미국은 좋든 싫든 '첨단기술로 무장된 지구경찰'의 역할을 하도록 이끌려갈 것이다. 이런 일에는 그 어느 나라도 적임이라고 할 수 없고, 과거에 이런 일을 했던 나라도 없으며, 미국이라고 해서 반드시 적임인 것도 아니다. 정치적으로 미국은 국내에서 결코 경찰국가를 만들어내지는 않을 것이다. 그러나 미국은 자국 밖의 세계 전체에 대해서는 경찰국가의 역할을 할 수도 있다. 미국은 이미 그런 방향으로 움직이기 시작했다. 테러를 막기 위해 국제적인 감시가 필요하다고 공언하는 미국 정부의 정책적 태도를 보면 그것을 알 수 있다. 사실 미국 정부의 그런 공언이 맞는 말인지도 모른다.

미국이 위와 같은 힘을 행사하면서도 그 힘에 의해 부패하지는 않을 만큼 성숙된 나라인가? 아마도 이 점이 미국이 직면하게 될 가장 중대한 시험일 것이고, 세계 전체가 직면하게 될 가장 심각한 시험이 될 수도 있다. 지금의 미국 행정부는 거친 세계 속에서 미국도 거칠게 대응하는 것만이 세계의 혼란을 극복하고 질서를 회복하는 길이라 여긴다. 다른 방식으로는 그렇게 하는 것이 불가능하다고 생각하고 있다. 만약 모든 일이 선의에 입각해 성숙된 방식으로 전개된다면 미국은 세계를 향한 언어구사에서 좀더 외교적인 태도를 회복하고 호전성은 줄이게 될 것이다. 이렇게 된다면 미국 이외의 다른 나라들은 전투기 배치와 미사일 방어에 드는 비용을 부담하는 힘센 친구 하나를 갖는 것이 이익이 된다는 현실을 받아들일 것이다. 그리고 사람들은 비교적 자비로운 팍스 아메리카나에 안주할 것이다.

그러나 최악의 시나리오도 생각해볼 수 있다. 그것은 앞으로 20년간에 걸쳐 미국이 고립된 패권국가가 되는 시나리오다. 이 경우에는 미국이 행사하는 방자한 힘에 맞설 목적으로 유럽과 아시아가 아마도 프랑스의 주도 아래 연대할 것이다. 상황이 이렇게 전개되면 미국은 더 호전적으로 되면서 더욱 더 고립될 것이다. 그러면 장기호황을 종식시킬 만한 무역전쟁이 일어나고 세계 전체에 걸쳐 테러위협이 계속될 수 있다.

결국 미국이 아무리 막강한 군사력을 보유한다 하더라도 미국이 휘두를 수 있는 가장 강력한 무기는 부시 행정부에게는 가장 익숙하지 않은 것, 즉 신뢰를 회복하고 쌓아나가는 것이다.

질서를 존중하는 나라들

얼마 전에 나는 미국 국방부 산하 국방첨단연구계획청(DARPA)과 함께 심도 있는 시나리오 전망 프로젝트를 수행했다. 이 프로젝트에 참여한 이들은 전 세계 어느 누구보다도 군사적 지정학에 대해 잘 아는 사람들이었다. 나는 그들에게 이런 질문을 던졌다. "통합된 유럽이 실제로 미국의 군사적 경쟁자가 되는, 현실성 있는 시나리오를 상정할 수 있는가?" "유럽연합의 통합 대통령이 탄생하고 그가 21세기판 나폴레옹이나 히틀러가 된다면 어떻게 되겠는가?"

우리는 유럽이 전쟁체제를 구축할 경우 그 기반이 될 유럽 각국의 군사적 능력과 유럽의 정치적 여건을 탐구하는 데 얼마간 시간을 들였다. 나는 우리가 대답해야 할 질문을 좀더 구체화했다. "유럽이 이슬람권을 침공하는 시나리오를 상정할 수 있는가?" 어쨌든 이슬람권은 유럽의 코앞에 있고, 몇 세기에 걸쳐 서로 적대하던 역사도 있으며, 이주와 테러리즘의 압력이 지금 유럽의 존속 자체를 위협하고 있다. "이런 상황은 유럽에서 새로운 군국주의를 불러일으키기에 충분하지 않은가?" 이런 질문에 전문가들은 "그럴 리 없다. 그럴 가능성은 제로다"라고 말했다.

유럽은 탈군사화됐다. 이제 유럽은 미국과 중국이 갖고 있는 것과 같이 전 세계에 걸치는 군사력을 개발할 수 없게 됐다. 유럽은 개별국 차원에서는 물론 하나의 전체적인 동맹세력으로서도 다른 나라를 상대로 전쟁을 일으킬 수가 없다. 유럽은 인접하고 있는 이슬람권과도 전쟁을 벌일 준비가 돼 있지 않다. 이슬람권에서 유럽을 향한 이주와 테러가 유럽에 큰 문제가 되는 것은 바로 이런 사정에서다. 유럽 안에서 전쟁이 벌어질 가능성도 낮다. 앞으로 몇십 년 동안 유럽은 유럽연합에 새로 가입했거나 가입할 나라들과의 통합을 촉진하고, 유럽연합 차원의 정치제도를 심화 발전시키는 일에 몰두할 것이다.

이런 점은 주목할 만한 변화이지만, 유럽 밖에서는 그 의미가 충분히 인식되고 있지 않다. 불과 100년도 안 된 과거에는 유럽 국가들이 서로 적국이 되어 상대방 국민을 대규모로 살상하곤 했다. 역사적으로 봐도 유럽에는 스파르타, 알렉산더 대왕 시절의 그리스, 로마제국, 바이킹, 게르만과 슬라브계 야만족, 스페인제국과 대영제국, 프러시아, 나폴레옹 시절의 프랑스, 러시아제국, 독일제국과 나치, 소련과 그 위성국가들로 이어진 호전적이고 공격적인 세력이 잇달았다. 숲과 산, 강, 해협 등으로 이리저리 나뉜 유럽의 지리적 특성 자체가 여러 민족과 국가들 사이의 분쟁과 정복 활동을 조장했다. 서로 다른 나라나 민족을 경멸하는 태도는 유럽 각국 국민들의 생활습관은 물론 언어에도 깊이 각인돼 있다. 그러나 이제 유럽 각국은 공통의 규칙들에 의해 모두 하나가 되도록 하는 정치를 하기 시작했다. 그들은 시장에서 판매되는 소시지와 초콜릿과 같은 상품들에 대해서도 일일이 기준을 정하고 있다. 게다가 유럽인들은 물론 그들을 바라보는 세계의 다른 나라 사람들도 평화와 번영을 통한 삶의 질 개선에 대해 명백하고 본능적인 지지를 보내고 있다. 이 때문에라도 유럽이 살벌했던 과거로 돌아가기는 어려울 것이다.

유럽은 그동안 고도의 상업적인 문화를 지녀온 것도 사실이다. 이와 관련해 유럽연합을 구축한 사람들이 처음부터 정치적인 연합을 목표로 삼았음에도 상업 분야를 통하는 절차를 거쳤던 것도 우연이 아니다. 그 첫 번째 절차는 1951년에 합의된 유럽석탄철강공동체(ECSC)였다. 이것은 경기순환을 타는 전형적인 산업인 석탄과 철강 분야에서 호황과 불황에 따른 공급 불안정의 문제를 해결하기 위해 벨기에, 프랑스, 서독, 이탈리아, 룩셈부르크, 네덜란드 등 여섯 개 나라가 협조하자는 것이었다. 유럽석탄철강공동체 체제에서 유럽은 각국이 생산할 수 있는 철강과 석탄의 양을 규제했다.[48]

이 체제가 제 기능을 발휘하도록 하기 위해서는 많은 대화가 필요했다. 그 과정에서 유럽인들은 뭔가를 배웠다. 즉 전쟁을 피하기 위해서는 서로 대화를 해야 한다는 것을 배웠던 것이다. 이는 서로에 대한 각자의 행동을 통제하는 규칙을 주제로 회의를 열고, 소망스러운 결론이 도출될 때까지 끊임없이 대화를 계속해나가야 한다는 것이다. 영국은 처음에는 유럽연합의 구상을 열렬히 지지했다. 영국 총리를 지낸 윈스턴 처칠은 1949년에 '유럽합중국'을 제창하기까지 했다. 그러나 영국은 오랜 기간에 걸쳐 대화를 계속하기를 거부하는 태도를 보였다. 영국인들은 그런 식의 대화과정에서 관료주의를 느꼈다. 특히 마거릿 대처는 그런 과정을 혐오했다. 이와 달리 프랑스 사람들은 그런 대화의 과정 자체가 중요하다고 생각했다. 서로 죽이고 죽는 전쟁을 하는 대신 서로 이야기를 주고받는 대화를 한다는 것 자체가 중요하다는 것이다. 프랑스 사람들을 비롯한 유럽인들은 지난 60년에 걸쳐 전쟁하는 기술 대신 공통의 법률을 제정하는 기술을 익혀왔고, 이제는 그런 기술에 있어서는 숙련된 수준에 올랐다.

이런 진전으로부터 '질서를 존중하는 나라'라는 새로운 국가 형태가 생겨났다. 여기서 '질서를 존중한다'는 말은 국내의 질서를 존중한다는 것이 아니라, '국제적인 질서' 및 '다른 나라들과 협조하면서 공동으로 법률이나 규칙을 제정하는 포괄적인 절차'를 준수하는 동시에 어떤 단일의 세계적 권위에 의해 설정되는 것이 아니라 국제적인 토의기구를 통해 수정되고 재고되는 '질서 잡힌 일련의 게임규칙'에 따르는 태도를 가리킨다. 러시아와 인도네시아는 물론 중국까지 포함해 '법률에 의한 지배'의 경험이 없는 일부 나라들도 이제는 법치국가가 되고 있다. 아울러 과거에는 환경, 인권, 문화유산 등에 그다지 신경을 쓰지 않았던 나라들도 이제는 그런 것들을 존중하고 보호하는 규범과 규칙을 수립하고 있다.

그 경제적 결과는 누가 봐도 분명하다. 질서를 존중하는 나라들은 모두 안정되고 자기충족적인 경제를 구축해왔다. 예컨대 남아프리카 공화국은 그동안 1980년대의 국제적 고립상태의 관성적 후유증에서 벗어나야 하는 과제를 안고 있었음에도 질서를 존중하는 태도 덕분에 사하라 이남 아프리카의 경제를 주도하는 나라로 떠올랐다. 물론 질서를 존중하는 나라라고 해서 모두가 혁신적이고 성장률이 높은 경제를 갖는 것은 아니다. 대부분의 유럽 국가들은 성장률이 낮은 경제를 갖고 있다. 그러나 유럽 국가들은 인구증가율이 낮고 국민소득 수준이 높기 때문에 상대적인 고소득을 누리기 위해 고소득을 필요로 하지 않는다. 유럽인들은 경제의 성장률과 혁신성이 낮더라도 그로 인해 사회적 형평이나 삶의 질이 떨어지지 않는 한 불만을 제기하지 않는다.

유럽인들이 앞으로 유럽 내부의 일에 치중하는 모습을 보이리라는 점도 우리가 피할 수 없는 놀랄 일이 될 것이다. 이런 유럽의 내향적 태도는 앞으로 적어도 20년은 계속될 것이다. 과거에 철의 장막 뒤에 있던 동유럽 국가들을 포함해 다양한 문화와 국가들로 구성된 유럽을 공통의 법체계가 적용되는 연방국가로 묶어내는 작업은 유럽인들의 정치적 재능과 정신집중을 요구할 것이다. 유럽인들은 200년 전에 미국이 했던 일, 즉 하나의 대륙 전체를 연방국가로 만드는 일을 하고 있다. 그런데 과거의 미국에 비해 유럽의 이번 작업이 훨씬 더 어렵다. 미국이 연방헌법을 제정한 당시의 미국 인구는 300만 명이었던 데 비해 지금 유럽의 인구는 그 100배인 3억 명에 이르기 때문이다. 게다가 유럽의 경제는 복잡하고, 각국이 서로 적대하던 오랜 역사를 갖고 있으며, 사용되는 주요 언어도 무려 열다섯 개에 이른다. 다양한 언어의 문제를 꼬집는 조크로 "유럽연합의 공통 언어는 서투른 영어"라는 말이 있을 정도다. 국가 간 빈부차이도 크다. 이 때문에 네덜란드의 경제와 루마니아의 경제를 하나의 경제체제 안에 짜 넣는 일은 쉽지 않을 것이다. 무엇보다도 유럽인들은 우리가 앞의 3장에서 살펴보았던 이주민 유입의 문제를 잘 다뤄내야 한다. 그동안에는 유럽인들이 이주민 유입의 물결을 예상하지도 못했고, 원하지도 않았으며, 대비책을 강구해 놓지도 않았다. 지금부터 유럽은 역사적인 시기를 맞고 있으며, 이런 시기에는 정부를 비롯한 정치적 기관과 기업들은 전통적인 제 역할에 다소 소홀하거나 소극적인 태도를 보이더라도 크게 흠 잡히지 않을 수도 있다.

유럽인들이 유럽의 연방화에 집착하는 이유는 무엇일까? 우선 유럽의 연방화가 번영과 안정을 가져다준다는 것을 유럽인들이 알게 됐기 때문이다. 아울러 유럽의 정치인들, 특히 프랑스의 정치인들이 보기에 인구 규모가 크고 경제력이 막강한, 통일된 독일이 또다시 유럽 대륙을 지배하는 나라로 부상하는 것을 막아줄 유일한 방법이 바로 유럽의 연방화이기 때문이다. 독일인들 역시 통합되지 않은 유럽에서 지배적인 나라의 국민으로 사는 것보다는 통합된 유럽의 시민으로 사는 것이 훨씬 더 경제적으로 낫다고 생각하게 됐다.

유럽의 연방화 과정을 지켜보는 관찰자들에게 놀라운 점은 그 과정이 상당히 순조롭게 진전되고 있다는 것이다. 유럽의 공통 통화로 도입된 유로는 경제가 어려운 시기에도 다른 통화들에 비해 상대적으로 안정세를 유지했다. 유럽연합 헌법을 제정하는 절차는 계획대로 진행되고 있으며, 이는 대단히 중요한 의미를 갖고 있다. 유럽연합 헌법은 국가 간 조약들의 집합이 아니다. 어느 한쪽에서 일방적으로 파기할 수 있는 국가 간 조약과 달리 유럽연합 헌법은 유럽대륙 전체에 법률적 구속력을 갖는 최초의 범유럽 헌법이 될 것이다. 그 효과는 이미 부분적으로는 가시화되고 있다. 유럽은 세계에서 가장 매력적인 관광지가 되고 있다. 유럽에는 예술, 건축, 문학의 오랜 역사가 남긴 문화유산이 풍부해서 유럽 전체가 하나의 문화박물관과 같다. 프랑스인들에게는 좋아할 일이 아닐지도 모르지만, 프랑스는 어른들을 위한 디즈니랜드가 되고 있다. 또 유럽은 도덕적인 의미를 지닌 연구개발 분야에서는 혁신의 세계적 중심지가 되고 있다. 예를 들어 생태적인 기술에서 유럽은 일본과 주도권을 다투게 될 것이 거의 확실하다. 하이브리드 엔진을 장착한 '녹색 자동차(green car)'의 설계와 생산에서는 이미 다임러와 도요타가 전 세계 자동차업계를 선도하고 있다.

유럽연합 건설작업은 시작된 지 이미 50년이 지났지만, 완전히 안정적이고 통합된 정치체제를 실현하기 위해서는 앞으로도 50년은 더 계속돼야 할지 모른다. 오늘날 미국인들이 프랭클린, 워싱턴, 애덤스, 제퍼슨 등을 '건국의 아버지들'이라고 부르듯이 윈스턴 처칠, 장 모네, 자크 들로르, 그리고 유럽의 바깥 세계에는 잘 알려지지 않은 사람들을 포함한 유럽연합의 개척자들은 장차 유럽에서 건국의 아버지들로 불릴 것이다.

유럽연합의 이런 움직임은 세계의 주목을 받으면서 그 지리적 범위를 넓히고 있다. 러시아도 유럽연합에 이끌려왔고, 미래에 결국은 유럽연합에 가입하게 될 가능성이 있다. 중국은 자기 나라 안의 다양한 지역들을 통합하는 조직 모델로 유럽연합을 주시하고 있다. 인도도 마찬가지다. 그 밖의 다른 나라들, 즉 일본, 싱가포르, 한국, 대만, 캐나다, 남아프리카공화국, 호주, 뉴질랜드, 말레이시아, 타이, 칠레, 코스타리카, 멕시코, 필리핀 등도 일맥상통하는 번영의 길을 추구하고 있다. 이들 나라는 전쟁을 피하는 태도만으로는 충분하지 않다고 본다. 실제로 전쟁을 피할 수 있기 위해서는 대안이 되는 목표를 정하고 그런 목표를 이루기 위해 적극적인 노력을 기울여야 한다는 것이다. 여기서 대안이 되는 목표는 상업적인 교류, 서로 간의 대화, 그리고 국제법에 의해 지배되는 세계질서에 동참하는 것이며, 그 과정에서 개별 국가의 주권을 넘어설 수도 있는 국제적인 토의기구를 활용하는 것이다.

새로이 이런 태도를 주창하고 실천하는 대표적인 나라는 아마도 중국과 인도일 것이다. 이 두 나라의 외교정책은 그동안 인근의 적국들에 의해 좌우됐다. 그런데 갑자기 중국은 일본, 한국, 심지어는 대만에 대해서도 적대적 태도를 버리는 대신 서로 교역을 하고 투자를 하자는 태도를 취하기 시작했다. 중국의 세계무역기구 가입 및 지적 재산권에 관한 국제조약 준수 약속은 바로 중국의 이런 태도변화를 상징하는 것이다. 대만은 1990년대 중반까지만 해도 중국의 침공을 두려워했으나, 지금은 중국 본토에 기업의 지사를 설치하려고 하고 비행기 직항노선을 개설하려고 한다. 세계의 하이테크 경제에서 중요한 역할을 하게 된 인도는 파키스탄과 민감한 문제인 카슈미르 분쟁을 해결하기 위한 움직임을 보이기 시작했다. 그러나 상대편인 파키스탄이 최근에 거의 경제발전을 이루지 못하는 등 인도와는 전혀 다른 상황에 처해있다는 점이 카슈미르 분쟁의 해결에 걸림돌이 되고 있다.

질서 있는 국제체제 속에서는 질서를 존중하는 태도가 상승작용을 일으키면서 갈수록 더 확산된다. 중국과 같은 나라들이 완고하고 호전적인 정치적 태도를 버리고 개방적인 참여의 태도를 갖는 쪽으로 재빨리 변모하게 되는 것이다. 이는 예컨대 중국에 대해 전 세계가 이렇게 말하는 것과 같다. "세계 경제에 동참하고 싶은가? 세계무역기구에 가입하고 싶은가? 그렇게 하려면 지켜야 할 규칙들이 있다. 국내의 모든 공장들에 노동자들의 건강과 안전을 보장하는 기준을 만들어 적용하라. 컴퓨터 소프트웨어와 비디오를 무단 복제하는 저작권 해적 행위를 중단하라…." 그러면 각각의 요구사항에 대해 중국은 "알았다. 그건 됐다. 다음엔 무엇인가?"라고 응답한다. 이런 식으로 세계라는 공동체 안으로 한 걸음씩 더 들어오면서 중국은 점점 더 강력해지고 경제적 번영을 촉진하게 된다. 중국으로 하여금 질서를 존중하는 나라들의 세계 공동체에 이런 식으로 참여하도록 한 것은, 과거 30여 년 동안이나 미국이 중국에 압력을 가했던 것보다도 훨씬 더 많이 중국을 변화시켜왔다. 이런 과정은 중국 쪽에서 스스로 자신의 철권정치를 누그러뜨리고, 경제적 자유뿐만 아니라 민주주의를 향해서도 조금씩이나마 나아가려는 의지를 갖게 해왔다.

중국을 순치시키는 데 법의 지배가 한 가지 요소가 될 것이라는 전망은 다행스럽다. 중국은 앞으로 20년 동안 세계에서 두 번째로 강력한 경제적, 군사적 엔진으로서 대단히 중요한 역할을 하게 될 것이다. 3장에서 보았듯이 중국은 세계 최대 규모의 중산층을 급속히 형성해가고 있다. 그 수는 궁극적으로 4억 내지 5억 명에 이를 것이다. 앞으로 중국은 국내 지역별로는 상당한 수준의 민주주의를 실현하겠지만 국가 차원에서는 권위적이고 중앙집중적인 형태를 유지할 것이다. 중국은 민주주의, 기업 활동의 자유, 지역적 분권, 군사주의가 완전하지 않은 엉거주춤한 수준으로만 존재하는 새로운 정치체제를 갖게 될 것이다. 이 정치체제는 하나의 거대한 기업으로서의 '중화(中華) 주식회사'라는 오마에 겐이치의 비유에 가까운, 독특한 지배구조의 형태를 띨 것이다. 이것은 공적 부문과 사적 부문의 경계가 뚜렷하지 않았던, 마오쩌둥 시대 이전의 중국과 그리 다르지 않은 모습이다. 중국이 만약 질서를 존중하는 국제사회의 뒷받침을 받지 못한다면 중국 자신은 물론 세계의 다른 나라들도 새로운 중국이 국제사회의 일원이 되도록 하기 어려울 것이다. 그리고 중국의 지도자들은 이 점을 잘 알고 있을 것이라고 나는 확신한다.

그 밖의 동아시아 및 동남아시아 국가들은 질서를 수용할 것이다. 달리 선택의 여지가 없기 때문이다. 이 지역의 국가들은 지독히 불행한 사건들을 동시다발적으로 겪어왔다. 1997년의 금융위기는 한편으로는 중국의 경제가 가속화하는 순간이었다. 타이, 말레이시아, 싱가포르, 인도네시아 그리고 필리핀에서 생산 및 이윤 증가세가 대폭 둔화되자 외국 자본은 즉각 중국으로 이동했다. 중국에는 금융위기가 없었기 때문이다. 중국을 제외한 다른 국가들은 성장이 둔화됐고, 그 이후부터는 예전의 성장속도를 회복하지 못하고 있다. 그 결과, 이 지역의 국가들은 현재 전과 다른 금융궤도상에 올라 있다. 그리고 이제 더 이상 아시아의 용들이 아니다. 이들 국가는 성장률이 절반 수준으로 떨어져 있으며, 가장 쉽게 돈을 벌 수 있는 곳에서 돈을 번다. 즉 중국 산업의 위성으로서 중국 궤도에서 작은 틈새를 차지하는 방법으로 돈을 버는 것이다. 요컨대 이들 국가는 독일과 프랑스의 궤도상에 놓인 네덜란드와 스위스 같은 양상을 띠게 될 것이다. 이 지역 국가들의 국제조직인 동남아국가연합(ASEAN)은 한때 막강한 세력을 자랑했지만 이제는 주변화된 상태다. 일부 동남아시아 국가들, 그 가운데서도 특히 인도네시아와 말레이시아는 주로 중국에 대한 원유 및 천연가스 공급국가로서 자신들의 경제를 재설정할 것이다. 싱가포르는 중국의 기업 인큐베이터가 되어 중국의 대량생산업체들에게 투자금융, 연구개발, 의료 및 금융 관련 서비스를 제공할 것이다. 싱가포르는 아시아의 스위스가 될 것이다. 이미 이 나라의 일인당 소득은 3만 달러로 스위스 및 미국과 같은 수준이다.

인도는 중국이 지닌 대량생산 능력의 수혜자, 다시 말해 중국의 위성국가들 가운데 하나가 되는 혜택은 누리지 못할 것이다. 그러나 이 나라는 중국을 제외한 나머지 세계의 경제에 가일층 통합될 전망이다. 이 나라의 중산층 규모는 중국에 거의 근접한 3억 명에 이를 것이다. 인도의 중산층은 대다수가 영어를 능숙하게 구사하기 때문에 세계의 하이테크 산업에 상당히 효과적으로 참여하고 있으며, 앞으로도 계속 그럴 것이다. 또한 그들은 세계의 정치 및 문학 분야에서 뛰어난 실력을 보여 온 전통을 앞으로도 이어나가면서 더욱 확대시킬 수도 있다. 오늘날 인도가 당면한 가장 큰 문제는 마하트마 간디가 인도 독립 당시에 예견했던, 이슬람교도와 힌두교도 사이의 해묵은 갈등이다. 몇 세기 동안 계속돼온 이 갈등은 앞으로도 계속될 것이다. 이 갈등을 처리할 방법을 찾지 못할 경우 인도는 세계 정치무대에서 그 역량이 줄어들 것이다.

러시아는 질서를 존중하는 국가로 전환함으로써 커다란 발전을 이루게 될 것이다. 현재 이 나라의 경제가 얼마나 위축돼 있는지 제대로 아는 사람은 많지 않다. 러시아의 국민총생산은 미국 일리노이 주

보다 더 낮은 수준으로 떨어져 있다. 요컨대 러시아는 전환기에 놓여 있는 것이다. 이 나라는 세 가지 주요 자산을 지니고 있다. 막대한 양의 천연자원, 특히 과학기술 분야에서 뛰어난 능력을 보유한, 교육수준이 높은 인구, 그리고 유럽과의 근접성 등이 그것이다. 이 가운데 세 번째 자산은 러시아가 앞의 두 자산을 활용하는 기반으로 작용할 것이다. 러시아는 앞으로 20여 년 동안 유럽연합에 통합돼가면서 한 층 더 부유해질 것이다. 예컨대 러시아는 중국의 불어나는 중산층과 유럽에 천연가스의 주된 공급원이 될 것이다. 그런데 에이즈가 새로운 세대의 활력을 약화시킴으로써 러시아의 성장잠재력을 저해할 위험성이 있다.

정부에 대한 대중의 신뢰 회복

아르헨티나와 필리핀 같은 나라들은 어떤 이유로 이 같은 질서 있는 번영에 동참하지 못하고 있는가? 다른 무엇보다 아르헨티나와 필리핀 두 나라는 질서를 존중하는 국가들의 재등장에 바탕이 된 중요한 정신적 경향, 즉 정부에 대한 대중의 신뢰를 회복하지 못한 탓이다.

아서 슐레진저는 《미국 역사의 순환(The Cycles of American History)》을 통해 경제운영 방식에 관해 되풀이되는 논쟁에서 여론의 유행이 어떤 식으로 미국 정부를 휩쓰는가를 설명했다. 그가 주목한 논쟁은 경제를 운영하는 가장 효율적인 방식은 어떤 것인가, 즉 보다 자유로운 시장과 보다 강한 정부의 통제 가운데 어느 쪽이 더 효율적인 경제운영 방식인가다. 다니엘 예르긴과 조지프 스태니슬로는 이 논쟁을 세계적인 차원에서 규명했다. 두 사람은 공동 저서인 《관제고지(The Commanding Heights)》에서 이 논쟁이 1980년대와 1990년대에는 자유시장 쪽으로 기울었다가 현재는 보다 강한 정부의 통제 쪽으로 돌아가기 시작했다고 주장한다. 사람들이 다시 정부를 신뢰하기 시작했다는 것이다.

정부에 대한 대중의 신뢰가 회복되고 있음을 보여주는 몇 가지 징후들은 다음과 같다. 우선 규제완화 및 민영화의 경향이 퇴조하고 있다. 중남미에서 산업의 민영화와 정부서비스의 폐지를 목적으로 추진된 정책들을 가리키는 '워싱턴 콘센서스'는 신뢰를 상실했다. 또 기업들은 규제되지 않을 경우 내부적으로 부패하기 쉽다는 사실이 다시 한번 입증됐다. 테러공격도 이 같은 추세를 더욱 강화하고 있다. 테러가 사람들로 하여금 보호받기 위해서는 정부가 나서줘야 한다는 생각을 예전보다 더욱 강하게 갖도록 만든 것이다. 조지 부시는 공화당 대통령후보 때는 정부를 강화하는 데 반대하는 견해를 밝혔으나, 대통령이 된 다음에는 30여 년 만에 처음으로 정부 부서를 추가로 신설했다. 그가 신설한 정부 부서는 국토방위부다. 그러나 이런 식의 방향전환은 결코 어느 한쪽에서 끝나지 않으며, 다시 반대 방향으로의 재전환이 일어난다. 그러나 이번만큼은 질서를 존중하는 국가들의 출현에 힘입어 정부에 대한 신뢰가 좀더 의미 있는 경향이 될 것이며, 어쩌면 보다 오래 지속될 것이라고 예상할 수 있다.

사람들은 거의 눈치 채지 못하고 있지만 수평선 위로 떠오르기 시작한 또 하나의 피할 수 없는 놀랄 일이 있다. '정부의 개입'과 '자유시장'을 둘러싼 해묵은 논쟁은 갈수록 무의미해질 것으로 나는 확신한다. 시장과 정부 중 어느 쪽이 주도권을 가져야 하느냐는 문제는 중요하지 않다는 사실을 우리는 지난 20여 년에 걸쳐 깨달았다. 논쟁의 방향과 상관없이 시장과 정부는 둘 다 늘 주도권을 행사해왔다. 중요한 것은 실제로 어떤 일이든 그 일을 하는 사람들의 능력이다. 그 사람들이 민간기업을 위해 일하고 있느냐, 아니면 정부기관이나 비영리단체를 위해 일하고 있느냐는 중요하지 않다. 유능하면서도 시민의 관점을 지닌 기업들이 존재하는 나라이거나 독일처럼 유능하면서도 효율성을 중시하는 정부를 가진 나라에서는 그 기업들이나 정부가 하고자 하는 일을 할 수만 있다면 그 국민은 훌륭하고 효율적인 인프라와 서비스를 누리게 될 것이다.

이런 점은 질서를 존중하는 나라들에서 실험될 것이다. 왜냐하면 질서를 존중하는 나라가 많아졌을 뿐 아니라 국제적인 법치주의가 그런 나라들을 과거보다 더욱 투명하게 만들고 있어 사람들이 실제 효율성의 정도를 쉽게 확인할 수 있게 됐기 때문이다. 이주의 자유 덕분에 사람들은 사회적, 경제적으로 보다 효율적인 지역으로 옮겨가는 방식으로, 다시 말해 말 그대로 '발걸음으로 효율성에 대한 투표를 할 것'이다. 특히 유럽과 중국에서 이주 문제가 중요한 사안이 될 것이다. 유럽의 각국 정부는 물론 중국의 각 지역 정부도 상당한 자율성을 갖고 있고, 사람들은 정치나 행정의 체제가 서로 다른 지역들을 비교해서 거주할 지역을 쉽게 선택할 수 있다. 질서를 존중하는 나라들은 매우 유능한 정부를 갖고 있다. 특히 프랑스, 독일, 스웨덴, 싱가포르, 네덜란드가 그렇다. 하지만 질서를 존중하는 나라라고 해서 모두가 훌륭한 정부를 갖고 있는 것은 아니다. 가령 일본은 15년 전에는 세계에서 가장 유능한 정부를 갖고 있다는 말을 들었다. 그러나 현재 일본 정부는 잘 봐줘야 보통수준이다. 그러나 지금의 일본 정부를 뒷받침

하고 있는 기득권 세력이 선거에 의해 힘을 잃게 되거나 더 늙어 밀려
나게 된다면 일본의 효율성도 곧 개선될 것이다.

　가장 주목할 만한 예외 사례는 미국이다. '서투른 정부의 온상'이
라고 할 수 있는 미국은 군사부문만을 제외한 연방정부 부서 대부분
이 형편없을 만큼 시대에 뒤처져 있고, 그 대부분이 날로 악화되고 있
다. 미국의 연방정부는 너무나 거대하고 복잡해졌기 때문에 매우 창
조적인 두뇌들도 그 안에서는 무슨 일에서든 질식당하고 있다. 정부
의 강화에 반대하는 현 부시 행정부의 이념적 지향은 문제를 더욱 악
화시킬 뿐이다. 부시 행정부는 개혁에 대한 관심도 능력도 없는 것으
로 보인다. 2003년의 우주선 콜럼비아호 폭발사고는 미항공우주국
(NASA) 같은 미국 최고의 정부조직조차 예전의 장점을 상실했음을 보
여주는 하나의 징후였다. 주정부 차원의 여러 부서들도 가장 정교한
기반시설을 책임지고 있으면서도 대부분 무능하다. 이런 무능한 주정
부 부서들에 대해 개혁을 촉구하는 목소리가 커지고 있다. 이런 개혁
의 목소리 중 일부는 최근의 주정부 세입의 감소에서 초래된 것이지
만, 주정부 세입의 감소는 예상돼야 했던 문제다. 정부의 세입은 상품
의 가격과 마찬가지로 자연스러운 순환과정에서 상승과 하락을 반복
한다. 대부분의 주정부들에서 회계감사관들이 세입의 감소를 경고했
지만 무시됐다. 다음의 순환주기에는 주정부들이 이번보다 더 잘할
수 있을지 지켜볼 일이다.

　미국은 그 대가를 치를 것이다. 연방정부는 한층 더 어려운 도전들
에 직면해 있으며, 그런 도전들을 감당하려면 엄청난 능력이 요구될
것이다. 예를 들어 앞의 4장에서 본 바와 같이 기반시설의 재활성화
및 신설 요구가 앞으로 증가할 것이다. 그러나 낡은 도시에 새로운 기

반시설을 구축하는 사업에는 엄청나게 많은 비용과 어려움이 따른다. 가령 영국의 런던은 지하철과 철도를 개선하는 작업에서 큰 어려움을 겪었다. 뉴욕의 2번가 지하철 건설작업에는 그 이전 작업에 비해 무려 10배나 많은 비용이 소요될 것이다. 미국 정부가 직면하게 될 도전에는 전례 없는 기술과 솜씨, 즉 국제무대에서 효율적으로 대처할 능력이 요구될 것이다. 지정학적으로는 군사적 위세가 여전히 중요하다. 그러나 이것은 그 밖의 다른 형태의 힘들을 더 이상 제압하지 못한다. 앞으로 닥칠 지정학적 환경 속에서 국가적 목표를 달성하는 데 얼마나 많은 다른 방법들도 존재하는지를 우리는 알게 될 것이고, 그러는 과정에서 거듭 놀라게 될 것이다.

연성권력의 부상

서너 해 전에 우리가 국방부를 위해 개발한 시나리오들 가운데 하나로 '연성권력'이라는 것이 있었다. 이 시나리오에 따르면 질서를 존중하는 나라들은 군사력과는 매우 다른 종류의 새로운 무기들을 찾아내 구사할 것으로 추정됐다. 여기서 새로운 무기들이란 제도화된 외교, 네트워크, 금융수단, 비영리단체, 동맹세력으로서의 기업, 그리고 정치적 목적을 달성하기 위한 국제법규 등이다. 연성권력이라는 말은 하버드대학의 케네디행정대학 원장인 조지프 나이가 만들어낸 말이다. 그는 연성권력을 "한 나라가 강제적 무력을 사용하지 않고 설득을 통해 다른 나라들을 자신의 목적에 순응하도록 만드는 능력"이라고 정의한다.[49] 실제로 무력을 사용하지 않고도 힘을 행사하고 표현하는 다양한 방법들이 존재한다. 마키아벨리가 기술한 군주의 게임과 책략들처럼 일부는 아주 오래된 것이다. 반면에 금융적 통화의 흐름과 자본투자의 흐름에 컴퓨터 모델을 사용하는 것과 같이 또 다른 일부는 전혀 새롭게 나타난 것이다. 하지만 대부분은 우리가 의식하지 못하는 가운데 지금까지 적용돼온 것들이다. 그런데 이제 질서를 존중하는 나라들이 연성권력을 상당히 의식적으로 적용하는 방법들을 배워가고 있다. 연성권력은 그들에게 남겨진 주된 권력의 형태이기 때문이다.

프랑스는 연성권력을 매우 잘 이해하고 있는 나라다. 그렇다고 해서 프랑스가 연성권력을 반드시 잘 행사하고 있다는 말은 아니다. 그러나 톰 클랜시의 소설들이 미국 군사문화의 기초를 명백하게 드러내온 것처럼 앞으로 20여 년 동안 많은 프랑스 소설들이 연성권력의 작용들을 밝혀낼 것으로 나는 기대한다. 아울러 나는 연성권력을 사용하는 방식이 앞으로 몇 년 동안 한층 정교해질 것으로 기대한다. 우리는 앞으로 법률적 기준으로서는 물론 영화와 노래가 다루는 메시지로서도 연성권력의 보다 정교한 표현들에 주목하게 될 것이다.

우리는 최근 유럽인들이 미국을 대상으로 연성권력을 행사하는 장면을 여러 차례 목격했다. 2001년 초에 발생한 두 개의 사건은 연성권력이 어떻게 행사되는지를 잘 보여주었다. 그중 하나는 유엔 인권위원회에서 미국을 추방한 사건이고, 다른 하나는 유럽연합의 집행위원회가 제너럴 일렉트릭과 하니웰의 합병을 반대한 사건이다. 유럽인들은 제너럴 일렉트릭과 하니웰의 합병을 허가할 수 없다고 밝혔다. 두 회사가 통합되면 새로 생겨날 기업이 너무나 막강해져서 유럽의 기업들이 경쟁할 수도 없게 된다는 이유에서였다. 이는 유럽에 대한 미국 정부와 기업의 영향력을 억제한다는 전략적 목표를 달성하기 위해 네트워크와 정보, 그리고 최근에야 미국에서 유럽으로 전파된 '독점규제' 와 같은 개념을 고도로 정교하게 사용한 사례였다. 이에 대해 미국이 군사적으로 대응할 수 있는 방법은 전혀 없다. 요컨대 이런 식의 연성권력 사용이 칼보다 더 막강한 것이다.

그러나 연성권력은 무엇인가를 저지하는 데만 쓰이는 것이 아니다. 연성권력은 무엇인가를 건설하고, 예전에는 아무것도 존재하지 않던 곳에 새로운 가능성들을 만들어내는 데도 사용된다. 만약 러시아가 유럽연합에 참여하는 일이 일어난다면, 이는 연성권력의 거대한 표출이 될 것이다. 이렇게 되면 유럽연합은 더블린에서 블라디보스토크에 이르는 거대한 몸체를 형성하게 될 것이다. 일찍이 어떤 군사력도 이런 업적을 이루지 못했다. 이라크전쟁 직전의 상황은 연성권력이 얼마나 강력한지, 그리고 서로 다른 행위자들이 연성권력을 얼마나 능숙하게 사용하는지를 잘 보여준 사례였다. 프랑스인들은 전쟁으로 치닫는 움직임을 저지한 반면 긴장은 더욱 증폭시키는 능력을 보여주었다. 영국인들은 긴장을 완화시키는 데 월등히 뛰어난 능력을 과시했다. 러시아인들과 중국인들은 나름대로 훌륭히 처신하면서, 이라크전쟁이 어떻게 전개되든 장기적으로 상당한 이득을 챙길 수 있는 위치를 확보했다. 이와 달리 터키는 이라크와의 지리적 근접성과 미국과의 장기적인 동맹관계, 그리고 쿠르드족과의 갈등 등으로 인해 전쟁게임에 말려들고 말았다. 터키는 군사원조라는 단기적 이익을 극대화하려고 했던 탓에 쿠르드족과의 분쟁 문제에 대해서는 대응능력이 없음을 오히려 부각시키는 결과를 초래했고, 이 점은 앞으로 장기간에 걸쳐 터키에 약점으로 작용할 것이다.

왜 그러냐 하면, 늘 그런 것은 아니나 연성권력에는 도덕적 차원이라는 것이 존재하는 경우가 흔히 있기 때문이다. 도덕적 차원의 연성권력은 선거로 선출된 민주정부에 의해 행사되고 평화, 번영, 정의, 삶의 질이라는 가치들은 그 자체로 타당성을 지니기 때문에 민주정부들로 하여금 인종 간 갈등과 같은 가치들을 상대로 승리를 거둘 수 있게 한다. 슬로보단 밀로셰비치 치하의 세르비아 또는 로버트 무가베 치하의 짐바브웨와 같은 호전적 독재체제라면 연성권력을 무시할 수도 있을 것이다. 사담 후세인 치하의 이라크의 경우도 마찬가지였다. 국제적 부랑자가 되기를 꺼려하지 않고 무질서와 그에 수반되는 빈곤을 기꺼이 감수하려는 지도자를 가진 나라들에게는 연성권력이 무력할 수밖에 없다. 그러나 터키, 인도, 중국, 러시아와 같이 질서를 열망하는 나라들을 다루는 데는 연성권력이 큰 효과를 발휘한다. 이런 나라들은 지금으로부터 5년 전에 사용된 방식과는 전혀 다른 방식으로 각각의 소수민족 문제를 다룰 것이다. 왜냐하면 그들 자신이 가까운 미래에 도덕적으로 높은 수준의 국제무대에 올라야 할 필요가 있음을 스스로 알고 있기 때문이다.

중국이나 러시아와 같은 나라들이 과격 이슬람교도와 테러위협과 같은 공동의 적을 갖게 된다는 것은 그들로 하여금 세계 공동체에 진입하도록 하는 역사적 기회가 될 뿐 아니라, 특히 그들이 자국의 이익을 미국은 물론 질서를 존중하는 다른 나라들의 이익과 조율할 기회가 되기도 한다. 그리고 이런 기회를 활용하기 위해서는 러시아와 중국, 질서를 존중하는 나라들 전체, 미국 등 모든 당사국들을 신뢰해야 한다. 만약 보리스 옐친이 현재까지도 러시아 대통령으로 남아있다면 그가 지금의 블라디미르 푸틴 대통령만큼 이런 기회를 잘 다루었을지

의문이다.

질서를 존중하는 나라들의 의견이 항상 일치하는 것은 아니다. 가령 중국과 인도 사이의 갈등과 같은 서로 간의 긴장은 계속 존재할 것이다. 그러나 그 긴장은 더 이상 이데올로기적 불화는 아닐 것이다. 그 대신 이익의 충돌이 될 것이고, 보다 큰 국제체제 안에서의 이익추구라는 형태를 띠게 될 것이다. 보다 큰 국제체제는 그 체제 안의 개별 국가보다 더 큰 도덕 권위를 지닌다. 유럽은 식민주의로 인해 도덕적 권위를 상실했다. 미국은 온갖 스캔들과 오만함으로 인해, 러시아와 중국은 공산주의로 인해, 인도와 파키스탄은 전쟁으로 인해, 개발도상 국가들과 중동지역은 부패와 자국민 학대로 인해 각각 도덕적 권위를 상실했다. 따라서 앞으로 5년 내지 10년의 기간 동안 유엔은 그 설립취지에 부합하는 역할을 하라는 요구를 과거보다 더 많이 받을 것이다. 그리고 유엔은 이제 단순한 다수의 힘에 끌려 다니지 않을 것이다. 대신 유엔은 질서를 존중하는 국가들에 의해 움직여질 것이다. 만약 유엔이 질서를 존중하는 나라들의 이익에 부합하는 역할을 하지 않는다면, 질서를 존중하는 나라들끼리 유엔을 대체할 다른 대안을 강구할 것이다.

결국 유엔의 생명력은 질서를 존중하는 나라들이 불량배 슈퍼파워인 미국을 다뤄나가는 데 유엔이 도움을 줄 능력이 있는가에 좌우될 것이다. 그렇게 되려면 미국, 질서를 존중하는 나라들, 그리고 유엔이라는 세 주체 모두가 현재의 수준 이상으로 성숙해야 한다. 내 개인적 생각으로는 세 주체가 모두 그렇게 될 것이라고 낙관한다. 무엇보다도 이라크전쟁이 전개된 방식을 보면서 낙관하게 됐다. 부시 행정부는 거칠게 몰아붙였음에도 불구하고 완전히 일방적으로 행동할 수 없다는 것을 입증해 보였다. 미국은 터키, 사우디아라비아, 영국, 러시아는 물론 프랑스와 독일에 이르기까지 동맹국들의 지지를 절실하게 필요로 했다. 따라서 부시 행정부는 자신의 입장을 조금씩 바꾸어갔고, 대이라크 군사작전에 대한 유엔의 지지를 모색했다. 그러나 프랑스가 안전보장이사회의 기능이 작동되도록 하기보다 자국의 의제를 밀어붙이기로 결정하면서 유엔의 논의는 중단되고 말았다. 유엔에서의 이런 과정은 앞으로 다음과 같은 결과를 가져올 것으로 전망된다.

첫째, 유엔 안전보장이사회의 정통성이 도전을 받게 됐다. 하지만 유엔은 지구상에 하나의 도덕적 권위에 가까운 존재로 남게 됐다. 왜냐하면 유엔에 대해 가장 참을성이 없고, 유엔에서 가장 잃을 것이 많은 나라로 여겨지는 미국이 그래도 유엔을 통해 문제를 처리하려고 시도했기 때문이다.

둘째, 미국의 입장이 정당화됨으로써 불량배 슈퍼파워로서의 미국의 태도가 완화될 것이다.

셋째, 앞으로 많은 나라들이 미국과의 질서 있는 관계 속으로 편입될 것이다. 러시아는 미국과의 직접적인 제휴를 통해 원유증산에 나서고 있다. 중국은 파키스탄과 같은 나라들에 대한 부적절한 간섭을 중단하고 있으며, 북한을 중립화시키는 일에도 차분하면서도 강력한 세력으로 작용할 가능성이 있다. 미국은 예전의 적국인 이들 나라에 대해 불량배 슈퍼파워로 행동하기를 중단할 것이다. 이들 나라와 미국 사이에 이미 상호존중의 분위기가 분명히 나타나고 있다.

이라크에 대한 미국의 강경입장이 의도한 바는 아니라 하더라도 '본때 보이기'로서는 효과 만점이었다고도 주장하는 사람들도 있다.

어느 한 강대국이 "저기 거칠고 위험한 세계가 존재한다. 그런데도 너희들은 그것을 해결하려고 하지 않으니 내가 일방적으로 해결하겠다"고 나서야 할 필요가 있었다는 것이다. 또 미국이 '악의 축' 이라는 도발적 표현을 사용하지 않았다면 유엔과 질서를 존중하는 나라들이 미국의 입장을 심각하게 받아들이지 않았을지도 모른다는 것이다. 이런 과정이 지금의 국제체제가 보다 성숙한 단계로 발전하는 과정이라고 단정할 수는 없다. 하지만 적어도 부시 행정부가 유엔 안전보장이사회를 통해 일을 추진하려 했던 태도는 그동안 여러 국제기구들에 참여하기를 거부했던 자세에 비추어서는 중요한 한 걸음을 내디딘 것으로 볼 수 있다.

앞으로 이런 추세가 계속되기를 희망하자. 미국과 질서를 존중하는 국가들은 서로를 필요로 하는 관계이기 때문이다. 미국은 정당성을 절실히 필요로 한다. 이것을 획득하지 못하면 주류에서 밀려나 주변화됨으로써 미국 자신은 물론 다른 국가들도 위험에 처할 수 있다. 그리고 질서를 존중하는 나라들은 경제적으로 성장하고 발전하기 위해 미국을 필요로 한다. 미국이 그들을 직접 도와줄 것이라는 의미는 아니다. 세계에 가장 완전하게 통합되더라도 미국은 경제적인 경쟁력을 더 많이 지니게 될 것이다. 미국은 세계 경제 속에서 자국의 비교우위가 그저 조금 잠식당하는 선에 그칠 것이다. 그러나 질서를 존중하는 나라들은 미국의 군사력이 질서를 무시하는 나라들을 제어하지 않는 한 경제적 번영을 누릴 수 없다.

6장

혼란과 무질서의 목록

만약 당신이 테러공격으로부터 벗어난 안전한 미래에 살고 싶다는 희망을 갖고 있다면, 그 같은 희망은 버리는 게 낫다. 테러위협이 영구히 무력화된 미래가 도래할 가능성은 없기 때문이다. 특히 자살 테러리스트들이 존재하는 한 더욱 그렇다. 오사마 빈 라덴의 2001년 9.11 테러는 역사를 돌이킬 수 없도록 변화시켰다. 소수가 모인 집단이라도 구성원 개개인이 결연한 의지를 갖고 있고 그 가운데 일부가 대의를 위해 기꺼이 목숨을 바치고자 하는 경우에는 거대하고 정교한 체제에도 엄청난 피해를 입힐 수 있다는 사실이 처음으로 확인됐다. 그리고 그렇게 함으로써 그들은 자신들이 관심을 갖고 있는 영역에서 권력과 영향력을 행사할 수 있는 지위에 올라선다.

알 카에다가 산업사회에 초래한 피해는 세계무역센터의 물리적 손실과 그곳에 있던 사람들의 사망, 그리고 미국 국방부 및 펜실베이니아 주의 인명피해를 훨씬 뛰어넘는다. 그들은 미국 경제와 세계 경제에 커다란 상처를 입혔고, 그 피해는 아직도 종료되지 않았다. 미국이나 질서를 존중하는 나라들에 사는 사람들은 앞으로도 여러 해에 걸쳐 '빈 라덴 부가세'를 계속 납부해야 할 것이다. 여기에는 군사비의 추가 지출, 공항 및 검문소에서의 추가 근무, 검문소 유지비용, 컨테이너선에 대한 정밀검사와 같은 각종의 새로운 안전조처에 소요되는 비용, 그리고 안전조처를 강화함에 따라 우리 모두가 추가로 느끼는 혼란 및 불안 등이 포함된다. 이런 피해는 9.11 테러 자체가 초래한 것에 그치지 않는다. 항공기 공격에 이은 탄저균 공격에 따른 물리적, 인적 피해의 규모는 크지 않았으나, 그로 인한 다섯 명의 사망은 미국 전역을 공황상태로 몰고 가기에 충분했다. 결국 미국 정부는 생화학 테러 방지를 위해 170억 달러를 부담해야 했다.

테러에 대한 최상의 대응책은 테러를 무시하는 것이다. 그렇지 않으면 테러리스트들이 이긴다. 그러나 불행한 일이지만 테러를 무시한다는 것이 늘 가능한 일은 아니다. 그리고 테러는 거대하고, 치명적이고, 끊임없이 질서를 무시하는 산업화되지 않은 세계로부터 우리에게 닥쳐오는, 피할 수 없는 놀랄 일이다. 가령 중동지역과 그곳에서 유래하는 테러는 무질서의 보다 큰 그림의 작은 일부에 불과하다.

앞서 5장에서 살펴본 바와 같이 지구상의 많은 나라들은 질서 있는 국면에 접어들고 있다. 이 국면에 들어선 나라들은 법과 규칙의 국제적 토대를 발전시키는 데 동참하면서 번영을 누린다. 그러나 비극적이게도 이런 나라들의 세계 공동체에 참여할 수 없는 나라들도 다수 존재한다. 이는 지나치게 부패했거나, 내부갈등으로 지나치게 분열돼 있거나, 빈사상태에 놓여있기 때문이며, 대부분은 세 가지 모두

일 가능성이 크다. 그리 오래지 않은 과거에 서구의 정책입안자들은 원조와 자유시장 이데올로기를 적절히 적용하면 이런 나라들도 궁극적으로 산업화된 세계에 편입시킬 수 있을 것이라고 생각했다. 그동안 우리는 개발이 식민지화 못지않게 산업화의 기능을 한다는 점을 알게 됐다. 다만 개발은 한 나라가 스스로 발전하고자 하는 경우에만 효력을 발휘한다. 개발에는 재산권, 기업가들에 대한 공평한 기회, 신용의 이용가능성, 양질의 교육 등과 관련된 여러 종류의 정책들이 필요한데, 이런 정책들은 세밀한 이행이 요구되지만 외부에서 제공될 수 있는 것이 아니어서 내부에서 수립돼야 하기 때문이다.

질서의 국면으로 이행하지 못하는 나라들은 점점 더 쇠퇴해, 비참한 운명을 맞게 될 것이다. 질서를 존중하는 나라들은 이런 나라들에 개입하기가 점점 더 어려워짐을 깨닫게 될 것이다. 일부 정치 지도자들과 그 지지자들은 세계의 무질서를 일정 지역에만 제한하는 일, 다시 말해 중남미, 중동, 사하라 이남 아프리카, 중앙아시아의 일부 지역들에만 무질서를 제한하는 일만 해내는 것으로 충분하다고 생각할 것이다. 그러나 만약 무질서가 그런 제한된 지역들을 넘어 다른 지역들로 확산된다면, 그때 무질서는 테러, 범죄, 질병, 기아의 형태로 변모할 것이다. 이는 '네 명의 기사(騎士)들(《요한계시록》6장 2절에 나오는 표현. 각각 백색, 적색, 검은색, 청색의 말을 탄 네 명의 기사를 가리키며, 차례로 질병, 전쟁, 기근, 죽음을 상징한다. 여기서는 인류의 4대 재앙을 의미함–옮긴이)'의 현대판이 될 것이다. 또한 무질서는 끊이지 않는 과격 이슬람 근본주의 운동과 더불어 새로운 복음주의 기독교의 형태로도 나타날 것이다. 이 두 가지 종교운동은 다 세계에 커다란 문화적 충격을 던질 것이다.

이 장에서 나는 우리가 피할 수 없는 무질서의 목록을 제시하려고 한다. 먼저 테러를 다루고 나서 종교분쟁, 정치부패 및 혁명, 이스라엘과 팔레스타인 간 대립, 집단범죄, 범죄국가, 마약과 관련된 내전, 인종분쟁, 그리고 에이즈에 대해 살펴볼 것이다. 이런 문제들은 우리 앞에 닥칠 것임이 이미 예상되고 있지만, 그에 대한 대응은 준비돼 있지 않다. 현재 지구상에는 폭발 직전에 다다른 긴장상태가 여러 곳에 존재한다. 이런 긴장들이 여러 방향들 가운데 하나의 방향에서 터질 가능성이 있다. 우리가 이런 긴장된 무질서의 목록을 살펴볼 때 특별히 주의를 기울여할 곳들이 있다. 그것은 이슬람의 반란이 실제로 벌어질 가능성이 있는 사우디아라비아, 민족분규로 분단 직전 상황에 놓여있는 인도네시아, 마약전쟁이 발발할 가능성이 있는 멕시코, 그리고 카스피해 연안지역이다. 이들 나라 또는 지역은 만약 네 명의 기사들이 침투할 경우 엄청난 결과가 초래될 수 있는 곳들이다.

네 명의 기사들은 이미 질서를 무시하는 곳들에 모습을 드러내고 있다. 만약 산업화된 세계가 아프리카, 중남미, 중동에서 벌어지는 일들로부터 영향을 받지 않는다면, 산업화된 세계에 사는 사람들은 네 명의 기사들이 초래할 일에 놀랄 필요가 없을지도 모른다. 그러나 이것은 불가능한 일이다. 그렇다면 우리는 네 명의 기사들이 초래할 비극적 참사를 비켜갈 수 있는가? 그 방법을 찾아내는 일이 아마도 지금까지 인류가 직면해온 도전들 가운데 가장 큰 도전일 것이다. 우리가 이 난국에 제대로 대응해 나갈 수 있을지는 현재로서는 확실치 않다.

〈에스콰이어〉 2003년 3월호에서 토머스 바넷은 내 생각과 비슷한 방향에서 이 세계의 지정학적 지도를 다음과 같이 그렸다.

네트워크 연결성, 금융거래, 자유로운 정보매체, 집단안보 등이 충만한 가운데 세계화가 진전되는 곳을 내게 보여 달라. 그러면 나는 안정된 정부, 지속적으로 상승하는 생활수준, 살인에 의한 사망률보다 더 높은 자살률 등이 주된 특징인 나라나 지역들이 어느 곳인지를 말해줄 수 있다. 지구상의 이런 나라나 지역들을 나는 '기능하는 핵심(Functioning Core)', 줄여서 '핵심'이라고 부른다. 반대로 세계화의 진전이 빈약하거나 전혀 존재하지 않는 곳을 보여 달라. 그러면 나는 정치적으로 억압적인 정권, 만연한 빈곤과 질병, 일상화된 대규모 인명 살상, 그리고 무엇보다 중요한 것으로 다음 세대의 세계 테러리스트들을 길러내는 온상이 될 만성적인 분쟁으로 신음하는 나라나 지역들이 어느 곳인지를 말해줄 수 있다. 지구상의 이런 나라나 지역들을 나는 '통합되지 않는 틈새(Nonintegrating Gap)', 줄여서 '틈새'라고 부른다.

테러리즘, 예측불가능성의 힘

테러의 미래를 자세히 알아보려면 먼저 알 카에다에서 시작해야 한다. 알 카에다는 역사상 가장 정교하고 유능한 테러리스트들의 집단이다. 그러나 우리의 고찰이 알 카에다에 그쳐서는 안 된다. 알 카에다는 테러에 관한 이야기에서 일부분에 불과하기 때문이다.

알 카에다에 대해서는 충분히 알려져 있다. 특히 미국의 아프가니스탄 침공과 그에 이은 핵심 요인들의 체포 이후 알 카에다 관련 사실들이 더 많이 밝혀졌기에 우리는 확신을 갖고 그 미래에 대해 어느 정도는 이야기할 수 있다.

첫째, 이 조직의 직접적 활동은 2001년 9월 11일 이후 확실히 중단된 상태다. 이 조직은 그 지도자들의 예상을 뛰어넘을 정도로 분열되어 뿔뿔이 흩어져 있다.

둘째, 이 조직의 네트워크는 애초에 외부인들이 생각했던 것보다 더 넓게 퍼져 있었을 것이고, 그동안 우선적인 과제가 서로 다른 다양한 산하조직들을 만들어내면서 그 영역을 계속 더 넓히고 있다. 미국에 가한 피해는 상징적 측면에서 이 모든 네트워크에 결정적인 것이었겠지만, 그들의 궁극적인 목표를 달성하는 데서는 하나의 수단에 지나지 않는 것이었다. 그들의 궁극적인 목표는 과격 이슬람교도들을 충분히 유인하고 자극해 이집트, 사우디아라비아, 파키스탄, 인도네시아, 필리핀, 터키와 같은 나라들의 정부를 전복하는 것이다. 따라서 알 카에다는 보다 커다란 이슬람 근본주의 그룹의 전략적으로 중요한 일부다. 이 점에 대해서는 뒤에 자세히 살펴보겠다.

셋째, 알 카에다는 극적인 승리를 거두었다. 그들은 미국에 상처를 입힘으로써 자신들의 힘을 증명해 보였다. 이로써 그들은 이슬람 세계에서 주요 세력으로 자리 잡았다. 미국이 그들을 상대로 전쟁에 나섰다는 사실은 그들의 지위와 권력을 강화시켜줄 뿐이다. 결과적으로 오사마 빈 라덴은 현재 이슬람 세계에서 가장 강력한 권력자가 됐다. 얄궂긴 하지만 티셔츠에 그의 얼굴이 인쇄되고, 그의 생각이 다른 누구의 생각보다 우선시되고, 그의 비전이 아이들을 사로잡고, 그의 은밀한 육성 녹음테이프는 아랍의 독립적인 뉴스네트워크인 〈알 자지라〉를 통해 즉각 방송되고, 이슬람 세계 전역의 사람들이 그의 말 한 마디 한 마디를 귀담아 듣는다. 그의 권력은 국적을 넘어섰다. 그는 민족국가의 권력이 필요 없다. 그는 자신의 연설만으로 사람들로 하여금 행동에 나서도록 할 수 있으며, 그의 네트워크는 전 세계에 걸친다.

넷째, 알 카에다에 대해서는 그 지도자들을 체포해 처형하는 것 외에는 다른 해법이 없다. 이 때문에 빈 라덴을 비롯한 최고위 지도자들을 처형한다는 것이 미국의 불가피한 정책이 됐다. 미국인들은 빈 라덴과 공범자들을 죽임으로써 그들을 카리스마적 순교자로 변모시키는 것을 두려워하지 않는다. 사실 그들은 이미 카리스마적 순교자가 돼 있다. 그들을 사살하지 않고 생포하는 데는 많은 어려움이 따른다. 가령 빈 라덴을 체포했다면, 이슬람 테러리스트들이 그를 구하기 위해 끊임없이 시도할 텐데 그를 어느 곳에 안전하게 가두어 둘 수 있겠는가? 현재 쿠바의 관타나모 기지에 전쟁포로로 수감돼 있는 알 카에다 지도자들의 운명을 생각해보자. 만약 두 나라가 전쟁을 벌이는 과정에서 붙잡힌 것이라면, 논리상 그들은 포로교환의 대상이 될 것이다. 그러나 관타나모에 수감돼 있는 알 카에다 지도자들은 돌아갈 나라도 없고, 석방된 뒤의 그들을 통제할 국가법규도 없다. 다른 석방된 전쟁포로들처럼 그들이 사우디아라비아나 아프가니스탄으로 돌아가 가게를 차리거나 양치기가 되지는 않을 것이다. 그들은 즉각 테러리스트로 되돌아갈 것이다. 그들을 감금해 두는 것은 국제 민주주의의 환부를 드러내는 일이지만, 그렇다고 해서 그들을 석방할 수는 없다. 지금도 그렇지만, 앞으로도 영구히 그래야 할지 모른다. 그들은 죄인으로서 알 카에다보다 더 오래 살아남아, 다수의 미국인들이 알 카에다에 대한 기억을 많이 잊어버린 뒤에도 계속 감금돼 있어야 할지 모른다. 게다가 우리가 알 카에다의 지도자들 가운데 일부를 추가로 생포하는 데 성공한다 해도 알 카에다 조직이 궁극적으로 어떤 운명을 맞을 것인지는 분명치 않다.

왜냐하면 알 카에다가 앞으로 몇 년 뒤에도 살아있을 것인지 여부는 단정할 수 없기 때문이다. 알 카에다의 존속 여부는 오사마 빈 라덴을 포함한 그 누구도 확실히 예측할 수 없는 것에 달려 있다. 그것은 미래에 테러리스트가 될 가능성을 지닌 인구의 규모다. 가령 알 카에다가 세계적으로 일만 명의 젊은 이슬람교도들을 훈련시켜서 예비해 놓았다고 가정해보자. 이 일만 명이 알 카에다의 병력 전부이고, 그들 가운데 다수가 사살되면 전체가 무너지는 제한된 집단인가? 아니면 그들은 빙산의 일각일 뿐이며, 그들 외에도 급진 이슬람주의를 위해 싸우다 목숨을 바칠 자세가 돼 있는 일천만 명의 젊은이들이 더 존재하는 것인가? 만약 앞의 경우가 맞는다면 최근 벌어진 일련의 테러는 오래가지 않을 것이다. 이 경우에는 앞으로 몇 년 안에 미국과 그 동맹국들이 십중팔구 빈 라덴까지 포함해 알 카에다의 지도자들을 사살하거나 생포할 것이다. 그 과정에서 몇몇 시설들이 추가로 폭파될 것이고, 그 가운데 한두 개는 미국 내 시설물이 될 것이다. 그러나 그러고 나면 테러는 서서히 가라앉고, 결국은 전쟁이 종료될 것이다.

그러나 만약 최근의 테러행위들이 수백만 명의 사람들이 참여하는 반란을 의미하는 것이라면, 지구상의 그 어떤 것도 제 모습을 그대로 유지하지 못할 것이다. 그들의 반대편 지역 전체에서 자리 잡고 있는, 보수적이고 미국의 지원을 받는 정부들에 대항하는 저항의 띠가 형성돼 일제히 밀고 들어오는 모습을 보게 될지도 모른다. 사우디아라비아, 이집트, 파키스탄, 알제리, 이라크, 리비아에서는 1980년대에 이란을 장악했던 자들과 유사한 급진 이슬람주의자들에 의해 기존의 정부가 전복될 것이다. 이럴 경우에는 아이러니하게도 이란이 중동지역에서 가장 자유롭고 서구화된 나라들 가운데 하나가 될 것이다. 급진 이슬람주의의 '일천만 명'은 여기서 그치지 않을 것이다. 그들은 서구를 상대로 전쟁을 벌이려고 할 것이며, 이런 전쟁이 일어난다면 적어도 30년 이상은 계속될 것이다.

머지않아 알게 되겠지만, 알 카에다에 대한 군사작전은 미국이 예기치 못한 새로운 무능력을 드러내지 않는 한 성공을 거둘 것이다. 이 군사작전이 성공을 거둔 뒤 처음에는 알 카에다의 활동이 줄어들 것이다. 그러나 새로운 테러리스트들이 모습을 드러내고, 새로운 세포 조직들이 형성되고, 외딴 곳에서 그들의 새로운 비밀 훈련소들이 발견된다면 우리는 보다 장기간에 걸치고 한층 더 치명적인 '알 카에다 시나리오'에 대한 대비에 나서야 할 것이다.

어쨌든 테러는 계속될 것이 분명하다. 이슬람교도들의 테러는 서구인들에게 다양한 형태로 닥쳐올 것이다. 그러나 앞으로 우리에게 닥칠 테러가 모두 다 이슬람교도들에 의한 것은 아닐 것이다. 유너보머(Unabomber)로 알려진 시어도어 카진스키(수학 교수 출신으로 1978년부터 1996년까지 16차례의 우편폭탄을 배달시켜 26명의 사상자를 낸, 반문명주의 성향의 극단주의자─옮긴이)로 상징되는 환경주의 테러리스트들의 파상공격이 일어날 수도 있다. 그들은 독자적으로 개발한 무기를 이용해 과학기술 문명을 무너뜨림으로써 더 단순하고 나은 세상을 만들 수 있다고 생각할지 모른다. 그들은 예컨대 중국의 삼협(三峽)댐을 폭파시켜, 그로 인해 초래될 대홍수로 200만 명을 수몰시킬 수도 있다. 아니면 새로운 형태의 소수민족 활동가들이 생겨나, 자신들이 전제적이라고 판단한 국가로부터 그들만의 독립을 쟁취하려고 할 수도 있다. 정치적 권력을 박탈당한 집단이 자신들의 주장을 널리 알리고 영향력을 확대하는 데는 테러만큼 확실한 수단이 달리 없다. 이렇게 될 경우 전 세계는 아일랜드 공화군의 공격을 받던 1970년대와 1980년대의 영국이나, 바스크 지역의 분리독립 요구에 직면한 스페인, 팔레스타인 문제를 안고 있는 이스라엘과 같이 될 것이다. 테러리스트들이 자기 나라의 정부를 상대로 반역을 꾀할 수도 있다. 티모시 맥베이(1995년 미국 오클라호마 시 연방청사에 차량폭탄 테러를 가해 500여 명의 사상자를 낸 테러리스트로 무정부주의 성향의 백인우월주의자였던 것으로 알려짐 – 옮긴이)가 그와 같은 테러리스트의 모습이다. 그런가 하면 에이즈가 만연한 나라에서 테러리스트들이 생겨나 자국민들이 더 나은 의료서비스를 받을 수 있도록 하기 위해 세계의 일부를 인질로 삼을지도 모른다. 이런 종류의 테러리스트들이 실제로 생겨난다면, 그들은 자국민들을 죽일 목적에서 고의적으로 에이즈를 퍼뜨렸다고 의심되는 세력에 대한 복수로 테러행위에 나설 수도 있다. 한편 그동안 사람들이 들어본 적도 없는 새로운 대의나 이념을 내세우는 테러리스트들을 보게 될지도 모른다. 그들이 내세우는 새로운 대의나 이념이 사람들을 자극해 기꺼이 죽음을 선택하거나 다른 사람들을 살해하게 할 수 있다. 이는 도쿄 지하철에 사린 신경가스가 살포되기 전에는 옴진리교가 무엇인지 들어본 사람이 거의 없었던 것과 마찬가지다.

테러의 힘은 그 예측불가능성에서 유래한다. 우리를 얼어붙게 만들면 테러리스트들은 성공을 거둔 것이다. 그렇다면 우리는 나이트클럽, 지하철, 버스, 도로의 요금징수소, 학교, 디즈니랜드, 비행기 등을 피해야 하는가? 다음번 여행 때는 기차와 비행기 중 어느 것을 이용해야 하는가? 기차도 비행기도 안전하지 않으니 여행을 아예 포기해야 하는가? 이미 발리 여행은 크게 위축됐다. 정부에서 컨테이너선, 트력, 공항에 대한 안전점검을 제도화해야 하는가? 소방수들은 가장 덥고 건조한 시기에 성냥을 소지하고 숲을 돌아다니는 위험인물을 찾아내기 위해 덴버나 로스앤젤레스 인근의 구릉지대를 샅샅이 훑어야 하는가? 뉴욕이나 워싱턴 같은 도시에 사는 사람들은 다른 곳으로 이사가야 하는가? 이사를 간다면 어디로 가야 하나? 오클라호마로 가야 하나? 화생방용 테이프와 비상용 물을 집집마다 비축해 두어야 하나? 이런 예방조치들을 다 취했는데 테러리스트들이 새로운 독극물이나 생화학무기를 찾아내 우리의 예방조처들을 무력화시키지 않는다는 보장이 있는가? 뿐만 아니라 테러리스트들이 전국에서 집 열 채만 선택해서 어느 한 날에 동시에 폭파할 수도 있지 않은가? 역설적인 이야기지만, 테러리스트들은 활동을 적게 할수록 더 큰 힘을 지니게 된다. 질서를 존중하는 나라들의 입장에서는 테러공격을 기다리는 데서 발생하는 불안감이 이미 발생한 테러공격에 대응하는 것보다 더 큰 무력감을 안겨주기 때문이다.

　게다가 우리가 취한 조처들이 효과가 있을 것인지도 확신할 수 없다. 9.11 테러 이후 비행기 공중납치 방지를 위해 수십억 달러의 돈이 투입됐다. 그러나 비행기의 안전은 납치범들이 비행기에 타는 것을 막는 것과는 거의 아무런 관련도 없다. 금속 탐지기와 탑승구 검색대는 대부분의 승객들과, 테러공격을 방지할 의무가 있는 관리자들로 하여금 마치 비행기가 안전하다는 느낌을 갖도록 한다. 그러나 테러리스트는 비행기를 공격하려고 마음만 먹는다면 모든 장벽을 뚫고 지나갈 수 있다. 가령 비행기에 실리는 기내식 운반카트나 그것을 기내로 운반하는 작업자들을 조사해본 사람이 있는가? 아마 없을 것이다. 9.11 테러 이후에 나타난 한 가지 중요한 변화가 있다면 이제는 탑승객들이 납치범들에 맞서서 싸울 것이라는 점이고, 이런 사실을 납치범들도 잘 알고 있을 것이다. 이는 결코 사소한 변화가 아니다. 신발에 폭탄을 장착한 테러범 리처드 레이드는 비행기 승무원들에 의해 적발되고 대여섯 명의 승객들에 의해 제압당한 결과로 붙잡혔다. 탑승객들이 나서서 비행기 납치범을 이런 식으로 제지하는 것은 앞으로 상당한 효과를 발휘할 것이다.

테러에 대한 불안감은 앞으로도 피해갈 수 없다. 완전히 안전한 미래가 올 가능성은 없다. 앞으로 대규모의 지정학적 위협은 아주 적을 것임이 분명하다. 그러나 질서를 존중하는 나라들과 미국은 앞으로도 주기적으로 테러에 의해 영향을 받을 것이다. 테러공격이 실제로 일어남으로써 영향을 받을 수도 있고, 테러공격으로부터 스스로를 보호하는 데 수반되는 혼란에 의해서도 영향을 받을 수 있다. 어떤 때는 알 카에다와 같은 테러리스트들의 네트워크로부터 테러공격을 받게 될 것이고, 어떤 때는 생물학적 테러, 정보시스템 공격, 시설파괴 등 각종의 테러방법에 전문성을 확보하려고 하는 불량배 국가로부터 테러공격을 받게 될 것이다. 이 밖에 개인적으로 불만이 가득 차서 엄청난 일을 벌이는 개인이 나타날 수도 있다. 전국적인 행동 요구가 제기되고 군과 인터폴이 나설 수도 있다. 테러리스트는 자신을 드러낼 수도 있고, 드러내지 않을 수도 있다. 테러공격을 감행한 자가 기소될 수도 있고, 기소되지 않을 수도 있다. 탄저균 테러처럼 공격자가 누구인지 알 수 없는 테러도 있다. 어쨌든 비슷한 유형의 테러행위가 되풀이될 수도 있다.

테러가 야기하는 위협 가운데 여기서 반드시 언급하고 넘어가야 할 것이 또 하나 있다. 그것은 테러로 인해 질서를 존중하는 나라들의 정부가 투명성과 일관성을 갖추는 것이 예전보다 훨씬 더 중요해졌다는 점과 관련된다. 과거 역사를 보면 특정 국가의 정부가 테러리스트들과 자국의 목표가 일치한다는 이유로 테러리스트들을 추적하고 검거하기를 거부하는 경우가 종종 있었다. 한쪽의 입장에서 볼 때는 테러리스트인 자가 다른 한쪽의 입장에서 보면 자유를 위한 투사일 수 있기 때문이다. 피그만 침공 때 미국 중앙정보부(CIA)의 도움과 케네디 대통령의 재가를 받아 쿠바에 침입한 준(準)군사 대원들은 테러리스트들과 구별하기 어려웠다. 이 때문에 오히려 긴장의 수위만 높아졌고, 결국은 쿠바 미사일 위기로까지 치달았다. 지금의 미국 정부는 테러와의 전쟁을 선언해 놓은 상태다. 미국과 그 밖의 질서를 존중하는 나라들은 이제 더 이상 그와 같은 침공작전을 수행할 여지가 없다. 그렇게 하면 반드시 보다 심각한 정치적 결과가 뒤따를 것이기 때문이다. 궁극적으로 미국은 테러 그 자체와의 전쟁은 승산이 없음을 깨달을 수도 있다. 테러는 하나의 기법에 불과하다. 진짜 전쟁은 전혀 다른 적을 상대로 하고 있다. 미국은 지금까지 그 적에 대해 언급하기를 삼가왔다. 그것은 테러가 아니다. 알 카에다를 배후에서 움직이는 추동력이다. 그리고 그것은 앞으로 추가적인 테러공격이 없다 하더라도 그 자체로 하나의 무질서를 대변한다. 그 미국의 적은 급진 이슬람주의라고 부를 수 있다.

사우디아라비아, 이집트, 파키스탄: 급진 이슬람주의의 운명

종교란 전쟁에서 이데올로기보다도 한층 더 다루기 까다로운 상대다. 이데올로기는 굴복한다. 소련이 붕괴했을 때 공산주의자들은 자신들의 이데올로기를 그다지 슬퍼하지도 않고 포기했다. 그들은 이미 자신들의 이데올로기가 사회를 근대화하고 발전시킨다는 자신들의 목표에 방해요소로 작용해왔다는 사실을 알고 있었다. 그들은 자본주의를 불신하면서도 그것을 채택했다. 왜냐하면 자신들이 원하는 것들을 가져다 줄 힘이 자본주의에는 있다고 인정했기 때문이다. 실용주의의 경쟁에서 자본주의는 승리했고 공산주의는 패배했다.

그러나 종교는 이런 식으로 작동하지 않는다. 이슬람 국가들은 자유를 주지 않고, 혁신을 억압하고, 관용을 베풀지 않고, 경제성장을 억누름으로써 국민들을 실망시켜 왔다고 버나드 루이스와 같은 비평가들은 주장한다. 이런 주장은 모두 사실일 수 있다. 그러나 급진 이슬람주의자들 같이 종교적인 동기에 의해 움직이는 집단에게 이런 주장은 요점에서 벗어난 것이다. "누가 당신에게 더 많은 성공을 가져다 주겠는가? 예수인가 마호메트인가?"라고 묻는 사람은 아무도 없다. 대신 그들은 "어느 사회가 신을 섬기는가?"라고 묻는다. 그리고 전장에 나설 때 그들은 최후까지 굴복하지 않고 견뎌야 한다고 생각한다. 그들은 알라신을 위해 목숨을 바칠 것이다. 왜냐하면 그들은 신의 뜻과 종교국가의 뜻 사이에 아무런 차이가 없다고 보기 때문이다.

이것은 분명 현재 지구상에서 전쟁을 유발하는 주체들 가운데 가장 호전적인 존재인 이슬람 근본주의 운동의 모습이다. 알 카에다는 그 일부일 뿐이다. 이슬람 근본주의 운동은 1930년대 이래 세력을 키우고 지지자들을 끌어 모았고, 1970년대 이후 그 행보를 가속화했다. 여러 요소들이 이슬람 근본주의의 세력 확장을 부채질했다. 직접적인 종교체험이 가져다주는 깊숙한 내면의 생명력도 그러한 요소 중 하나로 꼽을 수 있고, 젊은층에 대한 교육과 사회복지라는 두 가지 측면에서 급진 이슬람 지도자와 성직자들이 밀접하게 관여하고 있다는 점도 한 요소가 된다. 많은 이슬람 국가들에서는 어떤 문제에 부닥친 사람이 성직자 외에는 달리 의지할 곳이 없다. 이슬람 국가들의 이런 여건과 서구의 실리주의에 대한 강렬한 불신이 결합된다. 이슬람 기준의 성공이 설사 죽음을 의미하는 경우에도 신에 대한 배신으로 여겨지는 서구 기준의 발전보다 훨씬 낫다고 생각하는 일종의 낭만적 고집이 존재하는 것이다. 이런 연유에서 텔레비전에 출연한 야세르 아라파트의 부인은 예컨대 전력을 생산해 국민에게 공급해줄 엔지니어가 되기보다는 자살 폭탄테러를 감행할 아들을 갖지 못해 실망스럽다고 말한다. 또한 사우디아라비아에 있는 후원자가 팔레스타인의 가정에 2만 5000달러를 기부한다든가, 이슬람교도인 부모가 자신의 자녀를 미국이나 유럽의 대학에 보내 교육시킴으로써 빈곤의 악순환에서 벗어나도록 하기보다 그로 하여금 예루살렘의 한 광장에서 자폭하도록 하는 것이다. 이런 행위들은 서구의 발전 개념에 대한 그들의 뿌리 깊은 거부감을 보여준다.

급진 이슬람주의는 무엇보다도 지난 몇 세기에 걸쳐 이슬람의 정치지도자들이 보여 온 그릇된 방종에 대한 반작용으로 나타난 것이다. 고약하고 독재적이고 부패한 중동지역의 정권들은 자유로운 언론을 피해 비밀경찰과 첩자들에 둘러싸인 채 서구의 지원 및 서구와의 공모를 통해 독재체제를 구축해왔다. 이슬람 정치지도자들의 이런 태도는 미국과 유럽의 정부들에게 유혹적인 거래기회를 제공했다. 그들의 정권을 보호해주는 대가로 석유를 손쉽게 얻을 수 있을 뿐만 아니라 공산주의에 대항하는 데 대한 지지도 얻을 수 있는 거래였다. 1970

년대 나세르(1918~1970, 이집트 대통령-옮긴이)의 범아랍주의 체제가 몰락한 이후 오랜 기간에 걸쳐 중동의 정권들은 속내를 숨긴 줄타기 정치의 수완을 발휘해왔다. 한편으로는 미국의 원조를 받거나 원조를 받기 위한 협상에 나서면서도 다른 한편으로는 아랍인들 사이에 인기를 유지하기 위해 미국을 비난하곤 했다. 그런데 이슬람 급진주의자들은 이슬람 정권들의 이런 이중적 태도를 꿰뚫어 보았고, 이슬람 정권들을 공격하는 수사를 구사함으로써 아랍 국가들에서 도덕적 우위를 차지할 수 있게 됐다. 아랍의 기존 정부들이 독재 기생세력이라는 점을 공공연하게 지적할 수 있는 집단은 그들뿐이었다. 다시 말해 이슬람 사람들이 모두 느끼고 있던 분노를 표출시키는 목소리의 역할을 이슬람 급진주의자들이 했던 것이다.

이슬람 급진주의자들이 마르틴 루터에 비유되는 것은 바로 이런 이유에서다. 루터는 로마 교황청의 시각에서 볼 때 당대의 급진적 근본주의자로 비쳤다. 오늘날 선택의 기회가 주어질 경우 대부분의 이슬람 인구 중 다수가 급진주의자들을 편드는 것도 같은 이유에서다. 이슬람의 온건주의자들과 엘리트 지식인들 사이에서도 반서구 및 반미 성향이 강화돼 왔다. 그들은 최근 더욱 급진적인 운동을 지지하고, 더욱 정치적인 이슬람주의를 지지하고 있다.

그들은 반민주적이고, 집권할 경우에는 민주주의를 해체하는 경향을 보일 것이다. 그럼에도 그들의 이슬람주의 운동은 선거에서 승리를 거두는 데 능숙한 실력을 발휘해왔다. 그들은 터키, 인도네시아, 파키스탄, 알제리에서 압승을 거두었다. 이런 나라들에서 만약 군사 쿠데타가 일어나지 않았더라면 국민들이 이미 오래전에 선거를 통해 급진 이슬람 정부를 선택했을 것이다. 그러나 대부분의 아랍세계에는 자유선거제 같은 것이 존재하지 않았고, 이 때문에 그들은 혁명을 도모했다.

알 카에다를 비롯한 테러리스트들은 이 같은 급진 이슬람 세력 전체 중에서 극히 작은 일부분에 지나지 않는다. 그들이 급진 이슬람주의의 첨병인 것도 아니다. 급진 이슬람주의는 다양한 요소를 지닌 장기적인 경향이다. 급진 이슬람주의의 압력이 가장 먼저 가해진 나라는 알제리였다. 이 나라는 1962년 이래 계속해서 정부와 이슬람주의자들 사이의 내전에 휩싸여왔다. 이슬람 혁명이 최초로 성공한 것은 1979년 이란에서였다. 이란 국왕이 추방됐어도 슬퍼하는 이란 국민은 거의 없었다. 혁명으로 집권한 호메이니에 동조하지 않았던 사람들도 국왕의 추방에 대해 슬퍼하지 않긴 마찬가지였다. 이슬람 국가들 가운데 가장 서구화된 이란에서 진보세력이 다시 뭉치는 데만 20여 년이라는 긴 세월이 걸렸다. 어쨌든 그들은 다시 뭉쳤다. 역설적이게도 오늘날 이란은 중동지역에서 가장 미래지향적이고 민주주의적인 나라가 됐다.

앞으로 10년 안에 이슬람주의자들에 의한 쿠데타가 일어날 가능성이 있는 나라는 적어도 세 나라는 된다. 여기서 세 나라는 파키스탄, 이집트, 사우디아라비아다. 확률적으로 이들 세 나라 가운데 어느 한 나라에서 이슬람주의자들의 쿠데타로 인해 기존 정부가 전복될 가능성이 필연이라고 말할 수 있을 정도로 높다. 세 나라의 통치자들은 자기 나라 안에서 이슬람주의의 반란 기운을 가라앉히기 위해 애써왔다. 사우디아라비아에서는 돈, 파키스탄에서는 다른 나라를 상대로 한 전쟁, 이집트에서는 정치적 수사가 각각 동원됐다. 이와 더불어 세 나라 모두에서 일종의 '은근히 눈감아주기(benign neglect)' 정책이 채택됐다. 정치적 안정을 얻는 대가로 이슬람주의자들에게 문화기관과 교육기관을 넘겨준 경우도 많았다. 그러나 정치적 안정은 그때뿐이었다.

사우디아라비아의 왕가인 사우드가의 딜레마를 예로 들어보자. 이 거대하고 부유한 왕가는 격동의 70여 년에 걸쳐 아라비아반도를 통치해오면서 근본적으로는 자신의 이익을 추구하는 데 늘 주의해 왔다. 1974년만 해도 이 왕가가 자신의 이익을 추구하면서도 국민 전체를 먹여 살리기가 수월했다. 원유 수출로 벌어들이는 연간 수입이 1700억 달러나 되는 데 비해 인구는 600만 명에 불과했기 때문이다. 그러나 2003년에 이르면 사우디아라비아가 원유를 수출해 벌어들이는 수입이 1200억 달러로 크게 감소한 반면 인구는 2200만 명으로 늘어났다. 이 나라는 원유 외의 다른 산업으로는 다각화를 시도해본 적이 없는 단작(monoculture)형 경제체제를 갖고 있다. 최근의 급격한 유가상승에도 불구하고 이 나라가 원유를 수출해 벌어들이는 수입은 앞으로 횡보하거나 떨어질 수밖에 없다. 게다가 8장에서 살펴보겠지만, 그동안 석유가 누려온 에너지 헤게모니는 앞으로 20년 뒤에는 영구히 상실될지도 모른다. 역설적인 이야기지만, 유가가 높아질수록 석유의 에너지 헤게모니 상실은 더 빨리 닥칠 것이다. 한편 사우디아라비아의 인구는 급속도로 늘어나고 있다. 미국과 유럽에서는 자녀를 5명이나 둔 가정을 찾기가 어렵지만, 사우디아라비아에서는 평균적인 가정의 자녀수가 5명이다. 일인당 석유수출 수입이 감소함에 따라 사우드가는 돈으로 국민을 매수하는 능력을 잃어가고 있다. 그런가 하면 부패, 권력 독점, 투명성 결여 등을 이유로 정권에 대해 국민이 품는 불만은 점차 커지고 있다. 수백만 명의 10대들은 노동 인구에 편입될 준비를 하고 있지만 취업할 일자리를 찾을 수 없는 탓에 방황하고 있다. 이 같은 상황에서 사우디아라비아의 지도자들이 자기기만에 빠져 있어서는 문제 해결에 도움이 안 된다. 그들은 자신들이 정의롭고 경건한 이슬람교도로서 국민에게 모범이 된다고 자부한다. 그러면서도 그들은 주말이면 해외에서 술과 여색을 즐기고 쇼핑을 하기 위해 제트기를 타고 떠난다.

이집트 정부는 이스라엘과 체결한 캠프 데이비드 평화협정의 여파에서 벗어나지 못하고 있다. 파키스탄에서는 알 카에다와 탈레반이 여전히 존재하는 가운데 무샤라프 장군의 정권이 미국의 아프가니스탄 침공을 지지한 후유증에 시달리고 있다. 이들 나라의 정권은 국민을 매수할 자금이 부족한 상태이고, 정부의 수입이 미국과 유럽의 원조에 과도하게 의존하고 있어 안정적이지 못하다.

이슬람 급진주의자들이 파키스탄, 이집트, 사우디아라비아 중 한 나라의 정부를 전복시키는 데 성공한다고 가정해보자. 어떤 일이 벌어지겠는가? 만약 이들 세 나라 가운데 한 나라의 정권이 교체된 뒤에 미국이 그 나라에 군사적으로 개입한다면, 미국은 계속 진행되면서 돈이 많이 드는 교착상태에 휘말려들 것이다. 세 나라 중 어느 나라에서도 미국은 대중의 환영을 받지 못한 채, 그 나라 국민이 지지하지도 않는 정권을 계속 떠받쳐야 할 것이다. 미국이 이런 입장에 처하게 되면 더 많은 테러에 노출될 것이 뻔하다. 그러나 미국의 개입이 실패할 경우에도 테러가 더욱 조장될 것이다. 이들 세 나라 중에서 이슬람 급진주의자들이 권력을 쥐는 나라는 과거 호메이니가 통치하던 이란이나 탈레반이 통치하던 아프가니스탄과 비슷하게 이교도에 대한 편협성, 공격적인 지하드, 원기를 회복한 알 카에다의 무대가 될 것이다.

　　세계 최대의 원유 보유국이자 급진 이슬람주의의 유서 깊은 본거지인 사우디아라비아는 앞으로 이슬람 세력의 새로운 기지가 될 것이다. 이 나라는 원유 수출로 벌어들이는 수입에 과도하게 의존하고 있기 때문에 원유 판매를 중단하려고 하지는 않을 것이다. 그러나 서구에 대항할 목적으로 그 수입을 사용하는 데 더욱 공세적이고 공공연한 태도를 보일 것이다. 이집트는 중동지역 반시오니즘의 요충이자, 15년 이상 현 정부를 상대로 투쟁해온 이슬람주의 운동의 본거지다. 파키스탄은 핵무기를 보유하고 있고, 인도와 장기간에 걸쳐 격렬한 국경분쟁을 벌이고 있으며, 영토 안에 아프가니스탄의 탈레반 및 알카에다의 잔당이 거주하고 있다.

　　이런 상황이 궁극적으로 어떻게 귀결될 것인지는 대단히 불분명하지만, 한 가지 측면만은 분명하다. 그것은 미국이 현상유지에 도움이 되는 통치자를 지원하는 예전 방식의 정책은 이제 버려야 한다는 것이다. 미국으로서는 더 이상 이 지역의 안정을 목적으로 싸울 수가 없다. 왜냐하면 이 지역의 안정은 이제 반미를 뜻할 것이기 때문이다.

　　그렇다면 미국은 민주주의의 활성화, 다시 말해 이라크의 정권교체나 이스라엘과 팔레스타인 간 갈등이라는 난제의 해결 중 하나를 통해 위와 같은 이슬람의 반란을 예방할 수는 없을까? 부시 행정부는 이 두 가지 방식에 대해 관심을 갖고 있는 게 분명하다. 그러나 이라크의 민주화는 이라크 침공을 성공시킬 것을 요구한다. 중동지역에서는 강경한 완력의 행사가 미덕이 된다. 미국은 사담 후세인을 전복시킬 만큼 강경한 완력을 행사했고, 지금은 이라크에 민주적인 선거체제를 수립하려고 노력하고 있다. 이와 함께 미국은 권력공백 상태를 메워 이라크의 상황에 맞는 민주주의를 확립하기 위해, 교전을 벌이는 무리들을 통합시키려고 애쓰고 있다. 미국은 이라크를 중동지역의 다른 나라들에 적용할 수 있는 강력한 모범사례로 만들 계획이다.

미국의 이런 계획은 그럴듯해 보인다. 독자들이 이 책을 읽을 무렵이면 이 계획이 이미 상당히 진척돼 있을지도 모른다. 이라크 침공의 성공은 중동지역의 여러 가지 놀랄 일들을 저지할 수 있는, 몇 안 되는 사건들 가운데 하나가 될 것이다. 이 책이 인쇄에 들어가는 시점에 미국의 이라크 침공이 시작되어 이미 군사적 승리는 거두었다.

그러나 잊지 말아야 할 것이 있다. 설사 미국이 중동에서 눈부신 위업을 달성하더라도 그 성공은 아랍 쪽의 관점에서는 대체로 1991년 걸프전에서 미국이 보였던 약점을 경감시키는 정도로만 보일 것이다. 1991년에 미국과 동맹국들은 쿠웨이트에서 사담 후세인을 밀어내는 데 성공했다. 그러나 당시의 공격을 이끌었던 군 지도자들은 걸프전이 힘겨운 장기전이 될 것이라고 예상했다. 그들은 전쟁이 단기에 끝날 것이라고 생각하지 않았고, 따라서 단기전이 끝난 뒤의 상황에 대한 대비책을 갖고 있지 않았다. 결국 미국은 큰 실수를 저지르고 말았다. 미국은 사담 후세인을 제거하고자 하는 이라크의 반체제 세력을 지원하기로 약속했다. 그러고 나서 미국은 이라크군을 철저하게 궤멸시켰다. 이라크 병사들의 시체를 파묻기 위해 미군 탱크들이 동원돼야 했고, 이로 인해 '죽음의 고속도로(Highway of Death)'라는 말이 생겨났다. 완벽한 승리였다. 100시간에 걸친 학살에서 살아남은 다수의 이라크 병사들은 그들의 차량을 타고 바그다드로 갔다. 당시 미군이 그들을 뒤쫓아 바그다드까지 진격해서 후세인 정권을 전복시키는 것은 연합군에 대한 유엔의 위임 한도를 넘어서는 것이었다. 당시의 부시 대통령은 공격 100시간 만에 지상전을 중단시켰다.

결국 후세인은 자기 나라 전체를 인질로 삼아 위기에서 벗어난 셈이었다. 그리고 미국은 이라크에서 철수하면서 사담 후세인에 반대해 미국 편에 섰던 사람들 대부분을 이라크에 그대로 방치했다. 미국은 그들에게 탈출로도 보호책도 마련해 주지 않았다. 결국 그들은 후세인에 의해 학살됐다. 당시 중동지역에서 미국에 대한 신뢰도는 급격히 하락했고, 그 후로 신뢰도가 다시 회복되지 못하고 있다. 누구라도 이해할 수 있는 현상일 것이다. 1991년에 이라크에 남았으면서도 살아남은 당시의 반체제 인사들은 자신들이 발각되기 전에 미국이 다시 이라크를 침공해 성공을 거두기를 기다리고 있었다. 이 역시 누구라도 이해할 수 있는 태도였다.

이라크의 정권교체를 성공시키는 일은 비록 어렵기는 하겠지만 이스라엘과 팔레스타인 사이의 분쟁을 해결하는 일보다는 쉬울 것이다. 이스라엘과 팔레스타인 간 분쟁은 리처드 닉슨 이래의 미국 대통령들을 곤경에 빠뜨려온 난제다. 이 난제는 1990년대 말에 해결 직전까지 갔었다. 당시 오슬로 협정에 따라 합의가 곧 도출될 것으로 보였다. 평화의 분위기가 팽배했기에 양측의 문화에도 변화가 일어났다. 이스라엘과 팔레스타인 사람들이 공동으로 어린이용 텔레비전 프로인 '세서미 스트리트(Sesame Street)'를 약 70회 분량만큼 만들었다. 이를 위해 팔레스타인 만화가들은 국경 검문소를 통과해 이스라엘 만화가들과 공동작업을 벌였고, 프로의 각 회마다 머펫(Muppet, 팔과 손가락으로 조작하는 인형 – 옮긴이) 캐릭터들이 상대측 친구들을 방문했다.

그와 같은 일이 지금은 불가능하다. 이스라엘과 팔레스타인 사이의 평화는 가능할 뿐 아니라 실현될 수도 있지만, 그 형태는 양쪽이 군사적으로 대치한 채 교착상태에 빠진 모습일 것이다. 이런 식의 평화를 이스라엘과 팔레스타인 양쪽 모두 불만스러워할 것이다. 어쩌면 이스라엘 주위에 점점 더 견고한 울타리가 쳐지고, 국제적으로 공인된 정부가 예루살렘을 관리하고, 국경에는 군대가 집중 배치되고, 이스라엘 정착촌들 가운데 다수가 폐쇄되고, 팔레스타인 국가 수립을 향한 최초의 시도가 멈칫멈칫하는 형태로나마 추진될 수 있다. 이런 방식으로도 질서가 실현될 수는 있다. 그러나 이 경우에는 거리에 나와 춤을 추며 미국인 해방자들에게 감사할 사람은 아무도 없을 것이다.

앞으로 20여 년 동안 아랍세계에서 민주주의가 정착할 가능성을 전망해보고 싶다면, 이 지역에서 민주주의가 쇠퇴하지 않고 있는 단 한 곳, 즉 이란을 살펴볼 필요가 있다. 신정(神政) 체제의 정부를 갖고 있음에도 이란에는 비종교적이고 현대적인 발전을 추구하는 쪽으로 기울고 있고, 이런 추세를 촉진하는 강력한 세력들이 존재한다. 이란 국민이 그렇게 되기를 원하기 때문이다. 이란의 앞날은 아마도 아랍 국가들과 관련된 피할 수 없는 놀랄 일들 가운데 으뜸가는 경우가 될 것이다. 현대화와 발전에 대한 요구는 정통 이슬람 신앙에 대한 열망과 마찬가지로 억눌려질 수 없다. 사우디아라비아에도 버거킹이나 맥도널드가 있으며, 상당한 인기를 누리고 있다. 사우디아라비아의 국민 중에는 중산층 엔지니어나 관리자들이 적지 않으며, 그들은 사우디 아람코나 그 밖의 석유 관련 회사에서 평생을 근무한다. 이런 이들은 개인적으로는 반미주의자가 아니다. 내가 최근에 사우디아라비아를 방문했을 때 공항으로 나를 마중 나온 관리자는 미국 아칸소대학 출신이었다. 내가 만난 사우디아라비아 사람들은 자기 나라 정부에 대해 솔직한 의견을 밝혔고, 부시 행정부 관리들 못지않게 사담 후세인을 불신하고 있었다.

이슬람주의자들이 승리를 거두는 나라들에서는 현대화가 서구에서와는 정반대의 개념으로 자리 잡을 것이다. 정치 전문가인 마이클 발라조스의 지적에 의하면, 중동지역에서 가장 가능성이 높은 민주화의 길은 이란에서처럼 이슬람 근본주의를 거쳐 가는 길이다. 민주적 진보주의는 억압적인 현상유지 세력에 대항하는 반작용으로 비칠 때 최고의 설득력을 지닌다. 미국이 억압적인 정권을 지원하는 일을 중단한다면 중동 사람들이 스스로 올바른 길을 찾아낼 것이다.

그러나 이슬람주의자들은 앞으로 보다 큰 영향력과 힘을 갖게 될 것이다. 그리고 이와 다른 필연적인 사건들로 인해 미국과 미국이 상징하는 모든 것들에 대해 그들이 느끼는 이질감은 더욱 심해질 것이다.

필리핀, 인도네시아, 나이지리아, 콩고: 다가오는 종교전쟁

"자유로운 서구세계 너머로 시선을 옮기면 우리는 또 다른 기독교 혁명이 이미 진행 중임을 알게 된다. 이런 움직임은 미국의 부유한 교외지역 주민들과 평균 생활수준 이상의 도시지역 교구민들이 요구하는 방향과는 판이하게 다른 것이다. 전 세계적으로 기독교는 사실상 초자연주의와 새로운 정통주의를 향해 나아가고 있다. 또한 여러 측면에서 볼 때 기독교는 신약성서에 표현된 고대 세계관을 향해 나아가고 있다. 예수를 신성한 힘의 구현으로 보는 이 세계관에서는 신성한 힘이 인류에게 재앙과 질병을 가하는 사악한 세력을 이긴다. 지구상의 남부지역, 즉 우리가 흔히 제3세계로 간주하는 지역들에서 점점 불어나는 거대한 규모의 기독교 인구는 가톨릭 학자인 월버트 불만이 '제3교회(The Third Church)'라고 부르는 일종의 기독교 교파를 형성한다. 이것은 프로테스탄트나 정통주의만큼 뚜렷이 구별되는 교파이며, 앞으로 기독교 안에서 지배적 그룹이 될 가능성이 있다. 제3세계 지역들의 기독교 인구는 중남미 4억 8000만 명, 아프리카 3억 6000만 명, 아시아 3억 1300만 명에 이른다. 이에 비해 북미지역은 2억 6000만 명에 불과하다. 아프리카, 아시아, 중남미의 기독교 인구 증가는 가톨릭 또는 개신교 여부를 불문하고 북미지역에서 현재 일어나고 있는 그 어떤 변화들보다 강력한 의미를 내포하고 있다."[50] 이것은 펜실베이니아 주의 역사가 필립 젠킨스가 책에서 밝힌 견해다.

요컨대 젠킨스에게는 미국에서의 '문화전쟁'은 대수롭지 않은 것이다. 물론 미국에서는 복음주의 기독교인 수가 점점 불어나고 있고, 부시 대통령도 이 교파에 속한다. 하지만 그와 동시에 어떤 종교도 부정하는 사람들의 수 또한 증가하고 있다. 이는 미국 안에서 앞으로 정치적 갈등이 증대할 것임을 예고하는 징조로 볼 수도 있다.[51, 52, 53] 그러나 한편으로는 복음주의파, 오순절파, 카리스마파 등의 기독교 교파들이 앞으로 가난하고 무질서한 아프리카, 중남미, 아시아의 국가들에 진출해 자리를 잡을 것임을 시사하는 희미한 조짐일 수도 있다.

기독교가 사람들을 끌어당기는 힘은 세속적이면서도 초월적인 희망에 초점을 맞추는 데서 나온다. 개발도상국 사람들이 직면한 문제들은 경제위기, 농촌사회의 붕괴, 혼잡한 신흥 도시로의 이주, 열등한 삶의 질, 만연한 범죄와 부패, 가족 간 유대관계의 단절, 에이즈의 엄습, 도시화에 수반되는 도덕적 해이 등이다. 이런 문제들은 모두 이 세상에 악마가 존재함을 암시한다. 신흥 기독교를 보면 신앙에 의한 질병치료나 귀신 쫓아내기와 같은 행위를 점점 더 많이 하는데, 이런 종교행위는 믿을 만한 보건체제나 보편적인 교육제도가 결여된 사회에서 특히 인기를 누린다. 이런 종교를 믿는 사람들은 자신이 괜찮은 삶을 누리게 될 것이며, 이승에서가 아니라면 내세에서라도 그렇게 될 것이라고 생각할 근거를 갖는다. 이는 암흑의 세계에서 희망의 원천이 된다. 이슬람교도들의 태도와 마찬가지로 그들은 복음주의 기독교 전도사들이 행하는 것만이 진정으로 선한 일이라고 여긴다. 오순절파 및 복음주의 기독교는 공동체적인 모임에서 신을 직접 체험할 기회를 제공한다. 신은 공동체적 모임에 참가한 사람들의 목소리를 통해 말을 하고, 사람들은 자신의 영혼으로 신을 느낀다.

신을 느끼는 사람들은 아주 많다. 젠킨스에 따르면 아프리카의 기독교인 수는 1900년에 1000만 명이었는데 오늘날에는 3억 6000만 명으로 증가했다. 아프리카 전체 인구에서 차지하는 비중으로는 약 9퍼센트에서 45퍼센트로 늘어난 것이다. 중남미에서는 카리스마파 기독교도 수가 이와 비슷한 증가세를 보였다.

젠킨스는 이렇게 썼다. "가장 성공적인 교회들은 신의 영적 권위에 근거한 개인적인 믿음, 공동체적 정통신앙, 신비주의, 엄격한 생활 태도 등을 설교한다. 기독교라고 하면 미국인들은 위계질서, 미신, 도그마에서 벗어난 교회를 떠올리지만, 개발도상국(여기서는 무질서한 나라를 의미) 사람들은 영적 권능이 충만해 있고, 질병과 가난을 초래하는 악마적 힘을 몰아낼 수 있는 교회를 떠올리고 그런 교회에 의존한다."[54] 무질서한 나라들에서 운영되는 이런 교회들은 오순절파 및 복음주의파 선교사들의 성공을 상징한다. 가톨릭 성직자들의 소년 추행 스캔들도 미국의 가톨릭교회에는 큰 타격을 주었지만 기적과 일상적기도를 중시하는 신흥 기독교 교회에는 털끝만큼의 흠집도 내지 않았다.

이런 추세는 급진 이슬람교도들과 급진 기독교도들 사이에 추악한 전쟁을 일으킬 소지가 내포돼있는 게 분명하다. 이런 전쟁은 압도적으로 이슬람교도가 많은 중동이나 온통 기독교도뿐인 중남미에서는 일어나지 않을 것이다. 이런 지역들보다는 이슬람교도와 복음주의 기독교도가 똑같이 많은 콩고, 나이지리아, 인도네시아나 기타 아프리카 또는 아시아 국가들에서 일어날 가능성이 매우 크다. 젠킨스는 "남부 필리핀에 간 미군 병사들은 자신들이 지구상의 주된 '종교의 단층선' 지역들 가운데 한 곳에 있음을 알게 된다"고 말했다.[55]

이런 종류의 종교전쟁이 일어날 위험성이 가장 큰 곳은 인도네시아일 것이다. 이 나라는 이미 이슬람교도들과 기독교도들 사이의 분쟁으로 분열돼있고, 양쪽으로부터 공격을 받는 지도자들이 국가통합을 유지하기 위해 애쓰고 있다. 2002년 10월에 발리의 한 나이트클럽에서 알 카에다의 한 분파가 저지른 폭탄테러 사건은 인도네시아 정부에 경각심을 불러일으켰다. 이제는 인도네시아 정부도 이슬람교도의 테러위협을 심각하게 받아들인다. 그러나 정부 관리들이 대응방법을 제대로 알고 있다는 증거는 없다. 아일랜드도 마찬가지지만 인도네시아와 같은 나라에서는 테러와 내전을 구분하기가 매우 어렵다. 이런 이유에서 지금으로부터 20년 뒤에도 인도네시아가 지금처럼 하나의 국가로 남아있으리란 보장이 없다. 이미 동티모르는 20여 년에 걸친 투쟁 끝에 독립을 쟁취했다. 구소련 정부와 마찬가지로 인도네시아 정부도 동티모르의 분리 독립을 막을 능력이 없었기 때문이다.

인도네시아는 중산층이 비록 수가 많지는 않으나 나름대로 튼튼하고, 석유와 천연가스 산업이 날로 발전하고 있다. 인도네시아 국민의 다수는 보다 일관성 있는 법치가 확립되고, 질서를 존중하는 나라들의 대열에 합류하고, 경제가 발전하기를 간절히 바란다. 이런 희망을 이루는 최선의 방법은 무엇이겠는가? 인도네시아가 여러 개의 주권국가로 분리됨으로써 그 가운데 일부가 급진 이슬람주의 국가가 되어 다른 국가들을 대상으로 성전을 벌이고, 다른 일부 국가는 기독교 선교의 중심지가 되는 것일까? 그게 아니라면 인도네시아가 계속 하나의 국가로 유지되지만 끊임없는 내전과 테러의 위험을 안고 살아가는 것일까?

인도네시아의 국내는 물론 해외에서도 이 문제에 대한 믿을 만한 해답을 제시하는 사람은 없다. 그리고 바로 이 때문에 앞으로 인도네시아의 운명이 어떻게 될 것인가가 대단히 중요하다. 인도네시아가 운이 좋거나 외부의 도움을 받아서라도 효과적인 해답을 찾아낼 수 있다면, 그것은 다른 많은 나라들이 본받을 모범사례가 될 것이다.

다행스럽게도 기독교도들과 이슬람교도들 사이의 전쟁은 불가피한 것이 아니다. 그러나 그 같은 전쟁으로 이어질 압력들은 앞으로 증대될 것이 분명하다. 그렇기에 미국 대통령이 '십자군전쟁'이라는 단어를 자꾸 사용하는 것은 대단히 우려되는 일이다. 미국 정부가 기독교 급진주의자들의 편을 드는 것으로 이슬람 과격파들이 해석할 수 있기 때문이다. 설상가상으로 기독교인들이 미국 대통령의 그러한 용어 사용을 대이슬람전쟁에 대한 지지의 뜻이라고 해석할 수도 있다. 전쟁이 실제로 시작된다면, 그 전쟁은 인도네시아와 같은 곳에서 고립된 집단들 사이의 국지적인 소규모 전투의 형태를 띨 것이다. 이런 국지적인 전투가 국가 차원의 군대를 끌어들이는 일은 매우 점진적으

로만 일어날 것이다. 그러나 테러행위가 일상적인 무기로 활용될 정
도로 갈등이 커진다면 세계전쟁으로 이어져, 미국과 질서를 존중하는
나라들까지 끌어들일 것이다. 이 같은 전쟁이 일어날 가능성은 2001
년 9월 이전에 비해 지금은 훨씬 더 커졌다.

　이는 물론 최악의 시나리오다. 그와 같은 전쟁이 일어나기란 불가
능한 것처럼 보이기도 한다. 그러나 지금과 마찬가지로 1913년에도
세계전쟁은 불가능한 것으로 보였다. 단지 몇 차례의 테러행위라도
제대로 선정된 목표물에 대해 실행되면, 질서를 존중하는 나라들로
하여금 자신도 모르는 사이에 전쟁에 말려들도록 할 수 있다. 만약 그
러한 전쟁이 일어난다면, 그 전쟁은 이 책에 기술된 피할 수 없는 놀
랄 일들 대부분에 영향을 끼칠 것이다. 예를 들어 전쟁기간 동안에 장
기호황은 중단될 수밖에 없고, 그런 상태에서 전쟁이 30~40년간 지
속될 수도 있다. 여러 가지 불확실성이 존재하겠지만, 종교전쟁에는
한 가지 필연적인 것이 있다. 그것은 그 전쟁이 결국은 교착상태로 끝
날 것이란 점이다. 종교전쟁의 전사들은 패배시킬 수가 없다. 그들이
스스로 지쳐 쓰러지거나 전쟁터에서 전사할 수는 있다. 하지만 그러
는 과정에서 그들은 나름의 지상낙원을 추구하면서 우리의 삶을 지옥
으로 만들 수 있고, 그들이 죽은 뒤에도 그들의 대의는 살아남는다.

멕시코: 콜롬비아화와 마약전쟁

멕시코는 질서를 존중하는 나라들과 질서를 무시하는 나라들의 교차
점에 서 있는 나라다. 오늘날 멕시코에 작용하는 영향력들 가운데 다

수는 이 나라의 이익에 도움이 되는 방향이다. 미국과의 유대관계 강화, 시장경제로의 전환, 교육수준의 상승 등이 다 그렇다. 빈센테 폭스 대통령은 제도개혁당(PRI)의 일당 통치로부터 질서 있게 벗어나는 변화가 가능하다는 점을 입증했다. 이는 북미자유무역협정(NAFTA)과 함께 멕시코의 미래를 근본적으로 변화시켰다. 어떤 의미에서는 북미자유무역협정과 더불어 1848년의 전쟁이 마침내 종식됐다고 말할 수 있다. 오래전부터 멕시코의 지도자들은 미국이 자신들을 이류 시민으로 취급한다고 느껴왔다. 그러나 북미자유무역협정의 체결로 이제 미국과 멕시코의 지도자들이 동등한 파트너가 된 것이다. 에르네스토 세디요가 대통령으로 취임했던 1994년 말 멕시코가 금융위기를 맞았을 때 미국은 멕시코 구제에 나서는 수밖에 다른 도리가 없었다. 두 나라의 경제가 서로 긴밀히 연관돼 있었기 때문이다. 최근 다보스 회의에서 미국의 전 대통령 클린턴은 세디요와 대화를 나누면서, 멕시코가 18개월 만에 구제금융으로 지원한 차입금을 상환해서 미국은 실질적으로 이득을 남겼다고 말한 바 있다.

그러나 코카인, 헤로인, 마리화나를 중심으로 멕시코에서 이루어지고 있는 마약의 밀수와 생산은 이 나라가 지금까지 거둬온 이익을 위협하고 있다. 10여 년 전 프랑스의 에두아르 파르케는 한때 전도유망했던 콜롬비아가 휘말려 들어간 하강의 악순환을 가리키는 말로 '콜롬비아화(Colombianization)'라는 신조어를 만들어냈다. 콜롬비아화의 내용은 빈부격차가 심하고 사람들에게 기회부여를 하지 못하는 경제, 급증하는 불법 마약거래, 마약거래에서 나오는 수익을 반란테러 자금으로 이용하는 좌익 게릴라들, 이에 대해 준군사적인 대응에 나서는 상류 기득권층, 궁극적으로는 진퇴양난에 빠진 대부분의 인민

들과 나라 경제를 볼모로 잡은 채 벌어지는 격렬한 내전 등이다. 자원
이 풍부하고 국민의 교육 수준과 생산성이 높다는 이 나라의 장점들
은 콜롬비아화의 요소들에 압도당해 버렸다. 판사, 시민적 지도자, 평
화 중재자 등은 납치되고 살해됐다.

콜롬비아의 사례는 그 자체로 비극이다. 그러나 한층 더 비극적인
것은 그런 콜롬비아의 사례가 다른 중남미 국가들에게 선례로 작용한
다는 사실이다. 실제로 미국의 법무장관 존 애시크로프트는 취임 이
후 한층 강경한 태도로 마약공급을 단속했고, 9.11 테러 이후에는 미
국에 입항하는 비행기들에 대한 검문검색이 한층 강화됐다. 이런 조
처들로 인해 콜롬비아나 페루에서 미국으로 마약을 밀수하기가 더욱
어려워진 대신 멕시코가 마약 밀매업자들에게 더 없이 매력적인 나라
로 떠올랐다. 불법 마약거래에는 다른 모든 것들에 대해서와 마찬가
지로 수요공급의 법칙이 작용한다. 이 문제를 연구해온 랜드연구소
(Rand Institute)에 따르면, 마약에 대한 수요가 일정하다고 할 때 그 공
급에 대한 단속이 강화되면 가격이 상승한다. 이 때문에 미국이 수행
해온 마약과의 전쟁은 마약 밀매업자들이 마약사업을 계속하도록 하
는 유인을 오히려 강화시켰다. 그런가 하면 9.11 테러 이후 강화된 보
안검색 결과에 따르면, 멕시코에서 미국으로의 마약밀수가 성행하고
있으며, 그것은 멕시코 사회의 고위층의 부패와도 연결돼 있다.

이런 경향은 마약과의 전쟁이 강화될수록 더욱 두드러질 것이다.
게릴라들이 마약사업을 보호하기 위해 테러행위에 나서면서 멕시코
사회에 자기들의 존재를 더욱 부각시킬 수 있다. 머지않아 미국은 남
쪽 국경 너머의 이웃나라가 내전과 빈발하는 범죄에 시달리며 혼란으
로 치닫는 모습을 목격하게 될 수 있다. 만약 멕시코가 이런 위협에서

벗어날 대책을 찾을 수 있다면, 이 나라는 나머지 중남미 국가들에게 하나의 모범사례가 될 수 있을 것이다. 1990년대 초에 세계의 이목을 집중시켰던 멕시코의 혁명가들은 이미 입지를 상실하기 시작했다. 그 이유는 사람들이 전반적으로 빈곤층에서 벗어나 중산층으로 상향이 동한 데 있다고 나는 생각한다. 멕시코인들은 발전하고 있다. 그들은 자기 자녀들이 자신들보다 더 많은 발전을 이룰 가능성이 있다고 생각한다. 또한 그들은 미래를 위해 준비한다는 것의 가치를 이해하고 있다. 빈센테 폭스 대통령의 당선은 많은 멕시코 사람들에게 실제적이고 광범위한 발전이 가능하다는 희망을 심어 주었다. 그가 취임한 지 여러 해가 지나면서 이런 희망에 대한 의문이 커지기 시작했지만, 그 같은 희망들이 실현될지 여부는 앞으로 좀더 두고 볼 일이다. 만약 마약 거부들이 개입해 모든 게 수포로 돌아간다면 커다란 비극이 될 것이다.

카스피해 지역: 범죄국가냐, 질서로의 편입이냐?

실크로드의 중심지이자 중앙아시아를 둘러싼 쟁패의 현장이었던 카스피해 지역은 전통적으로 유럽과 중국을 오가는 대상(隊商)들의 주요 무역로였다. 이 무역로상에 위치한 아제르바이잔, 투르크메니스탄, 카자흐스탄, 타지키스탄, 키르기스스탄은 1920년대에 소련의 일부로 편입됐다. 이 때문에 이들 나라는 세계 경제와의 관련성이 현저하게 떨어졌다. 그 후 소련이 붕괴되자 이들은 버마, 짐바브웨, 수단, 그리고 중앙아프리카 국가들과 더불어 범죄적 인물에 의해 통치되는 나라들의 명단에 올랐다. 이런 나라들은 본질적으로 부정축재를 일삼는 소수 권력자들이 공생하는 체제를 갖고 있다. 소수 권력자들은 자기와 자기 부하들을 위해 국가의 부를 체계적으로 약탈해왔다.

최근 카스피해 지역은 서구의 국가들과 민간 개발업자들에게 석유자원의 문호를 개방했다. 이 지역의 석유는 그 양과 질에서 페르시아만의 석유에 못지않다. 애초 예상을 뛰어넘는 양질의 석유가 풍부하게 매장돼 있음이 확인되면서 이 지역은 다시 갑작스럽게 세계 경제에 중요한 영향력을 행사하는 곳이 됐다. 2000년 사우디아라비아가 원유 가격을 올리려고 했다. 그러자 불과 몇 년 전만 해도 석유수출국기구(OPEC) 체제에서 보잘것없는 존재였던 카자흐스탄이 자국의 원유 생산량을 늘림으로써 사우디아라비아의 원유가격 인상 시도를 좌절시켰다.

카스피해 지역의 원유에 대한 시장의 수요가 늘어나면서 이곳 국가들은 일련의 도전에 직면하게 됐다. 석유 및 천연가스 사업의 잠재력을 얼마나 신속하게 실제의 생산과 소득으로 전환시킬 수 있는가? 석유회사들이 이 지역의 부패한 권력자들과 사업상 거래를 하려고 할까? 석유의 개발과 판매에서 나오는 수입은 이 지역 국가들을 질서를 존중하는 나라들의 대열에 동참시킬 만큼 개혁을 촉진할까? 만약 그렇게 되지 않는다면 석유업계와 부패한 정부 사이, 또는 급진 이슬람주의와 석유회사 사이에 갈등이 커져 전쟁이나 테러로 이어지지 않을까?

이 지역에서는 이미 100여 년 전부터 원유가 생산돼왔고 옛 소련도 이 지역에서 원유를 생산해 사용했다. 그 후에도 모두가 이 지역의 원유에 눈독을 들여왔다. 그럼에도 이 지역에 현대적인 석유산업이 형성되기까지는 오랜 세월이 지나야했다. 이 지역의 무질서와 범죄활동이 석유회사들로서는 감당하기 어려운 수준이었기 때문이다. 계약, 주식 발행, 소유권 보장 등 상업에 기초적으로 요구되는 것들에 관한 분명한 법규가 전혀 존재하지 않았다. 이 지역에 송유관을 까는 데는 네 가지 방법이 있었다. 서쪽의 터키 방향, 북쪽의 체첸 및 러시아 방향, 동쪽의 중국 방향, 그리고 남쪽의 이란 및 걸프 만 방향으로 송유관을 까는 방법이 있었던 것이다. 그런데 이 네 방법 모두가 이 지역의 권력자, 약탈범, 적대적 정부, 전쟁 등에 발목이 잡혀 있었다. 송유관의 통과를 대가로 어마어마한 금액의 통행료를 부과하고 그 돈을 개인적으로 착복하려는 지역 권력자들도 있었다. 그렇다 하더라도 만약 이 지역의 원유 및 천연가스가 보다 효율적으로 개발돼 이용된다면 유럽과 중국에 중요한 에너지 공급원이 될 것이고 페르시아만의 무질서도 견제하는 역할을 할 것이다.

바로 이것이 중앙아시아 국가들이 질서를 향해 가는가, 아니면 혼돈을 향해 가는가의 문제가 대단히 큰 중요성을 갖는 이유들 가운데 하나다. 이 지역 국가들의 출발지점은 대체로 동일하다. 새롭게 등장한 거대한 소득원, 부패하고 혼란스러운 정부, 때로는 자국민에게도 저질러지는 폭력, 대체로 범죄적 권력자에 의해 통치되는 현실 등이 이 지역 국가들의 공통된 모습이다. 소련은 1990년대 초에 이 지역에서 손을 떼면서 행정조직을 남겨두지 않았다. 또 이 지역 국가들은 모두 다양한 민족들로 구성돼 있다. 이들 민족은 다양한 종족 정체성을 지니고 있으며 서로 적대하기도 하는데 그 적대관계가 수백 년까지 거슬러 올라가는 경우도 많다. 이 지역 주민들은 주로 이슬람교도이고 대부분이 전혀 교육을 받지 못한 사람들이다. 그들은 끊임없이 외세에 시달려왔다. 미국, 영국, 유럽, 중국, 러시아 등의 강대국들이 그들의 유전을 개발하고 이용권을 확보하는 데 눈독을 들이고 있기 때문이다. 이 지역 국가들은 유럽연합에 편입될 수도 없다. 이슬람교도가 인구의 주종을 이루는 이 지역 국가들을 유럽연합이 받아들일 준비가 돼있지 않고, 거리도 멀기 때문이다. 이 지역 국가들은 중동에 합류하는 데도 관심이 없다. 이란, 사우디아라비아, 쿠웨이트 등 중동 국가들은 그들에게 동맹의 대상이기보다는 석유를 둘러싼 경쟁 상대이기 때문이다.

이런 현실은 갈등과 분쟁을 예고한다. 이 지역에서 추진되던 다수의 프로젝트들은 이미 중단됐다. 이 지역의 개발에 참여하려던 서구의 기업들이 범죄, 부패, 갈취의 수준이 과도함을 알아차렸고, 사업을 계속하는 데 필요한 법치주의를 확립하기가 힘들기 때문이었다. 카자흐스탄, 타지키스탄, 우즈베키스탄은 갑자기 내전의 상황으로 치달을 가능성이 있다. 내전이 실제로 벌어진다면, 현지의 권력자가 자금줄에 대한 통제권을 확보하려는 목적에서 송유관을 접수하기 위한 내전이 될 가능성이 높다. 그렇게 된다면 미국, 러시아, 중국의 이해관계가 충돌하면서 새로운 세계대전으로 이어질 가능성도 있다.

사하라 이남 아프리카: 19세기로의 회귀

20년이 넘도록 아프리카에서는 질서와 법치가 자리 잡을 기회를 얻지 못했다. 식민주의가 종식된 이래 남아프리카공화국을 제외한 사하라 이남 아프리카 국가들 대부분에 부패한 약탈정권들이 잇달아들어섰다. 이 대륙에서는 권력이 곧 법이다. 그 결과 개발의 역행이 기본적인 삶의 모습이 됐다. 도로, 학교, 병원, 전화, 발전소 등은 그 수가 매년 줄어든다. 문맹률은 갈수록 높아지고, 보건의 상태는 매년 악화되고, 애초부터 만연했던 범죄는 해가 갈수록 더 늘어난다. 이 지역에서 잘 산다는 것은 벽 뒤에 숨어 산다는 것을 의미한다. 남아프리카 지역의 상당부분을 포함한 사하라 이남의 아프리카 국가들은 외국인이 방문하기에 안전하지 않고, 차량 탈취가 다반사로 일어나기 때문에 그저 차를 타고 지나가기에도 안전하지 않다.

아프리카에서는 개발의 규칙들이 무너졌고, 국제질서의 규칙들도 무너졌다. 게다가 국제사회에서 아프리카의 현실을 개선시킬 능력도 고갈됐다. 아프리카의 마지막 희망은 이 대륙 사람들을 사랑하고 아프리카를 변화시키기 위해 그곳으로 찾아들어간 교육자와 혁신가들에 있다. 그러나 이런 이들도 앞으로 몇 년간에 걸쳐 아프리카를 조용히 떠나게 될 것이다. 아프리카를 찾는 관광객은 이미 줄어들고 있고, 아프리카의 관광산업은 빈사상태에 빠져 있다. 소수의 대담한 사람들만이 범죄 및 건강상의 위험을 각오하고 아프리카를 찾는다. 투자는 이미 끊어져 버렸다. 투자될 자금이 있다 하더라도 아프리카에는 그 돈을 슬기롭게 활용할 사업가가 없다. 수출은 줄어들고 있고, 기반시설은 허물어지고 있다. 천연자원은 있지만 아프리카에 들어가 그것을 개발할 의향을 가진 기업은 거의 없다. 나는 한 구리 채굴기업의 시나리오 프로젝트를 수행한 적이 있다. 이 회사는 콩고의 르완다 접경지역 인근의 거대한 구리광산에 대한 개발허가를 따내기 위해 500만 달러를 이미 지불한 상태였다. 그런데 그 돈은 헛되이 낭비한 게 돼버렸다. 어떤 환경 속에서 구리광산 개발 프로젝트를 진행해 나가게 될지에 대한 시나리오 전망을 하지 않았기 때문이다. 아프리카 전역에서 이와 비슷한 프로젝트들이 추진되다가 속속 포기되고 있으며, 이로 인해 아프리카의 경제는 계속 더 악화되고 있다. 우간다를 비롯한 일부 아프리카 국가들은 유럽이나 미국에 대사를 보내는 것조차 어려운 상황이다. 대사로 보낼 인물이 없어서가 아니라 한번 대사로 유럽이나 미국에 보내면 돌아오지를 않기 때문이다.

간단히 말해 21세기에 아프리카는 19세기의 기술수준과 삶으로 회귀하고 있다. 사람들은 도시를 떠나고, 세계 경제에서도 낙오되고 있다. 아프리카 사람들은 생계형 농업으로 돌아가고 있지만, 이제는 예전보다 더 많은 인구를 부양해야 하는 실정이다. 인종청소를 비롯한 여러 가지 대규모 폭력으로 인해 인명과 지역사회가 파괴되는 일이 비일비재하다. 기근과 질병, 특히 에이즈도 인명과 지역사회의 파괴에 주된 역할을 하고 있다. 이 점에 대해서는 뒤에 다시 언급할 것이다. 앞으로 20여 년 동안 수억 명의 아프리카 사람들이 천수를 누리지 못하고 일찍 사망하게 될 것이다. 아프리카 대륙의 전체 인구는 아마도 질병, 전쟁, 기아 등으로 인해 감소할 것이다.

훗날 이런 아프리카의 모습은 인류역사상 최악의 비극 가운데 하나로 간주될 것이다. 그리고 아프리카를 제외한 나머지 세계는 아프리카에 등을 돌린 것으로, 아니 사실상 아프리카 대륙과, 이 대륙의 문제점들과 담을 쌓은 것으로 비칠 것이다. 이런 세계의 태도는 일종의 인종차별일 수도 있고, 단순히 무관심일 수도 있다. 사하라 이남 아프리카 사람들은 다른 대륙의 사람들로부터 멀리 떨어져 있고, 그들에게 경제적으로 줄 만한 것을 갖고 있지 않으며, 그들의 삶에 영향을 주기는커녕 자신들의 삶을 챙기는 데만도 버겁다. 어느 모로 보나

아프리카에 대한 다른 세계의 무관심은 가히 범죄에 가까운 수준이다. 그러나 아프리카에 개입하려 한다 해도 과연 어디에서부터 손을 대야할까?

아프리카에서도 몇몇 나라들은 어떤 형태로든 질서 있는 생존의 모습을 갖출 잠재력을 지니고 있다. 남아프리카공화국은 에이즈 문제만 잘 처리할 수 있다면 질서 있는 생존이 가능할 것이다. 그 밖에 가나와 어쩌면 모잠비크 정도가 질서 있는 생존이 가능할 것이다. 만약 이조차도 실현되지 않고 상황이 더욱 악화되기만 한다면, 아마도 유엔의 감독 아래 아프리카 대륙을 식민지로 되돌려놓고 처음부터 다시 출발하도록 하자는 움직임이 일어날지도 모른다. 그러나 이런 정도로까지 악화되려면 아프리카 대륙의 비참한 상황이 앞으로 최소한 20~30년은 더 계속돼야 할 것이다.

아프리카, 중국, 러시아, 인도의 에이즈: 질서로 가는 길을 막는 최후의 장벽

아프리카에 1400만 명의 고아들이 있다는 것은 그 숫자만으로도 가공할 일이다. 아프리카는 지역사회와 가족생활이 대단히 중요하고, 터전을 잃은 사람들을 돌볼 자원이 없고, 상수도와 위생, 전기, 교육 등의 인프라가 거의 존재하지 않는다고 말할 수 있을 정도로 빈약하고, 한평생 슬픔이 지속되는 대륙이다. 이런 가난한 곳에서 무려 1400만 명의 아이들이 부모 없이 자라나고 있다. 이는 또 하나의 피할 수 없는 놀랄 일이지만, 그 결과에 대해 우리는 아직 제대로 생각해보지도 않은 상태다.

정치경제학자인 니콜라스 에버슈타트는 〈포린 어페어스(Foreign Affairs)〉에 다음과 같은 내용의 글을 기고했다.[56] 아프리카는 이미 의학적, 인간적으로 에이즈에 의해 황폐화돼왔지만, 그동안의 황폐화는 앞으로 닥칠 참상에 비하면 그 사소한 징후에 지나지 않는다는 것이다. 게다가 에이즈는 다른 나라들에 커다란 영향을 끼치는 러시아, 중국, 인도 등 세 나라에서도 급속히 확산되고 있다. 에이즈는 이들 세 나라의 미래, 특히 이들이 질서 있는 나라가 될 능력에 영향을 미칠, 가장 중요하지만 예측하기 어려운 요인이다.

만약 인류가 전적으로 합리적인 존재라면 에이즈는 통제하기가 어려운 질병이 아닐 것이다. 이 질병은 혈액교환을 통해서만 확산된다. 항문성교, 여러 명이 주사바늘을 같이 사용하는 것, 수혈 등이 이 질병을 전파하는 매개다. 이 세 가지 형태로 이루어지는 혈액교환은 사회적 또는 정치적 의지만 있으면 막을 수 있다. 그런데 바로 여기에 에이즈의 비극이 있다. 에이즈가 뿌리내린 모든 곳에서 그와 같은 사회적, 정치적 의지를 발견하기가 매우 어렵다. 거의 예외 없이 에이즈의 확산 자체를 부정한다. 예를 들어 미국에서는 남성 동성애자들이 에이즈의 심각성을 깨달은 뒤에는 안전한 섹스 관행을 채택하고 있기 때문에 에이즈와 인간면역결핍 바이러스(HIV)의 감염 문제가 해결됐다는 선언이 거듭된다. 그러나 그 다음 세대의 남성 동성애자들이 성년이 되면서 다시 문제가 불거진다. 샌프란시스코의 카스트로나 뉴욕의 웨스트 빌리지 같은 게이 공동체 지역으로 이주하는 동성애자들은 자신들의 삶을 성적 정체성을 중심으로 꾸려나가는 경우가 많다. 그들은 자신들이 선택한 삶이 치명적인 문제점을 안고 있다는 사실을 무시할 만큼 몸과 마음이 한 방향으로 쏠려 있다. 다른 많은 젊은이들과 마찬가지로 그들도 오랜 잠복기를 거쳐 증상이 나타나는 질병에 걸리기 쉽다는 생각을 하지 못한다. 그들은 오히려 문제를 합리화하려고 한다. 다시 말해 그들은 이따금 안전한 섹스 관행을 망각하곤 한다. 그러고 나면 죽음의 순환이 다시 시작되는 것이다.

이와 유사하면서도 한층 더 치명적인 일이 아프리카에서 벌어지고 있다. 아프리카에는 난교를 청년기의 정상적인 일부분, 즉 결혼 이전에 거치는 하나의 생활방식으로 받아들이는 곳이 여러 군데 있다. 내가 1968년에 가나에서 평화봉사단(Peace Corps, 미국 정부의 지원을 받아 개발도상국을 지원하는 일을 하는 민간단체-옮긴이)의 교사로 일할 때 나와 동료 교사들은 우리가 묵는 집을 청소해주는 젊은 여성들로부터 성적 접대 제의를 가끔 받았다. 나는 물론 그런 제의는 올바른 게 아니라고 판단하고 받아들이지 않았지만, 그렇다고 해서 그런 관행을 갖고 있는 그곳 사람들을 비난할 생각도 없었다. 당시 가나에서는 그것이 관례적으로 합의된 호의적 행동이었기 때문이다. 또 그곳 소녀들은 어머니들로부터 비전통적인 형태의 섹스가 원하지 않는 임신을 예방하는 데 가장 효과적이고도 저렴한 방법이라는 교육을 받으면서 자랐다. 그들은 특히 콘돔에 대해 의심을 품고 있었다. 콘돔의 도입은 인구증가를 억제한다는 취지에서였기 때문이다. 콘돔은 아프리카의 사람 수를 줄이려는 서구세계의 음모로 간주됐고, 어떤 면에서는 이런 그들의 의심에 수긍할 만한 점이 없지 않았다. 한편 문맹률이 높은 곳에 사는 사람들은 질병의 메커니즘을 제대로 이해하지 못했다. 미생물과 바이러스에 대한 이해를 토대로 한 의약품보다 전통약제나 치료법이 훨씬 더 인정받고 있었고, 여기에는 신앙치료와 기도도 포함된 경우가 많았다.

그 뒤 에이즈가 찾아왔다. 아프리카가 보인 첫 반응도 부정하는 것이었다. 그들은 에이즈가 성적 접촉으로 발병한다는 점을 부정했다. 그들은 처음에는 에이즈가 아프리카 사람들의 쾌락을 파괴하려는 서구세계의 음모라고 말했고, 이 질병의 결과가 보다 분명해지고 난 뒤에는 그것이 아프리카적인 삶을 파괴하기 위한 음모라고 말했다. 남아프리카공화국 대통령 타보 음베키는 "에이즈의 원인은 빈곤"이라는 유명한 선언을 한 적이 있다. 빈곤이 에이즈 문제를 악화시키는 것은 분명하다. 대체로 빈곤은 보다 낮은 영양상태를 초래하고, 이는 다시 병에 대한 사람 몸의 저항력을 떨어뜨린다. 그러나 빈곤에 초점을 맞춤으로써 남아프리카공화국은 이 질병을 다루는데 도움이 될 교육 및 인프라의 변화를 무시하고 말았다.

가령 고향을 떠나 몇 개월씩 집단숙소에서 생활하며 광산에서 일하는 아프리카 남성들이 있다고 가정하자. 그 기간에 그들은 서로 섹스를 즐긴다. 이것은 공개적으로는 언급된 바 없는 은밀한 관행이었다. 광산 일이 끝나면 그들은 다시 아내가 있는 고향 집으로 돌아간다. 그러면 그 아내들도 에이즈에 걸린다. 이런 관행을 억제하기란 매우 어려울 것이다. 몇 세대를 거쳐 계속돼온 것이기 때문이다. 그보다는 이 문제의 해결방안으로 신앙치료에 의지하는 것이 훨씬 더 쉽다는 생각들을 한다. 나는 아프리카의 지식인들이 이런 말을 하는 것을 들었다. "서구 사람들은 이 병을 제대로 이해하지 못합니다. 그건 섹스와 아무런 관련성이 없습니다. 우리는 이미 그것을 몇백 년 동안 다뤄오고 있습니다."

이런 아프리카의 태도를 태국의 태도와 비교해보자. 태국의 매춘

관광은 불법시되곤 했음에도 오래전부터 자리 잡은 사업 중 하나이며, 태국 남성의 25퍼센트가 그 고객일 것으로 추정된다. 1990년대 중반에 에이즈가 심각한 문제로 대두될 것임이 명백해지자 태국 정부는 일련의 안전한 섹스를 위한 대책을 마련했다. 태국 정부는 콘돔 사용을 촉진하고, 매춘 근절운동을 벌이고, 마약을 주입하는 데 주사기가 사용되지 못하도록 감시했다. 그 결과 태국에서 에이즈가 근절된 것은 아니지만 이 질병에 대한 통제가 어느 정도 이루어지는 모습이다. 에이즈 발병건수가 2000년에는 2만 3000명이었는데 일년 뒤인 2001년에는 9000명으로 대폭 감소했다.[57]

그러나 지구상의 다른 많은 지역들은 에이즈 발병건수의 급격한 증가로 인해 위험한 상태에 처해 있다. 중남미에서는 에이즈가 발병했거나 인간면역결핍 바이러스에 감염된 성인 및 아동의 수가 2001년에 140만 명에 달했다. 중국, 인도, 러시아 등 세 나라의 상황은 세계의 다른 나라들에 미치는 영향력으로 인해 각별히 중요한 의미를 가진다. 이 세 나라 모두 에이즈 발병건수가 급격히 증가하고 있어 위험한 상태다. 에이즈 환자 수가 중국은 5800만 명, 인도는 8500만 명, 러시아는 1200만 명이다. 세 나라 모두 아프리카나 태국과 마찬가지로 상거래 관행 및 문화에 내재된 사회적 요인들로 인해 에이즈 확산현상이 더욱 악화되고 있다. 인도도 태국과 마찬가지로 매춘이 에이즈 확산의 주된 요인이다. 수송 인프라에서 중요한 역할을 하는 트럭 운전사들도 한 요인이다. 그들이 주기적으로 매춘부를 찾기 때문이다. 중국의 경우에는 앞서 3장에서 설명한 사람들의 이주와 관련된 요인들을 통해 에이즈 확산이 가속화되고 있다. 구체적으로 결혼을 하지 못한 남자들이 대규모로 존재한다는 점과, 농촌 사람들이 대규모로

도시로 이주하고 있다는 점이 그것이다. 중국의 에이즈 확산에 기여하는 또 하나의 중요한 요인은 보건의료 체제다. 보건의료 체제를 급격한 발전에 꿰맞추다 보니 수혈할 때 부주의한 현상이 발생하고 있다. 러시아에서 에이즈가 가속화되는 주된 요인은 교도소 체제다. "감옥은 약물에 내성을 띠는 결핵 및 에이즈 유발 바이러스의 온상"이라고 에버슈타트는 주장한다. 죄수들이 사회로 복귀하면서 여러 가지 질병들을 그대로 갖고 나간다는 것이다.

중국과 인도에서 에이즈는 엄청난 결과를 초래할 것이다. 수백만 명의 사람들이 사망하거나 고아가 될 것이다. 그러나 에이즈 환자 수를 전체 인구수와 비교해보면 러시아가 훨씬 더 심각하다. 중국의 5800만 명과 인도의 8500만 명은 각각 13억의 인구 중에서 0.05퍼센트와 0.07퍼센트에 지나지 않는다. 이에 비해 러시아의 에이즈 환자 수 1200만 명은 전체 인구의 10퍼센트에 가깝다. 더욱이 이 질병은 상대적으로 젊은 노동계층, 다시 말해 러시아 경제의 생산적인 측면들을 발전시키는 계층에 집중돼 있다. 게다가 러시아 정부는 지금까지 이런 사실을 부인해 왔다. 만약 러시아가 태국처럼 에이즈 문제에 적극적으로 손을 쓰지 않는다면 이 나라는 현대적이고, 질서 있고, 민주적이고, 자본주의적이고, 시장 지향적이고, 진보적인 사회로 완전히 이행하는 데 성공하지 못할 수도 있다.

만약 그 같은 일이 벌어진다면 러시아는 아마도 이 세계에서 가장 규모가 큰 무질서 국가가 될 것이다. 러시아는 핵무기로 무장된 나라이고, 유럽 및 중국과 국경을 맞대고 있다. 뿐만 아니라 러시아가 조직범죄에 의해 지배될 가능성도 배제할 수 없다.

새로이 떠오르는 나라와 사회들의 건강관리 체제가 발전경로의 변곡점을 통과하도록 하는 데 에이즈가 자극제 역할을 할 수도 있다고 가정해본다면 기분이 좀 괜찮아질 것이다. 에이즈의 충격을 받은 사회들이 건강관리, 청결, 건강습관, 위생 등에서 더 나은 기준의 개발에 나서게 될 것이란 얘기다. 그러나 C형 간염처럼 혈액으로 전염되는 여러 가지 질병들과 관련해 이미 감염된 혈액의 문제가 여러 나라에서 대두된 바 있다. 그럼에도 이 문제는 아직도 별다른 진전을 보이지 않고 있다. 비극적인 이야기지만, 가용자금도 충분하지 않다. 니콜라스 에버슈타트가 지적했듯이, 이런 나라와 사회들은 사람의 생명을 구하는 데 드는 비용도 부담할 수 없는 처지다. 에이즈 환자 한 명의 생명을 유지시킬 수 있는 의약품, 적어도 제네릭 의약품을 쓰는 데 필요한 돈은 600달러 정도다. 인간 목숨의 값어치라는 것이 이 600달러에도 못 미친다는 얘기다. 에이즈가 범죄행위를 억제하는 기능을 할 수도 있다는 생각도 해봄직하다. 가령 에이즈 환자가 아닌 러시아 사람들에게 이 질병은 국가가 범죄적 과두지배 체제를 묵인하면 국민이 엄청난 대가를 치르게 될 것임을 입증하는 역할을 한다는 것이다. 그러나 과거의 사례들을 보면 이런 측면의 결과가 그다지 고무적이지 않다.

그러나 미래가 반드시 과거에 의해 구속을 받아야 하는 것은 아니다.

질서와 무질서 사이의 선택

귀가 번쩍 뜨이는 이야기를 해보자. 무질서와 그 가공할 결과는 피할 수 없다. 아프리카 같은 일부 지역들은 거의 필연적이고도 집중적으로 고통을 겪어야 할 운명이다. 다른 지역들의 미래도 불확실하다. 가령 중남미 국가들 대부분은 질서의 증가와 무질서의 증가 사이를 주기적으로 오락가락하고 있다. 앞으로 20년 뒤에는 어느 나라가 어느 쪽에 위치해 있을지 판가름이 나 있을 것이다.

어느 나라들이 변화를 겪게 될 것인지에 대해 예상하기란 불가능하다. 그러나 참고할 만한 몇 가지 중요한 선행지표들이 있다. 에이즈 문제에 얼마나 잘 대처하고 있는가가 그런 지표들 가운데 하나다. 태국의 효율적인 대처는 이 나라가 질서 있는 세계에 편입할 준비가 돼 있음을 시사한다. 앞으로 10~20년 뒤에 태국은 아시아에서 가장 잘 운영되는 나라들 가운데 하나가 될 것이다. 이와 대조적으로 남아프리카공화국에서는 인종차별정책 철폐 이후 곧바로 여러 가지 다른 일들이 벌어지고 있다. 이 신생 '무지개 국가(rainbow nation, 여러 다양한 인종으로 구성된 나라를 가리킴-옮긴이)'가 여전히 얼마나 취약한 상태인지가 이 나라의 에이즈 정책을 통해 나타난다.

또 다른 훌륭한 지표는 해외 유학생들의 행태다. 전 세계에서 엄청난 수의 학생들이 미국으로 공부하러 건너간다. 그들 가운데 얼마나 많은 학생들이 자기가 태어난 나라로 다시 돌아가는가가 그 지표다. 한국은 자국 유학생들을 다시 불러들여 예컨대 삼성전자 등 자기 나라 기업들의 연구소에서 일하도록 한 첫 번째 나라들 가운데 하나다. 이제 중국과 인도에서도 이 지표가 변화를 보이고 있다. 더 많은 수의 학생들이 고향으로 돌아오고 있는 것이다. 그들에게는 고국에서도 일자리와 기회가 많다. 이런 추세가 계속되는 한 중국과 인도의 전망은 밝다. 그러나 이와 정반대의 모습을 보이는 곳이 있다. 미국에서 과학을 공부한 이슬람 국가 출신 학생들은 미국에 그대로 눌러앉는 경향을 보이고 있다. 이집트 같은 나라에는 좋은 대학이 몇 곳 없다. 이 점이 이 나라의 재능 있는 젊은이들의 귀국을 막고 있다. 이집트는 변화의 경제적 엔진을 충분히 개발하게 될 것 같지 않다.

다른 나라들에 대한 미국 정부의 행태도 하나의 강력한 지표다. 미국은 부와 군사력을 지닌 탓에 얼마나 많은 국가들이 질서 있게 되느냐, 반대로 얼마나 많은 국가들이 혼란스럽게 되느냐는 문제에 큰 영향력을 행사한다. 만약 미국과 다른 나라들 사이의 긴장이 커지면 무질서의 양도 그만큼 늘어날 것이다. 미국과 다른 질서 있는 국가들 사이의 싸움은 냉전이 그랬던 것처럼 무질서한 세계에서의 대리전 양상을 띨 것이다. 만약 무질서한 나라들의 목소리가 국제사회에서 경청되지 않거나 빈곤, 환경, 물 이용, 건강, 에이즈 등과 관련된 문제점들이 잘 다뤄지지 않으면 한층 더 심각한 혼란이 야기될 것이다.

반대로 만약 미국과 그 밖의 질서 있는 나라들이 손을 잡고 국제사회의 통합을 증진시키고, 보다 많은 나라들이 무질서한 세계에서 탈피하는 데 도움을 준다면, 그리고 지구적 발전의 가속화 및 통합화에 자양분을 공급한다면 보다 나은 미래가 열릴 것임은 누구나 예상할 수 있다.

희망할 이유는 여전히 있다. 왜냐하면 미국으로 하여금 보다 개방적이고, 보다 활기를 띠도록 자극하는 요소들이 존재하기 때문이다. 이런 요소들 가운데 하나는 벤저민 프랭클린 시대부터 지금까지 항상 미국의 강점으로 존재해온 것, 즉 과학기술이다.

7장___

과 학 기 술 의 일 대 약 진

과학혁명에는 신비한 점이 전혀 없다. 과거를 돌이켜보면 과학혁명이 일어나는 데 어떤 조건들이 필요한지를 금세 알 수 있다. 과학기술이 획기적으로 발전하는 데는 아래에서 설명할 네 가지 기본 요인들이 필요하다. 1600년대 초에는 이 네 가지 기본 요인들이 다 존재했다. 당시는 니콜라우스 코페르니쿠스, 요하네스 케플러, 갈릴레오 갈릴레이의 시대였다. 20세기 초에도 그랬다. 당시는 토머스 에디슨, 라이트 형제, 구글리엘모 마르코니, 앨버트 아인슈타인, 막스 플랑크, 닐스 보어의 시대였다.

오늘날 과학혁명의 네 가지 기본 요인들이 다시 갖춰졌다. 그것은 다음과 같다.

첫째는 과학적 변칙의 출현이다. 여기서 과학적 변칙이란 새로운 과학적 사실들이 표면화될 때 기존의 과학모델에서 제기되는 새로운 모순과 역설을 뜻한다. 코페르니쿠스, 케플러, 갈릴레이가 당대의 지배적 이론이던 프톨레마이오스의 천동설 모델에 의문을 제기했을 때나 아인슈타인과 보어가 뉴턴 물리학의 모순점을 발견하고 다른 물리적 모델을 제시했을 때 여러 반향들이 일어났으며, 그 속에는 과학기술 분야에서 광범위한 새로운 가능성을 여는 요소들이 들어 있었다. 예를 들어 양자물리학이 태어나지 않았다면 우리는 고체 전자공학(solid state electronics), 레이저, 원자력 등을 발전시키지 못했을 것이다.

2000년에 하나의 변칙이 출현했다. 일단의 천체물리학자들이 우주가 가속적으로 팽창하고 있다는 사실을 발견한 것이다.[58] 이는 중력의 본성에 관한 지배적 이론들에 배치되는 것이다. 한 물체가 다른 물체에 끌리는 현상인 중력의 관점에서 보면 우주의 팽창은 억제될 것이기 때문이다.

우주의 팽창이라는 사실을 이해하기 위해 몇몇 물리학자들은 중력의 영향력을 이겨내는 어떤 우주의 힘이 존재한다고 가정했다. 그들은 이 존재를 '암흑에너지(dark energy)'라고 불렀다. 그런데 이 암흑에너지는 어디서 생겨나는가? 그것이 왜 존재하고, 어떻게 기능하는가? 만족스러운 설명은 아직 나오지 않았다. 암흑에너지에 대한 현재의 가설들은 프톨레마이오스적인 주전원(周轉圓, 원주 위의 한 점을 중심으로 한 또 다른 원―옮긴이) 이론과 흡사하다. 중세 천문학자들이 신봉했던 주전원 이론은 정교한 가상의 우주 원운동 체제로, 지구가 중심에 있는 커다란 원주상에서 다른 행성들이 둥근 궤도를 따라 회전하는 운동을 한다는 것이다. 중세의 천문학자들은 자신들의 우주이론이 실제로 관찰된 천체의 운동과 차이를 보이자 이를 조정하기 위해 프톨레마이오스적인 주전원 체제를 도입했다. 그러나 그 뒤에 지구가 태양 주위를 돈다는 사실이 밝혀졌다. 이런 지동설은 그 이전에는 설명되지 않던 것들을 설명할 수 있게 해줌으로써 사람들에게 엄청난 안도감을 느끼게 했고, 바로 이런 점으로 인해 사람들이 결국 지동설을 수용했던 것이다. 그제야 사람들은 엄청나게 복잡하고 볼품없는 주전원 이론을 버릴 수 있었다.[59] 그런데 지금 암흑에너지가 그런 안도감을 사람들에게 주고 있고, 심지어는 암흑에너지 이론을 제시한 학자들 사이에서도 비슷한 안도감이 느껴진다. 암흑에너지에 대해 미국물리학회(American Physical Society)가 처음으로 연 대규모 회의에서 시카고대학의 한 물리학자는 "뭐라고 해야 하나, 분명 이것은 우리가 뒤죽박죽인 우주에 살고 있음을 보여주는 것입니다"라고 말했다.

그의 말대로 우주가 뒤죽박죽인 것으로 보일 수도 있겠다. 그러나 우주의 움직임에 대해서 우리는 아직도 조리 있고 일관된 설명을 찾아내지 못한 것일 가능성이 크다. 만약 우리가 아직 알지 못하는 어떤 에너지가 우주의 모든 중력과 질량보다도 훨씬 더 크다면, 이는 에너지 및 물질의 본성에 관한 기존의 일반적 이론 대신 새로운 이론이 필요함을 시사한다. 그리고 새로운 이론은 장차 우리가 과학을 이해하는 데 커다란 영향력을 미칠 것이다. 흥미로운 사실은 아인슈타인의 초기 연구도 이런 변칙을 예고했다는 것이다. 일반상대성 원리를 표현한 그의 등식에는 그 자신이 '우주상수(宇宙常數)'라고 부른 것이 포함돼 있었다. 그는 40대에 자신의 등식에서 우주상수를 제외시켰다. 이 일을 두고 그는 나중에 "일생일대의 실수"였다고 말했다. 요즘 그의 초기 주장이 옳았음이 밝혀지고 있다. 그의 우주상수는 암흑에너지와 비슷한 작용을 하는 것이기 때문이다.

암흑에너지라는 변칙은 최근 물리학, 화학, 생물학, 다차원 수학
등의 분야에서 새로이 떠오른 여러 변칙들 가운데 하나에 지나지 않
는다. 원자보다 미세한 수준에서 세 가지의 서로 다른 종류의 중성미
자(중성자가 양성자와 전자로 붕괴될 때에 생기는 소립자-옮긴이)들이 발
견됐고, 그 가운데 두 가지는 질량을 갖는 것으로 밝혀졌다. 이는 그
전의 모든 원자이론에 배치되는 것이다. 한 세대 전만 해도 모든 대학
의 물리학도들은 모든 중성미자는 질량을 갖지 않는다고 알고 있었
다. 그러나 이제 우리는 중성미자 가운데 일부는 질량을 갖는다고 생
각한다. 이런 변칙들 가운데 어떤 것이 가까운 미래에 새로운 이론으
로 설명될 수 있을 것인지를 우리는 아직 알지 못한다. 하지만 많은
변칙들이 출현한다는 사실 자체가 과학의 일대약진이 임박했음을 알
려주는 명백한 신호다.

과학기술의 새로운 돌파구가 열리는 데 필요한 두 번째 기본 요인
은, 과거에는 전혀 관찰되지 않았던 현상을 감지해내는 새로운 과학
기구의 개발이다. 과학기구의 개발 자체가 새로운 과학적 변칙을 탄
생시킨다. 익히 알다시피 망원경은 케플러와 갈릴레이의 과학적 업적
에 크게 기여했다. 특히 케플러는 그의 스승인 티코 브라헤가 수집한
천문관측 자료들 덕을 보았다. '원자핵 파괴장치(atom smasher)'로도
불리는 입자가속기는 20세기 중반에 등장한 '새로운 물리학(new
physics)'의 상당 부분에 대한 연구자료가 되는 실증적 실험결과들을
만들어냈다. 최근에는 우주의 가속적 팽창을 발견하는 데 인공위성에
부착된 기구들이 이용됐다. 엑스선과 감마선을 검출하는 궤도망원경
과 같은 기구들이 그것이다. 이 기구들을 멀리 떨어진 초신성(超新星)
을 향해 놓으면, 가속적으로 팽창하는 우주가 그 폭발하는 초신성의

밝기에 미치는 영향을 기록할 수 있다.

또 다른 망원경이 2012년에 도입될 예정이다. 지구에서 달의 위치보다 먼 궤도상의 '엘투(L2)' 지점에 위치하게 될 이 새로운 망원경은 300광년 떨어진 곳에 존재하는 지구만한 크기의 행성까지 관측할 수 있다. 이 망원경 다음에 개발될 망원경은 그러한 행성의 표면을 촬영하는 것도 가능할 것이다. 그런가 하면 원자보다 미세한 방향으로도 관측과 측정의 한계가 계속 무너지고 있다. 최근 아이비엠은 전자를 식별할 수 있는 새로운 전자현미경을 개발했다고 발표했다. 이 밖에 시간을 더욱 미세하게 분해하는 새로운 기구도 새로이 등장하고 있다. '펨토 초(Femtosecond, 1000조 분의 1초-옮긴이) 카메라'는 10^{-15}초 동안만 지속되는 과정을 포착해낼 수 있다. 이 정도의 속도에서는 화학반응이 전개되는 모든 과정을 들여다볼 수 있다. 원자보다 작은 입자들이 하나씩 자리를 잡아가며 배열됨으로써 새로운 물질이 탄생하는 과정을 볼 수 있는 것이다. 이 기술은 인간으로 하여금 화학반응을 조작함으로써 완전히 새로운 물질을 만들게 해줄 수 있다.

이런 것들과 다른 종류의 센서와 기구들도 개발되고 있다. 자외선보다 파장이 조금 짧은 테라헤르츠 파(테라헤르츠는 1조 헤르츠-옮긴이)를 이용하는 기구도 있다. 테라헤르츠 파는 사람의 근육조직을 훼손하지 않으면서 통과할 수 있다. 이 기술은 살아있는 모든 생명체에 관한 엄청난 양의 정보를 우리에게 가져다 줄 것이다. 우선은 나무와 숲에 관한 의학적 정보와 지식을 가져다 줄 것이다. 이 밖에 양자물리학 및 생물학 분야에서 막강한 새로운 컴퓨터 기술들이 필연적으로 개발되는 광경을 우리는 곧 보게 될 것이다. 이런 새로운 컴퓨터 기술은 우리에게 유전자 정보처리와 같은 대용량 연산처리 능력을 가져다

줄 것이다.

과학기술의 도약을 가능케 하는 세 번째 기본 요인은 과학자들 사이의 정보교류가 특히 과거에 비해 신속하고 효율적으로 이루어지는 것이다. 인쇄기술은 17세기에도 다소 낯선 기술로 여겨졌지만, 이미 당시에 과학적 저술과 연구 성과를 널리 전달하는 데 도움이 될 정도로 발달돼 있었다. 갈릴레이와 케플러는 서로의 연구 결과를 잘 알고 있었고, 갈릴레이로 하여금 이단죄 재판을 받게 한 교회 쪽 과학자들을 비롯한 다른 과학자들도 마찬가지였다. 19세기 말에 접어들자 전화, 전신, 인쇄 분야에서 혁신적 기술들이 등장해 자리를 잡았다. 그러자 과학자들은 이 새로운 기술들을 이용해 서로 의사소통을 했고, 일반 대중도 사상 처음으로 과학자들의 새로운 발견들을 뒤쫓을 수 있게 됐다.

오늘날 인터넷은 과학 분야의 의사소통에 일대 혁신을 가져왔다. 과학자가 같은 분야의 다른 과학자들로부터 자신의 이론에 대한 평가를 받는 데 예전처럼 6개월 내지 2년이라는 시간이 걸리지 않게 됐다. 이제는 발표와 거의 동시에 평가가 이루어진다. 과학 전문지들은 자유로운 형식의 웹 기반으로 바뀌고 있고, 웹상에서의 과학적 의견교환은 끊임없이 진행되는 지속적인 전문가 토론회로 발전했다. 이로써 예전엔 불가능했던 관계가 형성되고 과학자들 사이의 공동연구도 확대됐다.

과학기술의 획기적 발달에 네 번째 기본 요인은 과학기술 연구를 높이 평가하고 연구자들의 노력에 보상을 하는 정치경제적 문화다. 과학을 통해 개인들이 부유해질 수 있고 국가들이 강대해질 수 있는 시대에 과학기술 연구가 융성한다. 17세기의 과학기술은 이탈리아의 귀족들을 비롯한 후원자들의 뒷받침을 받았다. 19세기에는 과학기술을 통해 부를 일굴 수 있다는 점을 감지한 미국과 영국의 기술적 투자자들과 정부가 과학기술 연구에 적극적인 후원자로 나섰다.

오늘날 미국은 아마도 역사상 가장 많은 자금을 과학기술에 쏟아붓는 나라일 것이다. 미국은 벤처캐피털, 연방정부의 연간 지원액 750억 달러를 비롯한 정부의 자금지원, 기업의 연구개발 투자, 각종 기금의 지원, 대학의 재단 등을 통해 연구비를 댄다. 이런 경로를 통해 기초 과학연구에 많은 돈이 지원된다. 기초 과학연구에 대한 자금지원은 특정한 목표를 지정하지 않고 이루어지기도 하고, 따라서 그 효과가 예측 불가능한 경우가 많다. 이 때문에 대부분의 나라들에서는 과학기술에 대한 자금지원의 정당성을 정치인들이 주장하거나 인정하기가 어렵다. 그러나 기초 과학연구가 과학기술 발전에 획기적인 돌파구를 여는 경우가 많다. 가령 현재 이용되는 탄저병 치료약은 독극물의 구조에 호기심을 가진 한 연구자가 오랜 세월 연구를 계속한 결과로 개발됐다. 미국 국방부에서도 미국인들을 탄저병으로부터 보호하기 위해 여러 해에 걸쳐 자금을 지원하며 관련 연구 활동을 뒷받침했지만, 탄저병 치료약 개발에 돌파구를 연 것은 한 연구자의 개인적인 호기심과 노력이었던 것이다. 이 연구자는 유용한 연구 결과를 얻기까지 국방부가 아닌 국립보건원(NIH)으로부터 15년간이나 연구비를 지원받았다.[60] 기초 과학연구에는 미국 연구대학들의 네트워크가 중요한 밑바탕을 이루고 있다. 미국의 연구대학들은 앞의 5장에서도 거론한 바와 같이 연구 활동에 필요한 자금의 조달과 연구 활동의 수행이라는 두 가지 측면에서 긴요한 인프라 역할을 하고 있다. 이 점에 주목한 중국 등 여러 다른 나라들도 나름대로 기술연구의 중심점을 개발하고 발전시키는 작업에 착수했다. 이런 측면에서 중국이 미국을 따라잡는 것이 가능하다 할지라도 실제로 따라잡는 데는 많은 세월이 걸릴 것이다. 게다가 이와 같은 경쟁이 치열해지면 미국은 기초적인 연구개발 분야에 한층 더 집중적인 투자를 하게 될 것이다.

이상의 네 가지 기본 요인들은 하나로 합쳐지면서 과학기술을 도약시키는 힘이 되고 있고, 많은 과학자들이 이를 점점 더 실감하고 있다. 미국의 국립과학원(National Academy of Sciences)은 최근 물리학 분야를 조사해본 결과 하나의 혁명이 일어날 시기가 무르익었다는 결론을 내렸다. 이런 인식은 연구 활동을 더욱 자극해왔다. 과학자들이 각자 자신들의 영역에서 결정적인 연구 결과를 가장 먼저 발표하기 위해 경쟁을 벌이게 됐기 때문이다. 과학자들의 이런 경쟁은 연구개발 투자의 활성화로 이어진다. 투자자와 연구자의 공동체가 과학혁명이 필연적으로 도래한다는 생각을 갖고, 그런 과학혁명을 만들어나가고 있는 것이다.

아직 실현되지는 않은 과학혁명의 구체적인 내용을 이야기하기란 불가능하다. 그러나 대체로 어떤 분야에서 새로운 돌파구가 열릴 가능성이 높은지는 이미 분명하게 드러나고 있고, 우리는 그 결과 중 일부를 추측해볼 수 있다. 게다가 우리는 앞으로 다가올 변화의 속도가 어느 정도일지에 대해서도 상당히 알고 있다. 앞으로 다음과 같은 세 가지 필연적인 발전이 이루어질 것이며, 그 각각은 독자적인 시간경로를 밟을 것이다.

첫째, 이미 진행 중인 연구 분야에서 획기적인 돌파구가 열릴 것이다. 어떤 기술들이 개발될 것인지를 예측하기도 비교적 쉽다. 그 파급 효과 중 일부는 놀랄 일이 되는 동시에 이미 예정된 것이기도 하다.

둘째, 오늘날 과학의 최전선에서 획기적인 발전이 이루어질 것이다. 이 책에서 나는 어디에서 이런 발전이 이루어질 것인지를 말할 것이며, 그런 발전과 관련해 제기되는 쟁점들도 이야기할 것이다.

셋째, 패러다임을 바꾸는 대약진이 있을 것이다. 이런 대약진 이후에는 과학기술이 전혀 다른 것이 될 것이다. 대약진이 어떤 형태로 이루어질 것인지는 아직 알려지지 않았으니 우리는 다만 추측을 해볼 뿐이다. 그러나 대약진이 있을 것이라는 점은 필연적이다. 앞으로 50년 안에 물리학, 생물학, 화학, 천문학은 물론 어쩌면 지구과학 분야의 지식이 오늘날의 지식과는 크게 다른 것이 될 것이다. 새로운 지식과 오늘날의 지식 간의 차이는 오늘날의 지식이 지금으로부터 50년 전의 지식과 보였던 차이보다 훨씬 더 클 것이다.

1단계: 보다 작은 시스템과 보다 적은 비밀

현재 진행되고 있는 연구에서 나올, 어쩌면 가장 놀라운 대변화는 작게 생각하는 것과 관련된다. 에릭 드렉슬러가 1987년에 출간한 자신의 저서 《창조의 엔진들(Engines of Creation)》을 통해 나노기술이라는 개념을 처음으로 대중화했을 때만 해도 이 기술은 거의 불가능한 것처럼 보였다. 아주 미세한 수준에서 제품생산을 하고, 로봇을 만들고, 분자를 조작한다는 것은 실현하기가 불가능하다는 인상을 주었다. 그러나 오늘날 나노기술은 주류로 자리 잡아가고 있다. 매우 작은 규모의 미세조정을 통해 화학적, 생물학적, 물질적 시스템을 개발하는 일이 현재 진행되고 있다.

앞으로 너무 작아서 보이지도 않는 새로운 종류의 센서들이 그동안에는 들여다볼 수 없던 현상들을 식별해낼 것이다. 현미경을 통해서나 볼 수 있거나 현미경으로도 보이지 않는 작은 현상들을 알게 되는 것이다. 암 진단을 위한 센서를 예로 들어보자. 사람이 미세한 센서를 탑재한 엔진을 삼키면, 이것이 몸속에 돌아다니면서 암세포가 있는지 여부를 알려주고, 종양이 안전하게 제거될 수 있을 만큼 작은 크기에 머물러 있는지 여부를 알려줄 것이다.

내가 이 책을 쓰는 동안 캘리포니아 주의 에머리빌에 있는 나노믹스(Nanomix)라는, 나도 투자자로 참여한 작은 기업이 칩에 탑재한 단일분자 수소센서를 최초로 선보였다. 이런 소규모 장치들은 새로운 종류의 산업공정의 실현을 가능하게 해준다. 갑각류가 자신의 껍데기를 만드는 것과 같은 방식으로 하나의 작은 층에 또 다른 층을 덧입힘으로써 물질을 구성해내는 것이다. 다시 말해 앞으로 5~10년 뒤면 인간이 원자 및 분자 수준에서 조작을 가함으로써 최소한의 원재료만을 투입해서 깨끗하고 효율적인 방법으로 정교한 구조를 지닌 신물질들을 대량생산하는 능력을 갖추기 시작할 것이다. 이러한 새로운 산업공정들이 속속 등장하면서 우리는 다양한 종류의 신물질들이 시장에 쏟아져 나오는 모습을 보게 될 것이다. 신물질에는 정교한 금속합금도 있을 것이고, 새로운 종류의 폴리머와 플라스틱도 있을 것이다. 이 밖에도 생물학적 또는 전자공학적 시스템이 복잡한 상호작용을 일으켜 특성, 색깔, 모양, 조직, 형태를 명령에 따라 자유자재로 바꿀 수 있는 물질도 등장할 것이다.

예를 들어 1998년에 나노믹스의 연구원들은 탄소 나노튜브를 개발했다. 이것은 지금까지와는 다른 새로운 탄성, 강도를 갖고 전기 전도성을 통제할 수 있는 흑연 필라멘트다. 이것을 이용하면 컴퓨터 디스플레이 장치를 벽에 장착할 수 있고, 지진에 흔들린 건물을 원래의 형태로 자동적으로 되돌아가도록 지을 수 있다. 나노튜브는 무게가 강철의 천 분의 일밖에 안 될 정도로 가볍지만 훨씬 더 튼튼하다. 나노튜브로 만든 비행기가 이륙, 수평비행, 착륙에 각각 달리 요구되는 공기역학적 조건을 충족시키기 위해 비행하는 동안 모습이 그때그때 달라지는 것도 상상해볼 수 있다. 여기에는 두 가지 주된 제약 요인이 있다. 하나는 비용 문제다. 탄소 나노튜브로 만든 원재료의 파운드당 가격이 현재 금의 가치의 10배나 된다.[61] 그리고 다른 하나의 제약 요인은 이미 자리 잡고 있는 기존의 산업기반이다. 플라스틱을 비롯한 각종 합성물질들의 과거 역사를 살펴보면 우리는 신물질이 시장에 나오는 속도가 매우 느리다는 것을 확인할 수 있다.

나노기술은 머지않아 실현될 것으로 보이는 '1단계 기술' 들 가운데 하나다. 이미 진행되고 있는 연구로 보건대 나노기술이 다가오고 있음을 우리는 안다. 보다 강력하면서도 유연한 컴퓨터 기술도 1단계 기술에 속한다. 4장 '장기호황의 도래'에서 살펴본 바와 같이 미디어 인프라의 발전은 저렴한 광대역 기술의 '최종구간' 개발을 눈앞에 두고 있다. 그러나 무어의 법칙(Moore's Law)은 여전히 유효하다. 무어의 법칙이란 컴퓨터 장치의 1달러당 성능이 18~24개월마다 두 배씩 증대된다는 것이다. 저장장치와 디스플레이 스크린과 같은 보조장치들도 가격이 계속 떨어지고 있다. 대부분의 컴퓨터 사용자들은 이런 추세를 너무나 잘 알고 있기 때문에 이 분야에서는 깜짝 놀랄 만한 일이 별로 남아있지 않다.

가까운 미래에 음성인식이 일반화될 것이다. 신축적인 소재로 만들어져 자유로이 접을 수 있는 디스플레이 스크린이 등장해 야드당 40달러의 비용으로 옷 위에 장착되거나 벽에 부착될 것이다. 피디에 이(PDA; Personal Data Assistant, 계산이나 정보저장, 검색 등의 기능을 갖춘 손바닥 크기의 소형장치-옮긴이), 휴대전화, 무선인터넷 수신기, 노트북 등은 앞으로 범용 포켓컴퓨터, 즉 휴대용 소형컴퓨터의 형태로 수렴되면서 기능이 통합될 것이다. 앞으로 20년 뒤에 일하는 사람들은 지금은 슈퍼컴퓨터로 간주될 만한 기기들을 일상적으로 사용할 것이다. 그리고 마이크로소프트의 워드 프로그램은 그런 기기들에서 지금과 마찬가지로 사용되고 있을 것이다.

적어도 미국에서는 사생활 보호를 둘러싼 거대한 싸움이 20년 뒤에도 계속되고 있을 것이다. 위에서 거론한 것들과 같은 막강한 컴퓨터와 센서들은 사람들의 온갖 활동을 감시하는 데 사용될 것이 분명하다. 대중음악가인 피터 타운센드가 아동을 성적 대상으로 삼은 포르노 웹사이트를 보기 위해 자신의 신용카드로 결제했다가 체포된 최근의 사건은 미래의 법집행 방식을 보여주는 하나의 전조다. 아울러 자동차에 부착된 통행료 자동계산 장치도 마찬가지다. 예를 들어 미국 북동부에서 사용되는 이지패스(E-ZPass)와 같은 통행료 자동계산 장치들은 차량의 움직임을 추적해 사람들이 자동차를 타고 돌아다니는 경로에 관한 기록을 법집행자에게 제공하며, 심지어는 자동차가 톨게이트를 그냥 통과할 경우에는 당국에서 그 자동차의 운전자에게 소환장을 발부하거나 통행료 자동계산 장치의 기능을 정지시킬 수 있다.

영화 〈마이너리티 리포트〉의 기획단계에서 우리는 프라이버시, 다시 말해 정부의 감시로부터 자신의 활동을 숨기거나 자신의 신분을 노출시키지 않는 능력이 사람들에게 더 이상 존재하지 않게 된 미래

사회를 가정했다. 누구든 중간 수준 이상의 보안조처가 돼 있는 건물에 들어가려면 눈의 망막을 스캔받아야 하는데, 여기서 망막 스캔이란 신분증 없이도 각 개인의 신분을 확인할 수 있는 기술이다. 망막 스캔을 무력화시킬 수 있는 유일한 방법은 안구 이식을 통해 다른 망막을 눈에 심어 넣는 것이다. 이런 안구 이식이 이 영화의 줄거리를 구성하는 핵심요소 중 하나가 됐다. 우리는 망막 스캔에 관련된 기술을 연구하면서 이 기술이 앞으로 불과 10년 안에 현실화할 것이라는 사실을 알게 됐다. 2012년이면 이 기술은 일반화돼 있을 것이다. 그로부터 다시 10~20년 뒤에는 거리에 설치된 스캐너들이 행인들의 망막을 비교해가면서 신분을 확인하게 될 것이다.

이와 같은 세계에는 비밀이란 없게 될 것이다. 이런 세계가 불가피하게 닥친다는 것은 많은 사람들에게 오싹한 놀라움을 불러일으킬 것이다. 새로운 기술들을 억제하려는 시도와 항의가 거세지겠지만, 내가 보기에 그런 시도와 항의는 효과를 거두지 못할 것이다. 내가 위에서 말한 미래 세계는 불가피한 것은 아니겠지만 그대로 실현될 가능성이 매우 높아서 나는 그렇지 않은 다른 세계의 모습을 상상하기 힘들었다. 사생활을 침해하는 기술이 대단히 발달하고 보안시스템을 침투하는 능력도 굉장해질 것이므로 누구든 자신을 숨기기가 한층 더 어려워질 것이다. 범죄조직들은 계속 자신들을 숨기려 할 것이다. 그러나 실제로 그들이 자신들을 숨기기 위해서는 정보를 누설한 조직원을 거리낌 없이 살해할 수 있어야 할 것이다. 이런 시스템에서 벗어나는 데는 대단한 신중함과 비상한 재주가 필요할 것이다. 다른 지불수단은 사용하지 않고 오로지 현금만 사용해야 할지도 모른다. 그러나 이렇게 한다면 비행기, 기차, 렌터카를 이용할 수 없을 것이다. 어쩌면 신분을 완전히 위장하거나 원시사회로 돌아가야 할지도 모른다.

　최종 단계인 '2단계 기술'은 생물학적 과정, 특히 노화, 생식, 질병예방 등에 관련된 생물학적 과정에 대한 통제의 수위를 높이는 형태가 될 것이다. 앞서 2장에서 보았듯이 노화 및 그 밖의 유전공학 응용에 관한 연구는 가속적으로 진전되고 있다. 시험관 생식과 같은 다양한 종류의 불임치료에 대한 연구도 마찬가지다. 오늘날 이미 이용되고 있는 이런 기술들은 앞으로 비약적인 발전을 할 태세를 갖추고 있다. 식물, 동물, 인간의 생물학적 성질과 과정에 관한 우리의 이해 수준과 그 각 단계에 우리가 개입할 수 있는 능력은 앞으로 10~15년에 걸쳐 한층 높아질 것이다.

2단계: 순수과학의 새로운 첨단연구들

예전엔 과학의 새로운 첨단연구를 기술적 변화로 실현하는 데 한 세대가 걸렸다. 오늘날에는 과학의 거의 모든 분야에서 이러한 시차가 점점 더 짧아지고 있는데, 생물학 분야가 특히 그렇다. 앞으로 몇 년 뒤에는 순수과학 연구가 새로운 의학적, 생물학적 발전을 이룰 것이다. 이 분야에 막대한 재정지원이 이루어지고 있고, 연구 결과에 대한 수요도 무척 크기 때문이다. 이런 양상은 앞으로도 계속될 것이다. 이제는 새로운 의약품과 치료법을 개발하는 데 과학 연구가 주된 지연요인이 되지 않는다. 이보다는 오히려 연구자의 실험실과 의사의 진료실 사이에 존재하는 규제가 점점 더 큰 지연요인이다.

　그렇다면 생물학의 첨단연구에서 우리가 기대할 것은 무엇인가?

신물질을 만들고 화학물질을 합성하고 건물까지 건설할 수 있는 수많은 바이오 산업공정들이 개발될 가능성이 매우 높다. 새로운 바이오 산업단지들에서는 의약품, 섬유, 음식물 등이 생산될 것이다. 바이오 산업단지에서는 깨끗한 물이 주된 투입재가 되고, 그 밖에 필요한 모든 원재료들은 생산 현장에서 길러지거나 분자공학으로 만들어질 수 있다. 시나리오 플래너인 키스 반 데르 헤이쥐든은 '농업 우회(bypassing agriculture)'라는 말을 사용했다. 그에 따르면 스테이크용 고기도 강철로 만들어진 통에서 인공적으로 만들어낼 수 있는데, 이런 방식으로 그 품질이 최고급 쇠고기와 구별이 안 될 정도이고 동물이나 환경 어느 쪽에도 훨씬 덜 해로운 쇠고기 생산이 가능하다는 것이다.[62] 이런 일을 가능케 하는 것과 똑같은 과학적 지식이 인체의 늙은 조직을 젊게 만들거나 훼손된 조직을 복구하는 데도 이용될 것이다.

이런 변화는 적어도 일부 사람들에게는 익숙해지려는 노력을 요구할 것 같다. 아마도 가장 극적인 변화는 생물학 분야에서 한층 더 높은 수준의 선택을 받아들이는 것일 게다. 우리의 농산물, 가축, 신체, 그리고 우리의 아이들의 모습을 선택할 수 있는 능력이 증대될 것이다. 이런 우리의 능력 증대는 지금 우리가 상상할 수 있는 한계를 넘어설 것이다. 질병의 증상에 대해 반대되는 효과를 가하는 방식으로 이루어지는 지금의 표준적인 의학은 화학적 개입이나 외과적 개입을 통해 질병을 제거한다는 생각에 기초를 둔 것이다. 여기서 화학적 개입은 우리가 싫어하는 것을 독살하는 것이고, 외과적 개입은 우리가 싫어하는 것을 잘라 내는 것이다. 예방적 건강관리는 시종일관 신체 각 부분의 활동에 개입하며, 그 과정에서 우리가 싫어하는 것을 점차 줄여나가는 것이다. 그러나 재생의학은 우리 몸의 세포들을 마치 컴퓨터칩인 것처럼 간주해 그것을 다시 프로그래밍 함으로써 새로운 조직이 자라나도록 하거나 특수한 방식으로 복제되도록 하는 것이다. 새로운 신장이나 심장이 필요할 경우에는 다른 사람의 장기를 이식받을 필요 없이 그것을 새로 만들어내면 된다는 것이 재생의학이 제안하는 바다. 민간 차원에서 인간의 유전자 서열을 밝히는 작업을 성공적으로 이끈 셀레라 지노믹스의 크레이그 벤터는 그동안 없던 새로운 생물 종을 만들어내는 방법에 관한 연구에도 착수했다.

형가리 출신 생물학자인 카렐리 니콜리치는 뇌신경 줄기세포 가운데 어떤 것들은 스스로 재생하는 능력을 갖고 있다는 사실을 발견했다. 이런 줄기세포를 뇌졸중을 일으킨 환자에게 주입하면 그것들이 뇌졸중 증상을 일으킨 곳까지 이동해서 손상된 부위를 고친다는 것이다. 줄기세포가 왜 거기까지 가는지는 아직 모르지만 어쨌든 거기까지 가서 조직을 만들어낸다. 뇌신경 줄기세포가 일단 잃어버린 기억을 되살려주지는 않는다. 그러나 기억을 유지하는 능력은 회복된다. 그 결과 뇌 기능의 개선이 훨씬 빨라진다. 나는 니콜리치의 회사에 관계하고 있다. 지넨테크(Genentech)의 자회사인 이 회사의 이름은 에이지와이(AGY)다. 한편 모텍스(Modex)라는 스위스 회사는 화상이나 심한 부상을 입은 환자가 자신의 조직을 이용해 피부를 재생시킬 수 있도록 해주는 피부배양을 사업화하고 있다.

미국에서는 생물학적 연구 중에서 점점 더 많은 부분이 법으로 금지되거나 대중적 인기를 잃고 있다. 생명복제 개념에 대한 종교적 반대와 유전공학에 대한 환경주의자들의 반대 때문이다. 미국에서 전개되는 종교적, 환경주의적 반대는 그 주장이 아무리 타당하더라도 장기적으로 보면 결국은 패배하는 쪽이 될 것이다. 왜냐하면 다른 나라들이 생물학적 연구를 더욱 가속화시킬 것이기 때문이다. 게다가 처음에는 사람들을 불쾌하게 하고 놀라게 만드는 종류의 기술혁신도 새로운 기술이 상용화됨에 따라 상식화되는 경향을 보인다. 1970년대에 시험관 아기 시술을 둘러싸고 벌어졌던 윤리적 논쟁을 나는 기억한다. 최초의 시험관 아기로 태어난 루이스 브라운은 일종의 변종으로 간주됐다. 그러나 오늘날에는 수십만 명의 사람들이 시험관 아기로 태어나 살아가고 있다. 그리고 다른 방법으로는 임신할 수 없는데도 도덕적이거나 종교적인 이유로 시험관 아기 시술을 마다할 예비 부모는 거의 없다.

복제양 돌리를 둘러싼 온갖 이야기들에도 불구하고 생명복제는 시험관 아기 시술과 크게 다르지 않다. 생명복제를 놓고 벌어지는 오늘날의 논쟁이 낳을 주된 결과는 사회에 대한 충격효과일 것이다. 다시 말해 이 논쟁은 한층 더 수준이 높은 생물학적 기술들이 초래할 결과들을 사람들이 받아들이면서 다뤄나가도록 하는 데 지적, 정서적 토대를 마련해주는 역할을 할 것이다. 전반적인 방향은 명확하다. 우리는 기본적인 생물학적 원리를 이해하는 수준을 넘어 훨씬 더 미세한 수준의 생물학적 현상을 통제할 수 있는 수준으로 나아가고 있는 것이다. 결국 우리는 그동안에는 통제가 불가능했던 세포나 유전자를 통제하는 수준에 이를 것이다.

생물학 분야의 변화와 유사하면서도 논란은 훨씬 적은 변화가 화학 분야에서 일어나고 있다. 나노기술은 유전공학과 불임 치료와 같은 1단계 기술인 동시에 2단계 기술의 측면도 지니고 있다. 최근까지 화학자들은 총합물질(aggregate substance) 모델을 기초로 연구 활동을 해왔다. 다량의 원자와 분자들을 함께 섞어 비교적 큰 규모의 총합적 화학반응을 유도했던 것이다. 이런 화학반응은 원자의 수준에서는 항상 동일하게 나타나지 않지만 실험용 통이나 비커 안에 다량의 원자들이 들어 있기에 화학반응의 결과를 예측할 수 있을 정도의 통계적 확률은 확보할 수 있었다. 그리고 변칙적인 반응은 그 과정에서 폐기될 수 있었다. 열역학으로 알려진 수학적 체계는 이런 대규모의 화학반응이 시간의 경과에 따라 보이는 현상을 설명할 수 있는 수준까지 발전했다. 이로써 화학은 예측 가능성이 상당히 높은 분야가 됐다. 그러나 그와 같은 예측 가능성은 화학자들이 다량의 분자들을 이용하는 거친 수준의 화학반응에 연구를 국한시키는 경우에만 달성되는 것이었다. 그리고 이런 정도의 화학반응은 대부분 물의 비등점보다 높은 고온에서만 일어나는 것이었다.

이제 우리는 개개의 분자 및 원자, 그리고 원자 간 결합의 수준에서 일어나는 현상을 연구하는 화학을 개척하기 시작했다. 이런 수준의 화학은 상이한 물질들이 어떤 이유에서 특정 방식으로 결합하는지에 대해 한층 더 미세한 설명을 하는 게 가능하다. 또 물질 자체에 대한 보다 특수한 형태의 통제를 가능하게 해준다. 이제 우리는 원자들을 배열해 독특한 성질의 분자를 새로 만들어낼 수 있다. 가령 많은 에너지 소비를 요하는 반응에서는 결코 만들어낼 수 없었던 분자도 이제는 만들어낼 수 있다. 따라서 이제 우리는 다양한 분자들을 설계하고 가공해서 우리의 산업적 수요를 충족시킬 수 있는가? 대답은 "아마도 그럴 것"이다. 물론 자연에서는 이미 그와 똑같은 현상이 일어나고 있다. 나무, 조개껍데기, 거미줄, 모피는 모두 살아있는 유기체에 의해 생성된 정교한 화학적 구조들의 예들이다. 과학 저술가인 재닌 비니어스가 자신의 저서 《생물모방(Biomimicry)》에서 주장한 것처럼, 우리는 지금 자연 본래의 화학적 반응들을 그대로 모방하는 것을 통해 새로운 산업혁명을 일으킬 단계를 앞두고 있는지도 모른다.

양자컴퓨터

2단계 기술의 효과는 현재 의미심장한 연구노력이 기울여지고 있는 양자컴퓨터(Quantum Computer)에 의해 더욱 증폭될지도 모른다. 양자컴퓨터가 성공할 것이라고 단정할 수는 없다. 그러나 만약 이것이 성공을 거둔다면 연구개발의 발전을 비약적으로 가속화시킬 촉발제가 될 것이다. 오늘날의 컴퓨터에서 미래의 양자컴퓨터로의 도약이 가져올 성능의 개선 폭은 무어의 법칙을 뛰어넘을 것이다. 그것은 하나의 트랜지스터에서 마이크로칩으로 비약한 발전만큼이나 혁명적인 것일 수 있다. 오늘날의 컴퓨터보다 말 그대로 수십억 배나 더 강력한 컴퓨터들을 이용해 엄청나게 복잡하고 어려운 수학문제들을 풀어낼 수 있게 될 것이다. 단백질 접힘현상(protein folding), 유전자 설계, 우주 분석, 복잡한 시스템에 대한 통제, 기후변화 모형 개발, 복잡한 형태의 암호화 기술, 그동안 불가능했던 인공지능의 실현 등에 양자컴퓨터가 기여할 것이다.

나는 2002년 중반에 양자컴퓨터 기술의 잠재적 가능성을 조사한 바 있다. 국방첨단연구계획청(DARPA)으로부터 양자컴퓨터와 관련된 전략수립 작업에 참여해 달라는 요청을 받았던 것이다. 예를 들어 미국은 양자컴퓨터에 대해서도 '맨해튼 프로젝트(핵무기 개발계획―옮긴이)'와 같은 프로젝트를 출범시켜야 하는가? 돈의 문제를 배제하고 기술적으로만 전망해볼 경우 2010년쯤이면 쓸 만한 첫 양자컴퓨터가 등장하겠는가? 이런 질문에 대한 답은 "아마도"라는 제한적 긍정이었다. 초기적 징후는 희망적이지만 남아있는 과제들을 해결하기가 쉽지 않기 때문이었다. 국방첨단연구계획청은 앞으로 이삼 년에 걸쳐 양자컴퓨터의 시제품 개발을 계속해나갈 것이고, 만약 기술적 가능성이 엿보이면 더 많은 돈을 투자할 것이다. 물론 이런 시도가 별다른 성과를 올리지 못할 수도 있다. 미국은 지난 30여 년간 300억 달러나 되는 막대한 돈을 핵융합 발전 기술의 개발에 쏟아 부었지만 가시적인 결과를 얻지 못했다. 1960년대에 핵융합 발전은 40년 뒤면 상업화가 가능할 것으로 여겨졌다. 그런데 이 시차가 1980년대에도 40년이었고, 오늘날에도 여전히 40년이다. 양자컴퓨터 기술의 운명이 마이크로칩과 같이 되어 정부가 투자한 금액의 몇 배에 이르는 수익을 되돌려줄 것인지, 아니면 핵융합 발전과 같을 것인지는 지금으로서는 판단하기 어렵다. 그러나 아직까지는 양자컴퓨터 기술이 가능성은 물론 대단히 유망한 미래를 갖고 있는 것으로 보인다.

기존의 컴퓨터는 뉴턴 물리학에 완전히 부합하는 방식으로 작동된다. 정보는 전도성이 아주 높은 물질의 전자들에 기록된다. 전자들은 이진수의 0과 1을 기록하는 원자들의 부분이다. 전자들로부터 나오는 신호들이 바뀌면 그 신호들이 서로 결합하면서 컴퓨터가 어떤 결과를 내놓는다. 다시 말해 처음에는 이진수 코드로, 그 다음에는 이진수 코드를 소프트웨어 명령이나 데이터로 전환시킨다. 따라서 0과 1의 이진수 체계가 컴퓨터 성능의 한계로 작용하는 것이다.

정보를 전자들의 행태로 기록한다는 점에서는 양자컴퓨터도 똑같다. 그러나 양자컴퓨터에는 같은 전자의 수준에서도 훨씬 더 복잡한 연산을 가능하게 하는 두 가지 특징이 있다.[63]

첫 번째 특징은, 전자나 기타 양자 입자들이 정보를 0과 1이라는 이진수의 형태로만 저장하지 않으며, 입자들은 두 가지 형태를 모두 갖는 중첩(superposition)현상을 나타낸다는 것이다. 각각의 입자는 여러 다양한 상태가 될 수 있고, 따라서 각각의 입자로부터 서로 다른 숫자를 추출할 수 있다. 중첩현상은 데이터 기록을 문제 자체의 복잡성보다 더 빠르게 증대시킬 수 있게 해주기 때문에 보다 복잡한 문제를 보다 빨리 처리할 수 있게 된다.

두 번째 특징은, 두 개의 양자 입자가 서로 얽힐(entangled) 수 있다는 것이다. '얽힐 수 있다'는 것은, 두 입자가 서로 연결되고 나면 물리적으로 나뉠 수는 있지만 그렇게 나뉜 뒤에도 서로 간에 즉각적인 영향력은 유지된다는 것을 의미한다. 두 입자가 마치 마법의 끈으로 연결된 것과 같다. 한 입자의 전하가 바뀌면 다른 입자의 전하도 따라서 변하게 된다. 이것은 여러 측면에서 억지스러운 주장으로 들릴지 모른다. 무엇보다 빛의 속도가 정보전송에 가하는 제약을 허물어뜨릴 것이라는 주장이 특히 그렇게 들릴 수 있다. 그러나 두 입자의 얽힘은 많은 연구소들에서 입증됐다. 가장 최근에는 로스 알라모스 연구소가 자연의 대기 중에서 양자 원격이동(quantum teleportation)을 실현시켰다. 송신기에서 64미터가량 떨어진 수신기로 두 개의 광자를 보내는 데 성공한 것이다. 한 광자의 전하가 정해지면 그에 따라 다른 한 광자의 전하가 결정됐다. 이런 현상은 그 자체만으로 암호에 일대 혁명을 가져올 수 있다. 서로 얽힌 광자들은 서로 해독할 키(key)를 내장할 수 있고, 완벽하게 안전한 상태에서 동시에 배포될 수 있다.

신뢰할 수 있는 수준의 양자컴퓨터를 실제로 만들어내려면 아직도 몇 가지 해결해야 할 문제점들이 존재한다. 전자의 양자 상태가 컴퓨터에 이용할 수 있을 만큼 오래 지속될 수 있는가? 데이터를 전자에 입력하고 그 전자에서 다시 추출하는 것이 확실하게 보장될 수 있는가? 신뢰성 검증을 위해 전자에서 오류수정이 가능한가? 이 세 가지 질문 가운데 처음 두 가지에 대해서는 이론적으로 가능하다는 대답이 이미 내려졌다. 그러나 오류수정은 보다 복잡한 문제다. 연구자들이 연산기능을 측정할 수 있는 것은 3~4단계까지다. 그러나 양자컴퓨터의 신뢰성을 확보하려면 대략 천 단계까지 검증이 가능해야 한다. 따라서 양자컴퓨터 기술이 확실성을 확보하려면 앞으로도 오랜 시간이 걸릴 것이다. 게다가 이런 문제들의 해결책은 아마도 기존의 컴퓨터 설계에서는 찾을 수 없을지도 모른다. 양자물리학은 원래부터 불가사의하고 직관에 반하기 때문에 해결책도 마찬가지로 불가사의하고 직관에 반하는 것일 가능성이 높다.

양자컴퓨터와 같은 대용량 연산능력이 낳을 효과는 상상을 초월한다. 그것은 예상할 수 없는 방식으로 세상을 극적으로 변화시킬 것이다. 우리가 어떤 목표를 염두에 두고 있더라도 관련된 복잡성으로 인해 우리의 목표 달성능력에 어떤 한계가 존재하는지 파악하지 못할 수 있다. 가령 디엔에이(DNA)를 정교하게 조작하기 위해서는 연관된 유전자들 사이에 존재하는 복잡한 관계들과 그것들이 어떻게 상호작용하는지를 완전히 이해해야 한다. 눈의 색깔이나 코의 모양과 같은 특정한 물리적 특성은 여러 다른 유전자들 사이의 상호작용에서 파생된다. 우리는 전체적인 차원에서는 유전자 정보를 조작하는 게 가능하지만 가령 어떤 사람의 눈 색깔을 파란색에서 갈색으로 바꾼다거나 혹은 그 반대로 하는 것이 유전자 조작을 통해 가능한지의 여부조차 알지 못한다. 설사 그렇게 하는 데 성공한다 하더라도 그 결과로 다른 유전자들의 배열과 다른 신체적 특성에 어떤 결과가 초래될지를 알지 못할 수 있다.

이와 비슷하게 〈마이너리티 리포트〉에 등장하는 수직 자기부상 고속도로도 양자컴퓨터가 없다면 가능하지 않을 것이다. 이 영화에서는 자동차들이 복잡한 도시에서 거리와 하늘의 어느 지점에서든 갑자기 나타나고 다른 차를 스쳐 지나간다. 보다 정확히 말하면, 양자컴퓨터가 없다면 우리는 그런 일이 도대체 가능하기나 한 것인지 여부를 판단하는 데 필요한 연산능력을 가질 수 없다는 것이다. 마찬가지로 보다 강력한 컴퓨터가 없다면 우리는 폭풍을 비롯한 위험한 기상현상을 완화시키는 데 어떤 종류의 개입이 필요한지도 알 수 없다.

양자컴퓨터가 실현된다면 당장이라도 달라질 복잡한 시스템들 가운데 몇 가지 정도는 지금도 상상해볼 수 있다. 응용생물학적 수학 분야의 오랜 과제인 단백질 접힘현상을 예로 들어볼 수 있다. 동물이나 식물 조직의 주된 구성단위인 단백질은 서로 결합해 디엔에이의 염기서열과 관계를 지닌 세포 형태를 취한다. 만약 그 관계들을 모델화하고 이해할 수 있다면, 우리는 단백질이 수행하는 여러 가지 기능과 역기능들을 이해하는 데 많은 도움을 얻을 수 있을 것이다. 이는 암, 알츠하이머병, 낭포성섬유증, 인간면역결핍 바이러스 등을 이해하는 데도 도움이 된다. 그러나 단백질의 긴 기하학적 연쇄구조를 모델화하는 데 필요한 계산은 대단히 복잡해서 전 세계의 슈퍼컴퓨터들이 지닌 능력을 다 합쳐도 모자란다. 인터넷에 연결된 컴퓨터들의 네트워크를 이용한 이른바 '분산 컴퓨터 작업(distributed computing)'을 통해 어느 정도의 진전을 이루는 것은 지금도 가능하지만, 응용생물학적 수학 분야의 도약은 양자컴퓨터나 이것과 비슷한 기술진보가 없이는 실현되기 어려울 것이다.[64]

내가 우주항공 공학도였던 1960년대 말에는 비행기의 날개 위로 지나는 공기의 격한 흐름을 수학적으로 모델화하는 것이 불가능했다. 기껏해야 풍동(風洞, wind tunnel)과 같은 도구들을 통해 물리학적 유사 사례를 연구하고 나서 그에 따라 날개를 설계할 수 있었다. 1990년대 초에는 비교적 작은 컴퓨터칩들을 이어 붙인 대규모 병렬연결 슈퍼컴퓨터를 이용해, 슈퍼컴퓨터 연구자이자 사업가인 대니 힐리스가 여섯 개 원자들을 가지고 비행기 날개 위를 지나는 바람의 흐름을 모델화했다. 예전 방식에 비해서는 훨씬 정확한 측정이긴 했지만 힐리스의 모델도 비행기 날개가 모든 상황들에서 각각 어떻게 작용하는지를 정확하게 예측할 수 있을 정도는 아니었다. 만약 양자컴퓨터가 제 본연의 기능을 발휘하는 날이 온다면, 비행기 날개 위로 흘러 지나가는 모든 원자들의 움직임을 정확하게 시뮬레이션하고 상황에 따른 차이를 밝힐 수 있게 될 것이다. 그러면 엔지니어들은 다양한 상황들에 적응할 수 있는 비행기 날개를 설계할 수 있을 것이다.

만일 양자컴퓨터가 실현될 수 없는 것으로 판명 나고 그 밖의 다른 컴퓨터 기술은 등장하지 않는다 해도 또 다른 피할 수 없는 놀랄 일이 생길 것이다. 그것은 무어의 법칙의 종언이다. 앞으로 7년 뒤부터 15년 뒤 사이, 다시 말해 2010년과 2018년 사이에는 컴퓨터의 달러당 속도와 성능이 18개월마다 두 배씩 증가하는 현상은 중단될 것이다. 이런 속도의 컴퓨터 연산능력 증대는 프로세서들 사이의 공간을 줄여나가는 데 따른 것이다. 그런데 마이크로프로세서들은 점점 더 작아져서 이미 분자 수준에 근접해 있다. 양자컴퓨터나 새로운 물리학에 근거한 다른 어떤 기술이 등장하지 않는다면 마이크로프로세서가 더 작아지는 데 일정한 한계에 도달할 것이다. 이런 일이 실제로 벌어지면 그것만으로도 세계의 모든 시스템들에 충격을 가할 것이다. '장기호황' 경제를 뒷받침할 생산성 추동력이 제거되고, 과학연구의 발달속도도 저하될 것이다.

그러나 양자컴퓨터가 실현된다면 2020년의 표준적인 컴퓨터는 2003년의 표준적인 컴퓨터보다 무려 1억 배나 강력한 것이 될 수 있다. 그때에도 대부분의 사람들은 컴퓨터로 워드프로그램을 사용하고 있을 것이다. 그렇다면 마이크로소프트 워드의 2020년 버전은 2003년 버전과 비슷한 것일까, 아니면 지금으로서는 상상할 수 없는 어떤 사고과정과 새로운 관련성을 가진 것일까? 양자컴퓨터 기술은 우리의 프로그래밍 능력을 크게 증대시켜줄까? 혁신적인 새로운 소프트웨어를 만들어내는 능력도 크게 강화될까? 미래에 만들어질 소프트웨어는 오늘날의 소프트웨어와 닮은꼴일까, 아니면 강력한 새로운 기계들을 이용한 새로운 형태로 진화해 있을까?

예측할 수 없는 것들이 아직 많다.

3단계 기술: 에너지, 현실 세계의 실체 코드, 우주

나는 요즘 과학의 장기적인 첨단 세 가지에 가장 주목하고 있다. 그 첫 번째는 이 장의 서두에서 언급한 암흑에너지다. 중력을 상쇄하는 어떤 에너지가 우주에 실제로 존재하고, 우주가 가속적으로 팽창하는 데 그것이 원인으로 작용한다고 가정하자. 아울러 우리가 어떤 방식으로든 최소의 비용으로, 그리고 환경에는 아무런 영향도 끼치지 않으면서 그 암흑에너지를 이용할 수 있다고 가정하자. 그렇다면 에너지 기술의 개념은 예전에는 상상할 수도 없었던 방식으로 순식간에 완전히 달라진다. 전자기 방사를 통해 라디오나 텔레비전이 소리나 이미지를 우주로부터 흡수하는 것처럼 우주로부터 암흑에너지를 흡수하는 소형 장치가 별안간 등장할 것이다.

아마도 이것은 필연적인 일은 아닐 것이다. 그러나 만약 누군가가 현재 가능한 해법을 뛰어넘어 암흑에너지의 과학과 기술을 개발하는 데 착수한다 해도 나는 놀라지 않을 것이다.

내가 주목하는 두 번째 분야는 현실 세계의 토대를 이해하는 데 대한 정보이론(information theory)의 적용이다. 이 분야에서 가장 중요한 연구가는 스티븐 월프램이다. 그의 저서 《새로운 종류의 과학(A New Kind of Science)》은 현실 세계의 본질을 다룬 800쪽 분량의 선언서다. 물리학자이자 '매스매티카(Mathematica)'라는 소프트웨어 프로그램을 개발한 그는 '세포자동자(細胞自動子, cellular automata)'를 심층적으로 연구해왔다. 세포자동자란 스크린에 특정한 형태로 주어진 색상 픽셀들에 간단한 추상적 규칙을 적용하는 컴퓨터 시뮬레이션이다. 월프램은 흑색과 백색의 픽셀에 적용할 수 있는 256가지의 간단한 규칙들을 열거했다. 이들 규칙은 각각 서로 다른 변형을 가하도록 하는 것이다. 예를 들면 "주위의 픽셀들이 다음과 같은 패턴과 일치하면 색을 바꾸고, 그렇지 않다면 색을 그대로 두라"는 식이다. 그런 다음에는 그 규칙들을 컴퓨터가 허용하는 한 수천 개의 픽셀 집단에 끊임없이 계속해서 적용한다. 그러고 나면 기이하고, 난해하고, 아름답고, 꽤 복잡한 형태의 패턴들이 반복되는 특성과 더불어 나타나기 시작한다. 흑색과 백색 이외의 다른 색을 추가하면 규칙의 수가 극적으로 늘어날 수 있다. 또한 픽셀의 수를 늘려 이를테면 우주 전체의 원자 수에 맞출 수 있고, 현실 세계의 색깔과 차원의 수를 다 반영할 수 있을 만큼 규칙의 수를 늘릴 수도 있다. 이렇게 하면 오늘날 존재하는 그대로의 현실 세계에 근접한 무엇인가를 얻을 수 있다는 것이다.

월프램은 자신이 정한 픽셀들의 여러 패턴에 상이한 여러 규칙들을 적용하면서 그 각각의 시뮬레이션이 자동으로 작동하도록 놔뒀더니 패턴들 가운데 다수는 결국 변화를 멈춘다는 사실을 확인했다. 궁극적으로는 패턴들이 안정적이고도 단순한 결과를 낳고 더 이상의 변화를 하지 않았다. 그러나 끝없이 복잡하고 난해해지기만 하는 패턴들도 있었다. 이들처럼 보다 복잡한 시스템에 적용된 규칙들이 반드시 복잡한 것은 아니었다. 간단한 규칙도 때로는 매우 복잡한 결과를 낳는 경우도 있었다. 월프램은 다른 형태의 규칙들에서 반복되어 나타나는 결과들을 추적하기 시작했다. 결국 그는 현실 세계 자체는 몇몇 동일한 기초 원칙들에 근거하고 있다는 결론에 도달했다. 매우 간단한 규칙들을 생물체의 원자나 세포와 같은 간단한 구성요소들에 적용해서 우리가 사는 세계의 복잡하면서도 놀라운 현상들을 창출했던 것이다. 인간의 시각, 동물 피부색, 수정이나 눈송이의 성장, 유리조각이 깨질 때의 분쇄 패턴 등과 같은 복잡한 현상들도 모두가 규칙 및 반복이라는 월프램의 수학적 분석기법으로 모델화할 수 있다.

만약 이 세계에 대한 관찰이 월프램이 시사한 바와 같이 복제가 가능하고 자기생성 능력이 있는 것으로 드러난다면 물리학은 정보이론이 되어버린다. 다시 말해 원자나 그 밖의 소규모 실체들이 서로 결합하는 경우 일어나는 현상을 결정하는 어떤 코드가 존재하며, 또 그 코드를 풀 가능성이 있다는 것이다.

한편 우주의 궁극적 구조를 아주 다양하고 서로 다른 종류의 초현미경적인 장(場, field)들로 구성된 것으로 그려가고 있는 물리학자들도 있다. 여기서 초현미경적인 장이란 에너지나 인력의 측면에서 모든 존재들이 상호작용하고 서로에게 영향을 미치는 아주 작은 범위를 말한다. 이런 초현미경적인 장들이 여러 정교한 방식들로 상호작용한다는 사실은 진동(vibration)으로 나타나며, 이런 진동들은 서로 결합해 전자나 광자 같은 입자들이 된다. 그 다음에는 광자나 입자들이 우리가 우주에서 에너지와 질량으로 간주하는 모든 것을 발생시킨다.

물질의 장이론은 개념적 풍부성을 갖고 있고, 초현미경적인 실체를 들여다보는 데 의미 있는 새로운 방식의 하나가 될 수 있다. 그러나 이 이론은 진동들의 어떤 특정한 패턴이 어떤 방식으로 하나의 특정한 전자나 광자가 되는지는 설명하지 못한다. 이는 알파벳을 안다고 해서 셰익스피어를 안다고 말할 수 없는 것과 같다. 만약 월프램의 주장을 믿어야 한다면, 인과관계는 정보이론을 통해 파악돼야 한다. 서로 다른 초현미경적인 장들은 일련의 간단한 정보규칙들에 따라 서로 결합함으로써 보다 복잡한 패턴들을 만들어낸다. 이것은 마치 '실체 코드(reality code)'라 불릴 만한 어떤 것이 존재하며, 이 코드가 물리학, 화학, 생물학의 원칙들을 생성시킨다는 것이다. 특정한 입자들이 특정한 결합에서 특정한 원자들을 창조해서 결국은 특정한 물질과 유기체들을 만들어내는 원리는 무엇인가를 알려준다는 것이다.

요컨대 실체라는 것은 하나의 거대한 컴퓨터이며, 우리가 올바른 데이터를 입력하는 방법을 알면 그것을 프로그램할 수 있다는 것이다. 그렇다면 우리는 물리학을 한 차례 더 근본적으로 재정의해야 할 단계에 와 있는 것이다. 물리학에 대한 새로운 재정의는 양자 혁명과 상대성이론 혁명과 유사한 혁명이 될 것이며, 양자이론과 상대성이론에 내재된 모호함과 추상성도 해소할 수 있을 것이다. 입자와 파동의 이중성, 굴절 공간, 양자 불확실성 등은 도구를 사용해 모두 검증 가능했지만 그 구체적인 내용을 관찰하는 것은 불가능했고 추정도 어려웠다. 굴절 공간이 어떤 모습인지 아무도 말할 수 없다. 현미경이나 분광계 같은 도구를 사용해도 볼 수 없다. 그러나 월프램식의 물리학은 시뮬레이션과 규칙의 작용을 이용함으로써 보다 쉽게 이해할 수 있고 가시화된 우주의 구조를 우리에게 보여줄지도 모른다.

우리가 코드를 이해하게 되면 어떤 종류의 기술들이 가능해질까? 아마도 중요한 기술은 없을지도 모른다. 이것은 너무나 급진적인 개념이기 때문에 설사 그게 맞는다고 해도 기술적 의미에서 볼 때 실현 가능성이 없는 것일지도 모르기 때문이다. 우주의 실체 코드를 측정하는 기구나 조작하는 장치를 만드는 것도 가능하지 않을 수 있다.

반면 이 이론은 실제 세계에서의 원격이동(teleportation)과 같은 혁신적 기술들로 이어질 가능성이 있다. 사람 등 감각되는 실체를 포함한 물질을 지구의 한쪽에서 반대쪽으로 보내는 것이 올바른 코드를 보내는 것 정도로 간단하게 가능하게 될지도 모른다. 마찬가지로 물질 복제 또한 코드 복제만큼 간단해질 수도 있다. 만약 이런 두 기술이 2050년에 자리를 잡는다면 그때는 교통, 대기오염, 기아와 같은 문제들을 모두 해결할 수 있을 것이다. 그리고 여행이라는 것도 우리가 현재 알고 있는 여행과는 달라져 있을 것이다. 사람들은 자신이 가고자 하는 곳에 즉각적으로 갈 수 있다. 제조업도 우리가 현재 알고 있는 제조업과는 다를 것이다. 사람들은 자신이 복제하고 싶은 것은 무엇이든 즉시 복제할 수 있다. 따라서 식량도 무한한 복제가 가능해진다. 물론 온갖 새로운 문제들 또한 생거나 자리를 잡고 있을 것이다.

양자의 얽힘 현상 또한 원격이동의 전조인지 모른다. 스위스에서는 광자와 같이 서로 얽힌 입자들의 물리적 상태를 제네바 호수만큼 먼 거리를 사이에 둔 두 실험실 사이에 전송하는 실험이 성공을 거두고 있다. 이 같은 기초실험 단계에서 조지 란젤란의 단편《플라이(The Fly)》처럼 되기까지는 아직도 요원하다.《스코티, 나를 전송해줘(Beam me up, Scotty)》처럼 되는 것이 요원함은 더 말할 나위도 없다. 그러나 앞으로 50년에 걸쳐 수송방법의 발달이 하나의 분수령을 넘어설 것이라고 가정해볼 수는 있다.

내가 예의주시하는 또 하나의 분야는 우주다. 이것과 관련된 단기적 소식들은 실망스럽다. 2003년 2월 2일 콜럼비아호 폭발로 인한 우주비행사들의 비극적인 사망 이전에도 우주선 계획들은 비참한 처지에 몰렸다. 우주선 계획은 효율성이 크게 떨어지고 구상 또한 빈약하기 그지없었기 때문에 한번 우주비행 임무를 수행하는 데 드는 비용이 로켓을 폐기해버리고 마는 경우보다 훨씬 더 컸다. 이것은 우주여행에 끔찍한 전례가 되었다. 순수한 연구나 기술적 발전이 거의 없으면서도 인명을 희생시키는 우주탐험이 돼버린 것이다. 아이러니하게도 관료적 의미에서 보면 우주선은 탐험에 신중을 기하는 노력이었다. 미항공우주국은 미국인들을 끌어들이는 데 있어 서툴렀다. 미국인들은 우주여행이 계속된다는 낭만적인 생각을 무척 좋아하며, 그 때문에 우주여행이라면 두말 않고 투자할 것이다. 그러나 그 같은 인기를 이용하지 않고, 아폴로 이후 미항공우주국의 지도자들은 기술관료로서 비용을 절감하며 예산운용에 들어맞는 활동만 펼쳐 왔다. 이런 잘못들은 콜럼비아호 대참사와 맞물려 우주개발 예산배정이 우선순위에서 밀려나면서 유인 우주계획의 대규모 예산삭감이라든지 극단적인 경우 전면 취소로도 이어질 수도 있다.

그러나 언제가 될지는 모르겠지만, 우주여행은 필연적으로 부흥될 것이다. 가장 커다란 제약 요인은 위험성이 아니라, 사람과 물질들을 지구의 대기권 밖으로 이동시키는 데 필요한 비용이다. 불행하게도 현재의 로켓공학 연구는 이 문제를 개선하는 것이 예전에 생각했던 것보다 더 어려운 일일지 모른다는 점을 시사한다. 우주선에 대한 열광적인 지지자들 가운데 다수는 '초음속 연소 램제트 엔진'이라고 불리는 항공기에 희망을 걸었다. 이것은 비행체를 궤도에 진입시키기 위해 시속 1만 2800킬로미터의 속도로 날 수 있는 것이다. 하지만 이 또한 예상했던 것보다 실현하기가 더 어렵다는 것이 증명됐다. 불꽃을 꺼뜨리지 않고 초고속으로 연료와 공기가 혼합된 것을 계속 분사하도록 하는 것이 무척 어려운 일임이 밝혀진 것이다. 어쩌면 이 문제는 양자컴퓨터의 계산능력으로도 풀릴 수 없는 문제일 수도 있다. 이 문제는 연료의 소모 속도, 고속 비행이라는 비정상적 상황, 그리고 연소에 내재된 물리학적 상황 등과 관련이 있다. 이러한 첨단기술적 관점에서 '연료가 계속 타도록 유지하는' 방법을 파악할 수 있을 때라야 우리는 지구를 안전하게 떠나는 방법을 파악할 수 있는 것이다.

그러나 장기호황이 전개되고 사람들의 수명이 늘어나면서 죽기 전에 우주 공간에서 지구를 바라본다는 놀라운 체험을 하기 원하는 사람들의 수는 점점 더 늘어날 것이다. 2030년이 되면 지구 궤도상이나 달 위에 관광시설들이 들어설 것이란 주장은 그럴듯해 보인다. 이런 시설에서 매우 부유한 관광객들은 짧은 휴가를 보내고, 무중력 상태를 체험하고, 자신들은 실제로 지구를 벗어난 경험이 있는 특권집단의 일원이라고 말할 수 있을 것이다.

물론 지구 대기권을 벗어나는 다른 방법들이 발견될 가능성도 있다. 암흑에너지, 원격이동, 또는 새로이 이해된 중력 등을 사용하는 방법일 것이다. 그것이 가능한 때가 되면 태양계 내에서의 여행과 정착과 관련된 엄청난 도전들이 시작될 것이다. 가령 몇몇 작가들은 다른 행성들을 지구화(terraforming)해 식민지로 만든다는 주장에 열렬한 지지를 보내고 있다. 화성부터 시작해 점차 다른 행성들도 인간, 동물, 식물이 서식할 수 있는 곳으로 변화시키고, 그런 다음에 정착촌을 건설한다는 것이다. 이것은 추정하건대 가능성이 있을 것이다. 그러나 엄청난 대역사이며 또한 천 년이라는 긴 세월이 걸릴지도 모른다. 2050년쯤 되면 중국인, 유럽인, 인도인들이 서로 힘을 모아 우주여행이라는 도전에 나서고 있을 수도 있다. 화성 탐사가 하나의 통합요인으로 작용해서 지구상의 모든 질서 존중 국가들을 하나의 대규모 다원적 프로젝트로 끌어들일지도 모른다.

그리고 그때 만약 물리학 분야에서 충분한 진보를 이루고 있다면 우리는 화성 식민지화보다 한층 더 장대한 꿈을 꾸고 있을지 모른다. 천체물리학자들은 빛의 속도라는 피해갈 수 없는 구속 때문에 별 여행의 가능성에 대한 기대를 포기한 상태다. 현재의 물리학은 빛보다 더 빠른 것은 불가능하다고 우리에게 속삭인다. 가장 가까운 태양계에 도달하는 데에도 너무나도 오랜 시간이 걸릴 것이기 때문이다. 새로운 물리학 패러다임이 나타난다면 빛보다 더 빠른 속도가 가능하며, 따라서 우리는 다른 행성으로의 여행을 상상하고 그 실현 방법을 개발할 수 있다고 말해줄지 모른다. 현재로서는 그 같은 물리학의 패러다임은 가시화되지 않고 있다. 그러나 순수과학에 있어 가장 중요한 피할 수 없는 놀랄 일은 다음 네 마디로 요약할 수 있다. '한계는 늘 깨어지기 마련이다.'

8장

보다 청결하나 치명적인 세계

오늘날 자연환경을 둘러싸고 두 종류의 상투적 지식이 존재하는데 둘 다 틀리다. 보다 정확히 말하면, 두 가지 상투적 지식은 부분적으로만 옳다. 한편에서는 우리가 사는 지구의 자연환경은 위기 직전에 놓여 있고, 그 위기는 인류의 문명을 파괴할 만한 것이라고 많은 사람들이 생각하고 있다. 인간과 동물의 조직 내에 독성 물질이 쌓이고, 암 환자와 불임인구가 전례가 없을 정도로 많아지는 것도 바로 이 때문이라는 것이다. 오존층은 계속 파괴되고 있다. 오래된 산림과 야생동물들이 사라지고 있고, 지하수가 흐르는 지하의 대수층도 줄어들고 있다. 대기에는 탄산가스를 비롯한 온실가스가 계속 축적되고, 그 결과로 격렬한 기후변화가 위험한 수준에 이르기 직전이라는 것이다.

그런가 하면 다른 한편에서는 인류가 지구온난화 등 기후변화를 야기하고 있다는 증거는 아직 없다고 주장하는 사람들이 있다. 지구는 50억 년을 지내오는 동안 수많은 기후변화를 겪었다는 사실이 지질학적 증거로 입증된다는 것이다. 환경이 위협받고 있다는 생각이 우세한 것은 반기업의 정치적 의제들을 공공연하게 들고 나오는 특정한 이익집단들 때문이라는 게 이들의 주장이다. 우리의 일상적인 경제 활동과 성장에 충분한 주의를 기울인다면 생태적 문제들은 앞으로 저절로 치유된다는 것이다.

이 가운데 어느 의견을 주장하는 사람들이든 자신들의 주장을 입증할 증거를 많이 제시할 수 있다. 하지만 그렇게 제시되는 증거들 가운데 확정적인 것은 없다. 다행스럽게도 이 분야에서는 진실을 명확하게 이해하는 것이 가능하다. 온갖 과학적 측정과 복잡한 시스템의 모델화가 지니는 모호함에도 불구하고 이 분야에서 명확한 이해에 도달할 수 있는 가능성은 대단히 높다. 그리고 모델화해야 할 만큼 복잡한 시스템이 있다면, 그것은 우리의 산업활동이 환경과 주고받는 상호작용뿐이다. 우리는 지구 전체에 대해서는 물론 특정 지역에 대해서도 컴퓨터 모델이나 기구로 그 미래 환경의 질을 예측할 수 있다. 이런 점에서 보면 지구적 차원의 커다란 규모의 확실성은 존재하지 않지만 작은 규모의 확실성은 다수 존재한다. 우리는 오염물질의 발생, 기온, 물의 가용성, 땅의 효용성, 삶의 질 등에 대해 측정하는 방법을 알고 있다. 또한 우리는 그 같은 데이터를 종합하는 방법을 알고 있기에 우리의 전체적인 이해는 그 부분들에 대한 이해를 단순히 합한 것보다 훨씬 풍부하다. 실제로 우리는 지금까지 발생한 일들뿐 아니라 앞으로 발생할 일들에 대해서도 어느 정도의 확신을 갖고 말할 수 있다.

환경과 관련된 소식들은 대부분 좋은 소식이며, 그것도 놀랄 만큼 좋은 소식이다. 우리 대부분은 환경적 재앙을 예상하는 말을 끊임없이 들어온 탓에 그런 예상에 익숙해져 있다. 그런데 피할 수 없는 놀랄 일이지만, 앞으로는 좋은 소식에도 익숙해질 필요가 있다. 지구 생태계가 해마다 건강해지고 있음을 보여주는 증거가 점차 늘어나고 있다. 오염은 감소하고 있고, 생물 종들의 멸종 가능성은 흔히 생각하는 것보다 줄어들고 있으며, 실제로 일부 종들은 멸종 위기에서 벗어나고 있다. 농경지로 바뀐 황무지는 원래 상태로 회복되고 있다. 우리가 각종 환경적 문제들에 직면한 것은 분명한 사실이다. 그러나 우리는 환경적 문제들 가운데 다수에 대처하는 작업에 이미 착수한 상태다. 이미 20년 전부터 사람들이 예상해온 환경위기, 다시 말해 〈워터월드(Waterworld)〉나 〈블레이드 러너(Blade Runner)〉와 같은 영화에서 그려진 것과 같은 환경위기는 닥치지 않을 것이다.

그러나 자기만족에 편안히 머물러서는 안 된다. 왜냐하면 몇 가지 구체적인 측면에서는 미래의 경제성장 및 환경에 관한 기존의 가정이 불가피하게 무너질 시점에 이르렀기 때문이다.

세 가지 형태의 환경 및 건강 관련 위기가 고개를 내밀고 있다. 첫째, 이미 예상된 재앙들이 있다. 이런 재앙들은 실제로 현실화되지는 않겠지만 그럼에도 사람들이 초조한 마음으로 미리 걱정할 수밖에 없는 것들이다. 현실화되지 않은 재앙도 사람들이 그것을 피하거나 대처하기 위해 취하게 될 조처들로 인해 세계에 영향을 미칠 것이다.

둘째, 지구의 기후변화와 관련해서도 불가피하게 닥칠 환경재앙을 예상할 수 있다. 우리는 이런 재앙이 다가오고 있음을 알지만, 실제로 언제 닥칠지는 모른다. 기후변화와 관련된 재앙은 이미 얼마간은 우리와 함께 하면서 세계를 변화시키고 있다. 인간의 제도들이 이미 기후변화에 적응하기 위한 준비로 채택한 여러 방법들과 인간의 활동에 부과해 놓은 여러 제한들이 이 세계를 변화시키고 있는 것이다.

셋째, 그야말로 걱정되는 재앙들이 존재한다. 우리는 이런 재앙들이 다가오고 있음을 알지만, 그게 언제일지는 모른다. 다만, 대체로 보아 이런 재앙들에 대처할 준비가 돼있지 않다는 사실만 우리는 알고 있을 뿐이다. 지도자들, 기관들, 일반 대중들은 이런 재앙을 예상조차 하지 못하고 있다. 따라서 만약 재앙들이 실제로 닥치면 지금 우리가 예상하는 것보다 훨씬 더 파괴적인 결과가 초래될 것이다.

인구폭탄론의 후퇴

첫 번째 위기, 즉 예상은 했지만 실현되지 않은 위기들 가운데 우리를 가장 놀라게 하는 것은 인구증가율이다. 앞서 2장에서 언급한 대로 인구증가율은 이제 안정권에 접어들었다. 인구증가율은 30년 전에 결정적인 변곡점을 지났다. 세계의 인구증가는 1960년대에 이미 둔화하는 모습을 보이기 시작했다. 다만 인구증가세 둔화가 초래하는 효과들이 가시화되는 데 지금까지 시간이 걸린 것이다. 이는 마치 브레이크를 사용하지 않으면서 자동차의 속도를 늦추는 것과 비슷하다. 가속페달에서 발을 뗀 순간부터 자동차가 스스로 속도를 늦추기 시작하는 순간까지 시차가 존재하는 것처럼, 인구증가율의 감소와 세계 인구의 안정화 사이에 시차가 존재했던 것이다. 어쨌든 인구는 안정되고 있으며, 유럽 등 일부 부유한 지역에서는 인구가 줄어들고 있다. 그런데 이런 현상에 내포된 의미를 많은 사람들이 아직 잘 모르고 있다. 인류가 지구를 포화상태로 만들 것이라고 예상했던 사람들이 특히 그렇다.

지금 지구상에는 약 60억 명의 사람들이 살고 있다. 25년 전에는 지구의 인구가 40억 명이었다. 이런 인구증가율은 전례를 찾기 어렵다. 세계 인구가 계속해서 더 빠른 속도, 적어도 같은 속도로 늘어나 21세기 중반 무렵이 되면 250억 명에 달할 것으로 많은 인구통계학자들이 예상했다. 더 많은 아이들이 태어난다는 것은 더 많은 여성들이 성년이 된다는 것이고, 이는 다시 더 많은 아이들이 태어난다는 것이었다. 이것이 1960년대에 스탠포드대학의 생물학자 폴 얼리치가 '인구폭탄' 이라고 부른, 인류의 무시무시한 운명이었다. 지구의 수용능력이 그렇게 많은 인구를 지탱할 수 있을까, 제한된 공간만 지닌 배에 함께 타고 있는 사람들처럼 우리는 일부 사람들을 배 밖으로 내던지거나 일부 사람들이 굶어죽는 모습을 지켜보아야만 할 것인가 하는 심각한 우려가 존재했다.

그런데 인구증가의 가속도가 떨어지기 시작했다. 처음에는, 즉 1980년대 초에는 인구통계학자들 가운데 많은 이들이 이런 현상을 알아차리지 못했거나 하나의 요행으로 치부했다. 그러나 그 뒤에 실제 통계가 집계되면서 그들도 이런 현상을 더 이상 무시하지 못하게 됐다. 자신의 예상을 수정하기 시작한 학자들은 처음엔 세계 인구가 150억 명까지 늘어났다가 줄어들기 시작할 것이라고 주장했다. 그들이 내놓은 정점의 인구 예상치는 그 다음에는 120억 명, 또 그 다음에는 100억 명이었고, 지금은 90억 명으로 낮아져 있다.

90억 명도 여전히 많은 숫자임에 틀림없지만 250억 명보다는 관리하기가 한층 쉬운 수준이다. 게다가 정점의 인구 예상치는 계속 더 낮아지고 있다. 인구통계학자인 크리스 어텔은 "세계 인구가 두 배로 증가하는 일은 더 이상 일어나지 않을 것"이라고 말했다. 인구감소는 예상보다 빠른 속도로 일어나고 있다.

이렇게 된 이유는 간단하다. 출생률은 성인 여성들이 얼마나 많은 아이들을 낳느냐에 좌우되는데, 첫 아이를 늦게 갖는 여성이 늘어나면서 인구증가율을 그만큼 떨어뜨리고 있다. 게다가 여성들이 임신과 출산에 대한 통제력을 갖게 됨에 따라 자연스럽게 임신을 늦추고 있다. 과거에는 35세가 지나서 첫 아이를 갖는 엄마는 보기 드물었다. 그런데 이제는 일본, 유럽의 일부 국가들, 그리고 미국 등에서 35세 이후에 첫 아이를 갖는 여성들이 크게 늘어나고 있다. 이런 나라들에서 출산율이 가장 급격한 하락세를 보인다.

일부 인구통계학자들은 인구의 안정화는 부유한 나라들에서만 나타나는 현상이며, 가난한 개발도상국들에서는 앞으로도 계속해서 인구가 증가할 것이라고 주장했다. 그러나 인구 안정화 현상은 가장 가난한 나라들에서도 나타나고 있다. 2002년 여름에 동아프리카 지역에 대해 새로 집계한 인구통계가 나왔다. 동아프리카는 세계에서 가장 가난하고 고통 받는 지역들 가운데 하나다. 그런데 새 인구통계에 따르면 이 지역의 출생률이 예상보다 더 빠른 속도로 떨어지기 시작했다. 내전, 지역분쟁, 에이즈 확산이 그 주된 요인들인 것은 분명하다. 하지만 이런 요인들은 더 많은 요인들 가운데 일부일 뿐이다. 경제적 위기와 건강상의 위기 속에서 여성들은 첫 아이 출산을 미루는 선택을 하고 있다.

중국, 인도, 중동 등 세 지역은 한때 인구폭탄이 가장 위협적인 곳으로 여겨졌던 곳들이다. 그러나 이들 위험지역 세 곳 가운데 두 곳에서는 이미 인구폭탄의 뇌관이 제거된 상태다. 중국은 이제 더 이상 대체출생률(replacement birthrate)을 보이지 않고 있다. 다시 말해 이제는 새로 태어나는 아기의 수가 사망하는 성인의 수를 대체하기에 충분하지 않다는 것이다. 이런 현상은 앞의 3장에서 다룬 바 있는, 중국의 유명한 '한 자녀 정책'에 주로 기인한 것이다. 한 자녀 정책이 후퇴하고 있다지만 중국의 출생률에는 여전히 인구통계학적 영향을 미치고 있다. 한편 인도의 인구증가율도 1980~1990년대의 경제발전으로 예상되던 수준에는 훨씬 미달하는 상태다. 인구폭탄이 가장 위협적인 곳으로 여겨졌던 세 지역 가운데 오로지 중동의 이슬람 국가들만이 1980년대에 예상됐던 인구증가율을 지금 보이고 있다. 하지만 이 지역에서도 전반적인 추세는 인구증가율이 감소되는 방향이다.

부와 환경의 질

산업화된 세계에서는 보다 희망적인 소식들이 들려온다. 인구폭탄론을 처음 제시했을 때 폴 얼리치는 관련된 다른 이론 한 가지를 더 주장했다. 환경의 악화는 부와 기술의 함수라는 것이었다. 그는 자신의 이 이론을 E=P·A·T, 즉 환경에 가해지는 영향(Environmental Impact)은 인구(Population), 부(Affluence), 기술(Technology)의 곱과 같다는 공식으로 나타냈다. 사람들이 보다 부유해질수록 보다 많은 재화와 서비스를 소비하게 되며, 기술이 발달할수록 환경의 황폐화를 더욱 많이 유발한다는 것이다.

이제 우리는 이런 그의 주장이 잘못된 것임을 안다. 적어도 장기적인 관점에서는 그의 주장이 옳지 않다. 단기적으로만 보면 사람들이 보다 부유해지면 더 많이 소비하는 게 분명한 사실이다. 사람들은 차를 몰고, 집을 따뜻하게 하고, 일회용기에 든 음식을 먹고, 소비문화적인 생활양식이라고 하면 떠오르는 온갖 에너지 및 물질 낭비행위를 한다. 그러나 시간이 지나면서 부, 기술, 환경의 질 사이의 상관관계는 한층 복잡해진다. 기술과 부는 전 세계적으로 환경의 질을 오히려 급속히 개선하는 결과를 낳고 있고, 이런 환경의 질 개선은 흔히 예상하지 못한 방식으로 이루어지곤 한다.

이런 현상은 어쩌면 당연한 일이지만 기술의 첨단을 달리는, 가장 잘 사는 사회들에서 나타나는 경향을 보인다. 한 사회가 일인당 소득과 같은 기준에서 더 부유해질수록 그 사회는 더 깨끗해지는 경향을 보인다. 잘 산다는 것과 깨끗함이 양립하는 것이다. 오늘날 최악의 환경파괴는 부유한 나라들에서가 아니라 가난한 나라들에서 발생되고 있다. 가장 잘 사는 나라들의 공기 및 수질 오염도는 지난 몇 세기간의 어느 시점에 비해서도 좋아졌다. 석탄연료 사용을 중단하고, 인간과 동물이 배출하는 폐기물을 거리에 내다버리지도 않은 덕분이다. 13세기부터 런던의 대기 중에 떠돌던 스모그, 즉 그 유명한 런던의 '안개'는 이제 과거지사가 돼버렸다.[65] 환경 연구자인 비외른 롬보르는 "런던 공기의 먼지 오염도는 19세기 말 이래 22분의 1로 낮아졌다"는 연구 결과를 발표했다.[66] 잘 사는 나라들에서는 오래된 삼림과 야생 생물들이 스스로 회복되고 있고, 부분적으로는 농경지가 줄어듦에 따라 그런 회복이 나타나고 있다. 이런 자연의 회복 현상은 스칸디나

비아 반도와 스위스에서 가장 두드러지게 나타나고 있지만, 이들 지역에만 국한된 것은 아니다. 환경에 부주의한 나라라는 오명을 듣고 있는 미국도 삼림의 회복에서는 다른 나라들이 부러워할 만한 기록을 세웠다. 미국은 지난 15년 동안 모두 수천 에이커에 이르는 삼림을 회복시켰다.

우리가 잘 알고 있는 몇 가지 요인들이 일인당 부의 수준과 환경의 질 사이의 관련성을 뒷받침한다. 부유층이나 중산층 사람들은 자신들이 지닌 시간적 여유와 정치적 영향력을 이용해 정부에 더 나은 환경의 질을 요구한다. 이들은 환경의 가치를 존중하고, 공식적인 변명을 의심할 줄 알 만큼 교육수준이 높다. 이들의 교육수준은 점점 더 높아지는 경향을 보이고 있으며, 이는 환경의 질이 갖는 중요성을 갈수록 더 잘 인식하게 된다는 것을 의미한다. 게다가 이들은 주택 및 토지에 대한 자신들의 투자에 대해 흔히 '님비(NIMBY, Not In My Back Yard)'로 풍자되는 이해관계를 갖고 있다. 이들은 자신들이 지닌 시간과 자금을 이용해 동식물의 멸종을 저지하는 데 관심을 갖고 참여하기도 한다. 그러나 생물 종들의 소멸은 여전히 분명한 추세로 계속되고 있으며, 이를 막을 수 있을 만한 전반적 해결책은 아직 나오지 않고 있다.

가장 중요한 점은, 부유층이나 중산층이 존재하는 곳은 어디든 보다 깨끗한 신기술의 개발을 위한 투자에 필요한 자본력을 갖춘 기업들이 존재한다는 것이다. 여러 세대에 걸쳐 삶의 질을 떨어뜨리는 대신 오히려 개선시키는 개발, 즉 '지속가능한 개발'로 알려진 형태의 경제성장을 이루려면 기술을 혁신적이고도 현명하게 사용해야 한다. 지난 20여 년간에 걸쳐 생산과 소비의 양 측면에서 기술은 지속가능한 개발이라는 개념을 활성화시킬 만큼 조용하면서도 지속적으로 발전해왔다. 오늘날 대부분의 미국 도시들에서 공기의 질은 20년 전보다 훨씬 좋다. 오늘날의 자동차들이 20년 전보다 95퍼센트 더 깨끗하기 때문이다. 냉장고, 텔레비전, 플라스틱 포장용기, 세탁기, 배터리, 엘리베이터, 공작기계, 정유 등 기술의 종류를 불문하고 새로운 세대의 기술은 그전 세대의 기술에 비해 효율성이 더 높으면서도 낭비성과 공해유발성은 더 낮다. 오늘날 설치되는 새로운 창문들은 5년 전에 설치된 창문들보다 에너지 효율성 지수인 '아르(R)' 수치가 더 높다. 이런 장기적인 추세는 적어도 한 세기 이상 계속되고 있다. 엔지니어들은 장비를 개조할 때마다 이전보다 더 효율적인 것으로 만든다. 일부 엔지니어들은 환경을 위해 이렇게 해야 한다는 의무감을 느끼지만, 대부분의 경우에는 엔지니어들이 단지 경쟁기업의 장비보다 기술적으로 더 뛰어난 장비를 만들려는 노력을 지속적으로 기울일 뿐이다.

영화 〈마이너리티 리포트〉에서 톰 크루즈가 연기한 경찰관 존 앤더튼이 사용하는 냉장고의 겉모양은 1955년에 판매된 냉장고와 똑같다. 이런 냉장고를 영화 속에 넣은 것은, 값싼 냉장고의 '외관과 느낌'은 미래에도 그리 바뀌지 않을 가능성이 있다고 생각했기 때문이다. 값싼 냉장고는 돈이 별로 없는 사람들이 구입하는 것이어서 디자인은 그다지 중요한 요소가 아니라고 판단했다. 〈마이너리티 리포트〉의 배경은 2049년이다. 따라서 앤더튼의 냉장고는 아마도 2015년이나 2020년에 제조됐을 것이다. 2049년의 관점에서 이 냉장고는 에너지를 많이 소모하고 오염을 유발하는 구시대적인 제품으로 보일지 모르겠다. 하지만 이런 냉장고라 하더라도 그 냉장고에 사용된 압축 및 냉각

기술은 2003년도에 시판된 가장 앞선 냉장고에 비해 더 깨끗하고 효율적인 기술일 것이다. 마찬가지로 2003년의 냉장고는 1970년의 냉장고와 외관상으로는 모습이 거의 같지만, 값이 더 저렴하고 에너지는 80퍼센트나 덜 사용된다.

사실상 모든 산업사회에서는 '재료 및 에너지 사용'과 '기술의 기능 및 효율성' 사이에 경쟁이 벌어지게 된다. 시간이 지나면서 둘 가운데 '기술의 기능 및 효율성'이 우세해지는 경향을 보이며, 보다 지속적이고 예측이 가능해진다. 이에 비해 '재료 및 에너지 사용'은 산업화의 초기 단계에서는 급격한 증가세를 보이다가, 인구증가세가 안정세를 보이고 사람들이 충분한 양의 재화를 축적하게 되면 증가세가 완화된다. 결국은 사람들이 세탁기나 오븐 토스터를 살 수 있게 되어도 예전만큼 그런 제품의 구매에 열의를 보이지 않게 되는 순간이 온다. 사람들이 재화를 축적하는 것을 부담으로 느끼고, 오히려 돈을 정원을 가꾸는 데 쓰거나 아예 기부하는 것이 더 낫다는 결정을 내리게 된다. 그런 때가 오면 녹색사회를 향한 방향전환이 이루어지는 것이다.

이것은 대단히 좋은 소식이다. 그러나 만약 폴 얼리치의 주장이 맞다면, 그리고 부가 환경파괴의 직접적인 원인이 된다면, 우리는 지금 문제가 매우 심각한 시대로 나아가고 있는지도 모른다. 에너지, 수송, 물 등에 대한 수요가 과거 그 어느 때보다 훨씬 더 커질 수 있다. 가령 중국이 매년 12퍼센트 대의 증가율을 보이는 에너지 수요를 계속 충족시키려면 매달 10억 와트 용량의 발전소를 추가로 건설해야 한다. 발전 방식의 문제는 접어두더라도 그 자체가 엄청난 도전이다. 그런데 석탄을 때서 대기를 오염시키는 기존의 화력발전 기술로 전력을 생산해야 한다면 중국뿐 아니라 아시아 지역 전체는 엄청난 혼란에 빠져들 것이다. 에너지 및 제품에 대한 전 세계의 수요는 앞으로 몇십 년에 걸쳐 세 배로 늘어날 것이다. 아니, 이보다 더 빠른 속도로 수요가 늘어날 수도 있다.

그렇다면 중국 같은 나라가 오염도를 낮춤으로써 녹색사회로 나아가는 데는 얼마나 시간이 걸릴까? 그리고 미국은 어느 정도나 신속하게 녹색사회가 될 수 있을까? 기술혁신의 속도가 결정적인 관건이 되는 것은 아니다. 오히려 해당국 국민이 그동안의 기득권을 포기할 의지와 능력이 관건이 된다. 각종 제품들이 아주 빠른 속도로 새로운 기술을 반영해 재설계된다 해도, 이렇게 해서 새로 나오는 제품이 어느 정도나 영향력을 발휘하는가는 그 당시 세대의 탐욕에 의해 제약을 받게 된다. 여기서 제약이라 함은 오염을 유발시키는 기존의 제품들을 일상적인 사용에서 제외시키는 속도를 말한다. 오늘날 내연기관이 방출하는 스모그의 80퍼센트는 현재 운행되고 있는 자동차와 트럭들 가운데서 가장 오래된 20퍼센트에서 발생한다. 터빈, 발전 장비, 자동차 엔진을 비롯한 내연기관 등도 마찬가지다. 공기의 질과 수질은 보증기간도 없고 제조사 쪽의 유지 서비스도 받을 수 없는 중고품 장비들에 의해 주로 악화된다. 역설적인 이야기로 들리겠지만, 보다 많은 사람들이 중고품, 특히 전기제품을 비롯해 에너지를 사용하는 중고품을 내다 버릴수록 우리의 환경은 보다 더 깨끗해진다고 말할 수 있다.

이것이 바로 환경학자인 아모리 로빈스가 주장한 '네가와트(negawatt)' 개념의 배경 논리다. 이 개념은 낡고 비효율적인 산업 인프라를 폐기함으로써 실현되는 에너지의 절약은 사실상 새로운 에너지의 공급으로 간주될 수 있다는 뜻이다. 원칙적으로는 가능한 모든 방법들을 다 동원해 비효율적 인프라의 폐기를 앞당긴다는 생각도 하나의 훌륭한 구상일 것이다. 그러나 그럴 경우에 실제로는 해결해야 할 수많은 정치경제적 딜레마들이 초래된다. 가령 캘리포니아 주정부가 저소득층이 소유한 모든 차량들 가운데 10퍼센트에 해당하는 가장 오래된 차량들을 없애기 위해 구매보조금을 지급한다고 가정해보자. 이런 조처는 가난한 사람들이 새 차를 구입하는 데 보조금을 주기 위해 중산층 사람들에게 세금을 부과하는 것으로 비칠 수 있고, 아마 이런 생각이 옳은 판단일 것이다. 아울러 구매보조금 지급 조처는 500달러짜리 중고 자동차가 유일한 수송수단인 가난한 사람들에게 그 중고 자동차를 포기하도록 강요함으로써 그들을 벌하려는 시도로 비칠 수도 있다. 부득이 사람들은 정부정책과 게임을 벌이기 시작할 것이다. 자동차 할부권을 팔던가, 아니면 새 차 구입을 위한 보조금을 받을 자격이 필요한 동안에만 일시적으로 자신의 소득을 줄일 것을 궁리할 것이다. 게다가 오래된 순서로 11퍼센트에 해당하는 차량을 갖고 있어 정부의 구매보조금 지급대상에서 약간만 벗어난 개인들이 차별대우를 이유로 정부를 고소하게 된다면 어떤 일이 발생할까? 실제로 몇 년 전에 캘리포니아 주는 이런 보조금 지급계획을 시도했다가 재빨리 철회하고 말았다.

더욱이 빠른 오래된 차량을 새 차로 바꾸는 비율을 높인다고 해서 항상 환경에 좋은 것은 아니다. 오래된 세단 자동차를 폐기한 사람들이 같은 차종의 에너지 효율형이 아닌 픽업트럭과 SUV 차량을 사려고 할 수도 있다. 유럽에서 일어난 일이 바로 이런 심리를 반영한 것이었다고 에너지 분석가인 리 쉬퍼는 주장한다. 1990년대에 정책 입안자들은 몇 년간에 걸쳐 에너지세를 부과하고 자동차의 연료효율성을 높여나갈 경우 일인당 자동차 연료 소비가 줄어들 것으로 예상했고 실제로도 그랬다. 그러나 연료 소비 감소효과는 미국이 유럽보다 두 배나 컸다. 유럽인들이 보다 크고 무거운 차량으로 옮겨갔기 때문이다. 반면 미국에서는 크고 무거운 차량들이 이미 일반화돼 있었기에 새로운 연료절약형 기술의 도입이 보다 큰 차이를 낳았던 것이다.

산업사회의 녹색화는 자극을 가한다고 해서 그 속도가 더 빨라지지 않는다. 적어도 쉽게는 그렇게 할 수 없다. 그렇다고 녹색화를 멈출 수는 없다. 가령 미국의 공화당 정치인들 가운데 환경 문제를 전혀 고려하지 않거나 오히려 환경 문제를 악화시킨 이들이 있었다. 그러나 유권자들은 이런 정치인들에 대해 사고의 전환을 하도록 압력을 가했다. 환경 문제와 관련해서는 진보든 보수든 정치성향과 상관없이 모든 사람들이 건강에 이로운 환경에서 살기를 원하기 때문이다. 수소발전 연구에 12억 달러를 투자하겠다는 부시 행정부의 제안도 이런 배경에서 이해할 수 있다. 이것을 빈말이나 녹색속임수(greenwashing)로만 볼 수는 없다. 기업들은 부정적 여론의 위협 외에도 여러 가지 요인들에 의해 영향을 받는다. 고객의 선택, 기술의 변화, 지구 기후 변화에 미치는 기업들 자신의 영향력, 각 기업 스스로의 가치관 등에 의해서도 영향을 받는다. 특히 기업의 고객들은 이제 보다 깨끗한 에너지원으로 옮겨가는 것이 더 낫고 비용도 덜 든다는 사실을 차츰 깨닫고 있다. 또 변화된 새로운 기술도 효율적으로 적용된다면 깨끗한 시스템에서 보다 많은 이윤이 발생하도록 한다.

산업계 지도자들, 특히 발전분야에 종사하는 지도자들의 말에서 우리는 그들이 이미 달라지고 있음을 알 수 있다. 약 10년 전부터 에너지 분석가나 기획자들은 환경영향 시나리오를 진지하게 받아들이기 시작했다. 오늘날 그들은 미래의 투자계획을 입안하는 회의에서 환경을 제외하고는 별달리 하는 말이 없을 정도다. 로열더치 셸, 엑손 모빌, 브리티시 퍼트롤리엄 등 3대 석유회사 모두 탄화수소, 즉 화석연료 기반의 에너지 공급원으로부터 벗어나는 데서 자사가 주도적인 역할을 하겠다는 의지를 이미 천명했다. 화석연료의 사용이 환경에 미치는 영향력이 크고, 화석연료는 결국 대체에너지에 의해 밀려날 것이라고 인식하고 있기 때문이다. 브리티시 퍼트롤리엄은 자사의 약칭인 '비피(BP)'가 '영국 석유(British Petroleum)'를 뜻하기보다는 '석유를 넘어(Beyond Petroleum)'를 뜻하는 것이라고 홍보하기도 했다.

나는 구소련의 마지막 서기장인 고르바초프 및 '지구의 날(Earth Day)'과 '열대우림연대(Rainforest Alliance)'의 공동설립자인 랜디 헤이스와 함께 한 만찬장에 참석한 적이 있다. 그때 랜디 헤이스가 말문을 열었다. "다국적기업들을 규제하는 게 필요하다고 생각하지 않으십니까? 그들은 지구환경을 파괴하고 있습니다." 그러자 고르바초프가 이렇게 대답했다. "오히려 소련이 지구상에서 최악의 오염원이었습니다. 그리고 우리는 다국적기업들로부터 아무런 지원도 받지 않았습니다."

공산주의의 국가주도 경제체제들은 주요 오염원들 가운데서도 단연 최고의 오염원이었다. 왜냐하면 그런 경제체제들은 효율성 경쟁이나 환경에 대한 대중의 압력 등 그 어느 것에도 구속받지 않았기 때문이다. 공산주의 국가들은 규칙을 지키지 않았다. 이런 공산주의 국가들의 선례로부터 기업들을 포함한 나머지 세계는 교훈을 얻었다. 물론 자본주의 체제가 보여준 선례로부터도 교훈을 얻었음은 두말할 나위도 없다. 기업 경영자들은 안이한 태도를 취하기도 하고, 규제에 저항하기도 한다. 그러나 그들은 인도 보팔의 유독물질 유출 참사, 발데스 원유 유출 사건, 영국의 원유채취용 플랫폼인 '브렌트 스파' 처리 방법 논란, 허드슨 강 PCB 유출 사건과 같은 환경오염 사건의 주범으로 몰리지 않기 위해서도 열성을 보이고 있다.

지금까지 언급한 모든 이유들로 인해 부유한 나라들에서는 환경의 질이 개선될 것이다. 인구증가와 부의 증대 속도가 기술발전 속도보다 앞서는 것은 최악의 시나리오에서도 앞으로 10~20년 정도면 끝날 것이다. 그 뒤에는 자연과 건강을 가장 중요시하는 사람들과 지구환경이 승리하기 시작할 것이다. 아울러 환경 분야에서 새로운 기술적 변화들이 본격적으로 부상할 시점이라는 점을 고려하면, 낙관적인 시나리오가 실현될 가능성이 점점 더 높아질 것이다.

에너지 기술의 전환

이제 에너지 기술 분야에서 불가피하게 닥칠 놀랄 일들을 살펴볼 차례다. 이 분야에서는 바야흐로 인내의 결실이 맺어지고 있다. 그동안 25년 이상에 걸쳐 환경 활동가들은 바람, 태양열, 바이오매스, 수소 기반 연료 등 재생가능한 에너지원들이 화석연료를 대체할 수 있고, 또 반드시 그렇게 돼야 한다고 주장해왔다. 그러나 이런 신기술의 도입과 확산이라는 측면에서 발전 속도가 매우 더뎠기 때문에 많은 이들이 희망을 포기하기도 했다. 그러나 앞으로 20년 안에 에너지 기술의 전환이 마침내 현실화될 것이다. 우리는 드디어 에너지원 전환이라는 변화의 문턱을 넘어서고 있다.

그렇다고 해서 변화가 순조로울 것이라고 말하려는 것은 아니다. 앞으로도 여러 차례에 걸쳐 에너지 가격 급등을 예상할 수도 있다. 이로 인해 단기적으로는 2001년 캘리포니아 주를 강타한 전기요금 급등처럼 파괴적인 사태가 일어날 수도 있다. 이런 사태를 일으킨 주범에 대한 비난을 하게 되더라도, 규제가 완화된 에너지 시장을 조작한 엔론과 같은 기업들에 돌릴 수 있는 비난은 일부에 지나지 않을 것이다. 가격의 급등은 본질적으로 에너지 경제의 현실을 반영하는 증상이다. 연료의 가격은 1984년에서 2001년까지 20년 가까운 세월 동안 비교적 낮은 수준에서 안정적인 움직임을 보였고, 산업세계는 안정적인 연료 가격의 이점을 누렸다. 연료비를 낮게 유지하는 데 기여한 에너지 보존 분야의 기술발전, 그리고 1973년과 1979년과 같은 정치적 동기에 의한 원유가격 급등 현상을 막아준 전반적인 평화가 그 같은 연료 가격의 안정을 가져왔다.

그러나 낮은 가격은 유감스럽게도 얼마 지나지 않아 공급 부족에 의한 시장의 경색을 초래한다. 그리고 투자자들을 쫓아낸다. 지난 15년 동안 미국에서는 에너지 공급에 기여하는 투자가 부진한 현상이 빚어졌다. 석유, 천연가스, 재생가능 에너지, 원자력 발전 등 모든 부문의 에너지 기술 투자가 전반적으로 부진했다. 이와 동시에 수요는 상대적으로 높은 수준에서도 꾸준히 더 증가해왔다. 결국 피할 수 없는 결과가 나타났다. 간헐적인 공급부족 현상이 나타났던 것이다. 캘리포니아 주에서 발생한 발전시설 부족 현상이 그 대표적 예라고 생각해도 된다. 대규모 발전소나 원유 생산설비를 신설해 가동하는 데는 여러 해가 걸린다. 따라서 에너지가 부족해지면 공급을 늘리는 데 걸리는 시간 동안에는 견디기 힘든 위기국면을 맞은 것처럼 느껴진다. 그러나 에너지 가격이 이내 상승하게 되고, 높아진 이윤의 기회를 노리는 새로운 투자자들과 생산업자들이 나타난다. 점차 에너지 공급자가 증가하고, 공급부족이 공급과잉으로 변하고, 가격은 다시 내려간다. 이런 순환주기는 1차산품 산업에서는 이미 익숙한 것이며, 우리는 지금도 이런 순환주기 속에 있는 것이다.

대개 사람들은 호황과 불황의 순환을 달가워하지 않는다. 그러나 이런 순환이 존재한다는 것은 단기적으로 고통을 안겨준다고 해도 근본적으로는 좋은 일이다. 최근에는 온갖 종류의 에너지를 생산하는 사업자들이 기술혁신에 주목하고 있다. 이런 현상은 19세기말 이후로는 처음이라고 할 정도다. 그 결과 가지각색의 에너지 기술들이 동시에 등장하고 있다. 1900년 전후에는 증기력, 전기, 휘발유가 자동차라는 새로운 수송기계를 구동할 연료의 자리를 차지하기 위한 각축을 벌였다. 그리고 석탄, 석유, 수력발전(댐)이 전기라는 새로운 인프라의 공급원이 되기 위한 경쟁을 벌였다. 1902년에 차량용 연료들 가운데 시장점유율로 석유의 비중은 20퍼센트에도 못 미친 반면, 증기력 및 전기는 각각 40퍼센트를 차지했다. 우리가 만약 당시에 이 가운데 어느 것이 궁극적으로 차량용 연료 시장을 장악하게 될 것인가를 예측했어야 했다면, 아마도 석유는 선택하지 않았을 가능성이 높다. 당시에 석유는 널리 보급되지도 않았고, 쉽게 이용할 수도 없었다. 당시에는 석유가 불가피한 것이 아니었던 것이다.

그러면 지금의 시점에서 2015년의 자동차가 어떤 모습이 될 것인지를 생각해보자. 그것을 움직일 주된 연료는 무엇일까? 밤새도록 전기 콘센트에 꽂아놓고 전기를 충전해야 하는 백퍼센트 전기차일까?

지금도 이미 이런 전기차의 원형과 같은 자동차들이 도로를 달리고 있고, 그 소유자들의 사랑을 받고 있다.[67] 그게 아니면 도요타의 '프리우스'나 혼다의 '인사이트'처럼 내연기관과 전기를 혼용하는 하이브리드카일까? 하이브리드카는 저속에서는 전기 배터리가, 고속에서는 내연기관이 작동해 차를 움직이며, 고속으로 주행할 때 휘발유를 이용해 배터리를 충전한다. 미래의 자동차는 곳곳에 설치된 수소 충전소에서 수소 기반의 에너지를 공급받는 독립적 연료전지로 움직이는 차일까? 아니면 자동차 자체가 천연가스 터빈을 이용해 전기를 스스로 생산해내는 방식의 터빈발전 차가 상용화될까? 미래의 차는 햇빛을 전기로 전환하는 광전지들로 치장한 채 다른 동력원도 겸용하거나 순수하게 태양에너지만으로 움직이는 차일지도 모른다. 이것도 아니라면, 갤런당 주행거리가 대폭 늘어나고 오염물질 배출은 줄어든 새로운 엔진을 사용하되 주된 연료는 여전히 휘발유일까? 이 가운데 마지막 추측이 미래의 자동차가 된다면, 지금의 자동차 엔진 기술과 연료 보급망이 미래에도 그대로 유지될 것이다.

확실하게 예상할 수 있는 사람은 아무도 없다. 위에서 거론한 기술들이 모두 실현될 것 같기도 하다. 심지어는 태양열 발전도 자동차에 에너지를 공급하는 하나의 방법으로 실현되지 말란 법이 없다. 다만 좁은 자동차 지붕 위에 설치된 태양열 집열판만으로 그 자동차를 구동시킬 수 있을 만큼 충분한 에너지를 확보하게 할 광전지가 실제로 개발되고 있다고는 생각되지 않는다. 어느 기술이 우세하게 될지는 기술의 발전과 사업적인 경쟁이라는 두 측면에 관련된 여러 가지 예측 불허의 변화들에 좌우될 것이기에 지금으로서는 알 수 없다.

그러나 연료전지만큼은 유력한 후보라고 말할 수 있다. 연료전지는 전기화학적 전환을 통해 수소와 같은 물질로부터 전력을 만들어내는 독립적인 장비다. 여기에는 전자들로부터 광자들을 분리시키기 위해 얇은 막 형태의 화학물질 촉매가 사용된다. 연료전지에는 기계적으로 구동되는 부분이 없으므로 소음이 거의 발생하지 않는다. 수소가 연료로 사용되는 전지가 발생시키는 부산물은 단 두 가지뿐이다. 그중 하나는 열이고, 다른 하나는 물이다. 열은 주기적으로 저장해두었다가 재사용할 수 있다. 지금까지 연료전지의 도입을 억제하고 있는 주된 요인은 무게와 비용이다. 이 둘은 지속적으로 떨어지고 있지만, 앞으로 다른 에너지원들과 경쟁할 만큼 충분히 빨리 떨어질 것인지는 예측하기 어렵다.

궁극적으로 연료전지는 오늘날 내연기관이 석유나 휘발유를 공급받는 데 이용되는 '저장통과 펌프가 연결된 인프라'를 통해 수소를 공급받는 형태로 개발될 것 같다. 미래로 가는 도중의 과도기적 방법으로 어쩌면 기존 정유회사들이 갖고 있는 시설물들을 이용하게 될지도 모른다. 미국에는 석유와 가스를 생산하면서 그 부산물로 수소가 나오는 대규모 정유시설이 최소한 9곳이 있다. 이들 정유시설에서 나오는 수소는 현재 화학회사들에 공급되고 있다. 이런 현실로부터 수소충전소 체제로 나아가는 거리는 그다지 멀지 않다. 최근 샌프란시스코만 지역에 최초의 수소충전소가 문을 열었다. 버클리 북부의 작은 도시인 리치먼드에 위치한 세브론 정유소 인근이다. 이 수소충전소는 이스트 베이(East Bay) 지역에서 수소연료로 운행될 일련의 신형 버스들을 위해 문을 열었다.

만약 이런 종류의 기반시설이 계속 늘어난다면, 연료전지로 움직이는 차량들이 전 세계 자동차와 트럭의 30~60퍼센트를 차지하게 될 수 있다. 이는 매우 실현 가능성이 높은 전망이지만, 반드시 그렇게 될 것이라고 단언하긴 어렵다. 예를 들어 무게나 폭발위험의 문제가 부각됨으로써 연료전지로 차량을 움직인다는 생각 자체가 비현실적인 것이 될 수도 있다. 그런가 하면 연료전지가 아닌 다른 차량용 에너지 기술이 실현 및 시장판매의 측면에서 더 나은 것으로 판명될 가능성도 있다.

자동차의 에너지원이 궁극적으로 어떤 것이 될 것인가와 상관없이 우리가 확신하는 바는 그것이 환경친화적인 것이 될 것이라는 점이다. 모든 기술개발자들은 서로 경쟁하면서 효율성 개선 및 오염물질 배출량 감소를 추구할 것이다. 따라서 필연적으로 2020년의 신형 자동차는 오늘날의 신형 자동차보다 오염물질 배출을 훨씬 적게 할 것이다. 오염물질 배출량이 어쩌면 95퍼센트나 줄어들 수 있다. 그리고 이동하는 데 지금보다 훨씬 적은 연료만 사용할 것이다. 아르곤(Argonne) 국립연구소와 미시간대학에서 각각 자동차 디자인 전문가로 일하는 두 사람이 공동으로 집필한 한 연구보고서는 휘발유 1갤런당 평균 64킬로미터를 달리는 서버번 차가 등장할 것으로 예상했다. 이는 오늘날의 서버번 차에 비해 연비가 두 배에 이르는 것이다.[68] 전자제어 연쇄전동장치, 보다 효율적인 연료분사 시스템, 4~5단계가 아닌 무한 단수의 변속기, 캠샤프트보다 미세한 조절 기능을 갖춘 밸브 조절기, 엔진을 수시로 끔으로써 공회전을 줄일 수 있게 해주는 빠른 스타터 모터, 보다 가벼운 차체, 한층 더 공기역학적인 디자인 등도 각기 나름의 역할을 할 것이다.

발전 분야에서도 기술혁명 및 환경혁명이 필연적으로 도래할 것이다. 어쩌면 2020년 무렵, 확실하게는 2030년 무렵이 되면 매우 다양한 발전 기술들이 가장 깨끗하고 효율적인 기술로 인정받기 위해 서로 각축을 벌이는 광경을 목격하게 될 것이다. 건물에 전력을 공급하는 데서도 연료전지, 터빈발전기, 소형발전소 등이 보다 깨끗하고 작은 규모의 기술들로 이행하는 경향도 이미 나타나고 있다. 수소 연료전지보다 더 안전한 것으로 여겨지는 메탄올 연료전지가 휴대용 컴퓨터, 피디에이, 이동전화 등 휴대용 전자기기에 탑재되는 것도 보게 될 것이다. 나는 벤처투자자의 자격으로 연료전지 기술개발업체인 니파워시스템스(Neah Power Systems)의 이사직을 맡고 있다. 그 덕분에 나는 2002년 12월에 사상 처음으로 연료전지로 구동되는 휴대폰으로 걸려온 전화를 받은 바 있다. 이런 형태의 연료전지는 반도체처럼 전적으로 실리콘으로 만들 수 있다. 어떤 기업이 이 분야의 선두가 될지는 몰라도, 이런 식의 연료전지는 여행객들에게 인기를 얻을 것 같다. 공항 내 판매점들은 휴대용 라이터와 비슷한 크기의 캡슐 형태로 된 연료전지를 판매할 것이며, 그 안전성도 휴대용 라이터만큼 높을 것이다. 아마도 우리는 휴대용 컴퓨터에 연료전지를 끼워 쓰고, 12시간 정도마다 새로운 연료전지로 갈아 끼우게 될 것이다.

연료전지는 일반 배터리보다 더 많은 전기를 공급하기 때문에 강력한 완구를 포함해 보다 강력한 휴대용 장비들을 실현시킬 것이다. 그리고 군대용으로도 사용될 수 있다. 2001년 아프가니스탄 전쟁에 참여한 일반 미군 병사들은 무게가 약 14킬로그램인 배터리를 갖고 다녔다. 이 배터리는 1주일 조금 못 미치는 시간 동안만 사용할 수 있었다. 연료전지가 상용화되면 이 배터리를 대체할 수 있다. 미국의 군용 과학기술 연구에 참여하고 있는 국방첨단연구계획청은 이미 대규모의 신형 연료전지 개발 프로젝트에 착수했다. 몇 년 뒤면 대규모 연료전지 발전소들이 여기저기 눈에 띄기 시작할 것이다. 이 연료전지 발전소들은 처음에는 외딴 건물들에 설치되지만, 궁극적으로는 컴퓨터들이 인터넷으로 연결된 것과 같이 거대한 전력선망에 연결될 것이다.

태양열 발전에서 발전혁명의 또 다른 요소가 등장하는 것은 필연적이라고 말할 수는 없지만, 그럴 가능성이 상당히 높다. 그것은 현재 이용되는 태양전지들보다 효율성은 낮지만 비용이 훨씬 적게 드는 새로운 태양전지다. 새로운 태양전지는 1킬로와트시(kWh)의 전력을 사용하는 데 드는 비용을 0.20~0.25달러에서 0.045달러로 낮출 것이다. 이 태양전지를 우리가 사는 집의 지붕에 설치한다면 노력과 비용에 비해 충분한 전력을 공급해주지 못할 것이다. 그러나 대규모 발전회사라면 10에이커 크기의 새로운 전지들을 들판에 설치하고, 거기에서 생산되는 전력을 배전망을 통해 멕시코시티나 휴스턴 같은 대도시에 공급할 수 있다. 샌프란시스코와 뉴욕처럼 북쪽에 위치한 도시들은 이미 풍력을 이용해 이 같은 전력 공급체제로 나아가고 있다. 수력 발전의 효율성을 더 높이고자 하는 도시들도 있다. 궁극적으로는 전 세계의 대규모 도시들이 저마다 '재생가능 에너지 농장'을 운영하게 될 수 있다.

석유, 천연가스, 석탄 등 화석연료는 미래에도 연료로 계속 활용될 것이다. 화석연료를 이야기할 때는 다음 두 가지 문제를 검토해야 한다.

하나는 이용가능성, 즉 우리가 충분한 양을 가지고 있을 것인가의 문제다. 지난 몇 년간에 걸쳐 분명히 드러난 사실이지만, 이 문제에 대한 정답은 "그렇다"이다. 중동지역에서 전쟁이 확산되거나 베네수

엘라에서 위기상황이 지속된다 해도 그렇다. 카스피해 지역 국가들과 러시아가 계속 부패에서 벗어나지 못하는데다 멀리 떨어져 있어 대부분의 석유회사들이 진출하지 못한다 해도 그렇다. 일부 지명한 진문가들이 화석연료의 공급부족 현상을 예상했다 하더라도 그렇다. 어쨌든 석유는 떨어지지 않을 것이다. 현재의 유가 급등은 1~2년간 더 계속되겠지만, 그 뒤에는 상황이 다를 것이다. 석유수출국기구(OPEC)는 유가가 지나치게 높아지는 것을 막기 위해 증산에 돌입했다. 고유가 현상이 다른 지역의 유전 및 에너지 기술들의 도전을 더 많이 유발할 가능성을 중동지역 산유국들이 우려하고 있는 것이다. 이런 그들의 우려는 근거가 있다. 그리고 어쨌든 간에 새로운 기술들은 도래할 것이다.

나는 샤이바(Shayba) 유전을 방문했을 때 원유 개발기술 분야에 일어날 변화들에 대한 감각을 얻을 수 있었다. 샤이바 유전은 사우디아라비아의 루발칼리(Rub' al-Khali), 즉 '비어있는 영토'의 한 지역에 있는 유전으로, 엄청난 규모의 고급 원유가 매장된 곳이다. 이 나라의 '비어있는 영토'는 내가 알고 있는 지명들 가운데 해당 지역의 특성을 가장 잘 반영한 기가 막힌 지명이다. 너비가 사방으로 1000킬로미터가 훨씬 넘지만 수많은 모래언덕 외에는 아무것도 존재하지 않는 곳이다. 여름철 기온은 섭씨 57도를 넘고, '서늘한' 계절인 11월의 기온도 섭씨 36도나 된다. 지표면은 미국 네바다 주의 블랙 록(Black Rock) 사막처럼 소금이 굳어 딱딱해진 평지다. 그 위에는 가루 같은 붉은 색 모래가 쌓여 수백 미터 높이의 거대한 언덕들을 이루고 있다. 바람이 조각한 장엄한 풍경이다.

샤이바 유전에서는 1960년대에 석유가 발견됐지만 그동안 개발될 수 없었다. 이 유전을 개발하는 데는 수평시추 기술이 요구된다. 이는 사막에서 상대적으로 접근이 용이한 곳에서, 원유가 매장돼 있으나 접근이 어려운 곳으로 파 들어가는 방법이다. 지금은 상대적으로 접근이 용이한 협곡에 작은 산업도시가 들어서있다. 이 도시에는 수백 개의 유정, 원유 및 가스 처리시설, 일하는 사람들의 거주시설, 모래언덕 아래 땅속 사방으로 뻗친 수평굴착 케이블 등이 있다. 협곡의 벽을 올라가고 모래언덕들을 넘어 몇백 킬로미터 벗어나서 되돌아보면 이 도시가 전혀 보이지 않을 것이다. 그리고 다시는 그 도시로 되돌아가는 길을 찾지 못하게 될 것 같다.

마찬가지로 그동안 접근이 어려웠던 해양 유전에서 원유를 채취하는 해저시추 기술이 발달할 수 있다. 지금까지는 해양 유전에 눈을 돌리는 사람이 별로 없었다. 해저에서 시추한다는 것을 상상할 수 없었기 때문이다. 그러나 이제 우리는 해양 유전에도 눈을 돌리고 있고, 방대하게 매장된 유전을 찾아내고 있다. 지구에 매장된 석유에는 분명 한계가 있다. 그러나 그동안의 여러 가지 예측들과 달리 우리는 아직 그 한계의 근처에도 가보지 못했다. 앞으로 적어도 수십 년 동안은 그 한계에 근접하지 못할 것이고, 어쩌면 훨씬 더 오랜 세월이 흘러도 매장된 석유의 한계를 보지 못하게 될 수도 있다.

화석연료를 이야기할 때 생각해봐야 할 또 하나의 문제는 환경에 미치는 영향이다. 이 문제에 대한 해답은 아직 분명하게 나온 게 없다. 석유나 천연가스와 같은 화석연료의 미래는 환경에 실제로 미치는 영향을 얼마나 줄여나가는가에 따라 다를 것이다. 석탄은 싸고 풍부하나 베이징과 같은 도시들을 사실상 살기 어려운 곳으로 만들었다. 그랜드캐니언 상공에는 애리조나 주의 피닉스에 전기를 공급하는 한 발전소에서 배출된 석탄 그을음이 걸려 있다. 석탄을 태우는 행위는 온실가스 증가를 특히 부추겼고, 이로 인해 지구 기후변화를 크게 악화시켰다. 선진국과 개발도상국을 막론하고 화석연료가 아닌 다른 연료를 사용할 수 있게 되면 발전회사나 정부가 에너지원으로서의 석탄 사용을 포기하도록 하는 압력을 느끼는 것은 당연하다.

그러나 석탄이 본래부터 다른 연료들보다 더 더러운 것은 아니다. 석탄 자체보다는 오히려 미세한 가루 석탄을 태우는 '미분탄 연소' 방식의 증기발전이 대기오염을 일으켰다. 50년 동안 사용돼온 이 기술은 연료 효율성이 40퍼센트에 지나지 않는다. 석탄 한 덩어리에 함유된 탄소 및 유황 성분의 대부분은, 터빈을 돌리는 증기를 만들기 위해 물을 덥히고 나서는 가스 형태의 부산물로 대기에 배출된다. 만약 석탄을 분쇄해 생긴 탄소를 기체 연료로 잡아두었다가 사용하는 폐쇄순환식 석탄연소 시스템이 개발될 수 있다면 석탄은 다시 한번 주된 에너지원이 될 수 있고, 더 나아가 환경친화적인 연료로도 인정받을 수 있을 것이다.

이런 시스템 중 적어도 하나는 현재 개발 중에 있다. 그것은 '석탄 가스화 복합발전(IGCC; Integrated Gasification Combined Cycle)' 이라고 불리는 것이다. 이는 탄소분리 기술의 새로운 물결을 알리는 전조일지도 모른다. 석탄의 산업적 처리과정에서 발생한 탄소를 잡아가두어 저장하거나 생산적으로 활용하는 기술이다. 이런 기술은 주로 알루미늄 공장, 제철소, 시멘트 공장, 원유 및 가스 정제공장 등 주된 이산화탄소 배출원들에 사용될 수 있을 것이다. 이 밖에도 탄소를 원래 추출된 곳인, 원유나 천연가스의 지하 매장지로 되돌려 매립하는 등의 새로운 기술을 개발하거나, 해양 플랑크톤 및 삼림을 늘리는 방법을 통해 대기에서 이산화탄소를 제거하는 방법 등 대규모 계획들도 제시되고 있다. 만약 이런 기술들이 효율적이고 비용도 저렴한 것으로 밝혀진다면, 우리는 앞으로도 오랜 기간에 걸쳐 탄화수소를 연료로 계속 사용할 수 있게 될 것이다. 반대로 탄소분리 기술이 어렵거나 비싼 것으로 입증된다면 석탄, 석유, 천연가스를 멀리하라는 압력이 불가피하게 커지고, 더불어 다른 연료원을 개발하라는 압력이 커질 것이다. 예컨대 원자력 발전의 르네상스가 도래할 가능성이 높다.

원자력 발전은 내가 개인적으로 대화를 나누는 거의 모든 사람들과 의견이 충돌되는 에너지원이다. 현재 건설 중인 원자력 발전소는 거의 없다. 심지어 중국처럼 에너지 수요가 급속히 늘어나는 국가에서도 마찬가지다. 현존하는 원자력 발전소들은 관료적으로 운영되고, 운영비가 많이 들며, 테러의 주된 목표물로 간주된다. 무엇보다도 원전사고 또는 연료취급 과정에서의 사고는 한 지역 전체에 파괴적인 결과를 낳을 수 있다. 그러나 나는 원자력 발전이 실용적인 에너지원으로 다시 부상할 것이라고 생각한다. 주로 환경 문제 때문이다. 원자력 발전은 온실가스를 대기에 방출하지 않는 에너지원이다.

그렇다면 원자력 발전을 반대하는 모든 이유들이 기각될 수 있는가? 나는 그렇다고 생각한다. 원자력 발전소는 대부분의 사람들이 생각하는 것보다 테러에 대한 저항력이 훨씬 크다. 이는 1981년에 이라크 바그다드 인근의 오시라크에 있는 원자로를 이스라엘 공군이 파괴한 사건으로 입증됐다. 그전에도 이란 전투기들이 이 원자로 파괴를 시도한 적이 있으나 소규모 피해를 입혔을 뿐이다. 그것을 파괴하는 데는 내부에 폭탄을 장착하는 것을 포함한 은밀한 작전이 필요했던 것이다. 핵폐기물 저장 문제를 비롯해 원자력 발전과 관련된 다른 문제들도 점차 해결되어 가고 있다. 원자력 기술은 다른 에너지 기술들과 마찬가지로 시간이 흐르면서 점점 더 비용이 적게 들고, 더 안전하고, 보다 소형화되고 있다. 새로운 기술들도 등장하고 있다. 가령 핵연료를 테니스공 크기의 흑연 자갈 안에 저장하고, 원자로는 헬륨가스로 냉각시키며, 보다 고온에서 원자로를 가동하는 기술인 '페블베드(pebble-bed) 설계'가 그것이다.[69]

특정 목적의 원자력 발전소를 다른 신기술과 결합시키는 방법도 상상해볼 수 있다. 가령 담수가 귀한 중국이나 인도에서 바닷물 탈염 공장의 에너지원으로 원자력 발전소를 사용할 수 있다. 그런가 하면 증기순환 과정을 완전히 건너뛴 원자력 발전소를 보게 될 수도 있다. 이런 원자력 발전소는 터빈을 돌리기 위해 열을 발생시키지 않고 복사에너지에서 직접 전기를 생산하는 방식이 될 것이다. 이는 거대한 태양전지가 태양에서 발산되는 빛을 에너지원으로 사용하는 대신에 핵반응에서 나오는 전자의 흐름을 이용하는 것과 같다.

나는 자기핵융합, 저온핵융합을 비롯한 핵융합 발전에 대해서는 덜 낙관적이다. 핵융합 발전의 바탕에 있는 물리현상에 대한 이해가 아직 빈약하기 때문이다. 지상에서 작은 태양을 만든 다음 그것을 자석으로 만든 비커 속으로 쑤셔 넣는 일을 상상해보면, 핵융합 기술과 관련된 문제가 어떤 것인지 알 수 있을 것이다.

현재로서는 환경친화적 기술혁신의 파도를 느끼기가 쉽지 않다. 앞으로도 몇 년간은 환경보호론자들이 마치 자신들이 인구, 부와의 시합, 어쩌면 기술과의 시합에서도 지고 있는 것처럼 느낄 것이다. SUV 차량은 에너지 효율성이 크게 떨어지고, 안전하지 않으며, 휘발유를 많이 먹는다는 비판에도 불구하고 적어도 미국에서는 앞으로도 계속해서 잘 팔릴 것이다. SUV 차량이 이렇게 인기를 끄는 것은 엄마들이 여러 명의 아이들을 태우고 교외 지역을 돌아다닐 수 있기 때문만이 아니다. 사람들이 SUV 차량을 타면 왠지 안전하고 스스로 강해진다는 느낌을 갖기 때문이기도 하다. 그 어떤 녹색운동도 사람들의 SUV 차량 구매를 중단시키지 못할 것이다. 위에서 이야기한 기술 및 방법들이 SUV와 같은 차량들이 유발하는 환경피해를 줄여나가도록 하기까지는 아직도 먼 길을 가야 할 것 같다.

그러나 2010년 무렵이 되면, 아니 어쩌면 그 이전에도 가능할지 모르지만, 대부분의 SUV 차량들은 오늘날의 표준적인 세단 차량들보다 환경에 미치는 영향이 줄어들 것이다. 그 무렵이 되면 시대가 변했음이 분명해질 것이다. 우리는 화석연료에 의한 환경오염의 시대에서 벗어나 부와 에너지 생산 활동이 환경비용을 거의 발생시키지 않는 새로운 시대에 접어들고 있을 것이다.

우선순위의 환경정책들

아래에서 언급될 일련의 경향들은 우리가 피할 수 없는 것들이다. 각국 정부는 그 경향들을 촉진할 수는 있지만 늦출 수는 없다. 정부들은 올바른 형태의 인프라 변화를 촉진함으로써 화석연료 시대 이후의 경제체제로 이행하는 시점을 앞당기는 데 큰 역할을 할 수 있다. 이런 이행의 시점을 2030년에서 2010년으로 앞당길 수 있을 뿐 아니라 이보다 더 앞당길 수도 있다.

예를 들어 각국 정부는 환경친화적인 방향으로 자본스톡의 회전

율을 가속화시키는 많은 일을 할 수 있다. 보조금 지급은 역효과를 낳는 경향이 있지만 세금감면이나 저리대출을 비롯한 다른 형태로 정부에서 인센티브를 제공하면 효과를 거둘 수 있는 것으로 판단된다. 가령 연료전지 차를 사는 사람에 대해 판매세 부담을 면제해 주거나, 구매한 다음 달 소득세에서 1500달러를 공제해 주거나, 구매 후 5년 동안 등록세를 면제해줄 수 있다. 또 연료전지 차 구매자가 비교적 낮은 금리로 1만 2000달러를 대출받을 수 있도록 해주는 방법도 있을 것이다. 정부가 학자금 융자 보증을 서주는 것과 같은 방식으로 차량구입을 위한 대출 보증을 서주는 것이다. 인센티브를 제공하는 이런 방법들이 권장되는 이유는 동일하다. 긍정적인 개인의 행위에 금전적 인센티브를 제공하는 것은 공적인 이익을 창출할 수 있다는 것이다.

냉장고의 경우 이런 조처가 대단한 성공을 거두었다. 1970년대 중반에 미국 정부는 에너지 효율성 기준을 충족시키는 냉장고 제품에 대해 세금공제 제도를 도입했다. 그러자 냉장고 업계에서도 나섰다. 캘리포니아 주 에너지위원회의 데이비드 골드스타인의 제안에 따라 냉장고 업계는 공동으로 '황금당근(Golden Carrot) 상'을 신설하고, 에너지 효율성이 가장 높은 냉장고 제품 생산업체에 2000만 달러의 상금을 주기로 했다. 이 황금당근 상은 냉장고를 에너지 고소비 제품에서 저소비 제품으로 변화시킴으로써 가정에서의 에너지 사용을 줄이는 데 크게 기여했다.

생산 단계의 인센티브도 훌륭한 결과를 낳고 있다. 생산 단계의 인센티브에는 공장, 정유소, 농업, 사무용 빌딩 등의 에너지 효율성을 높이기 위한 세제상 우대조처들이 포함된다. 정책 입안자들 가운데 그들의 오래된 관행을 바꾸도록 설득해야 할 대상자는 비교적 적다.

앞으로 우리는 세계 각국 정부들이 오래된 공장이나 발전소들의 빠른 퇴출과 기술 인프라의 녹색화를 위해 새롭고 개선된 인센티브제도 마련에 나서는 모습을 보게 될 것이다. 한 나라가 더욱 부유해질수록 그 나라의 정치인들은 더욱 더 이런 조처들을 취해야 할 것이고, 제조업 자들은 그런 정부의 조처들을 활용하는 데 더 많은 관심을 갖게 될 것 이다. 앞으로 50년 뒤에는 산업사회가 상당히 환경친화적인 모습으로 바뀌어져 있을 것이다. 발전소나 공장 바로 옆에 위치한 주택도 재산 상의 가치가 떨어지거나 상실되지 않는 시대를 상상해 봐도 좋겠다.

정부의 규제 없이는 절대로 효과적인 배분이 이루어질 수 없는 자 원들도 있다. 예컨대 물은 정부가 개입하지 않는 한 낭비되는 경향을 보일 것이다. 미국 서부지역에서 실제로 이런 현상이 나타나기 시작 했다. 이곳에 공급되는 물의 85퍼센트는 농업용수다. 캘리포니아 주 에서는 목화, 쌀, 알팔파와 같이 물을 많이 소비하는 작물들이 많이 재배되고 있다. 연방 정부에서 농업보조 정책의 지원을 받으면서 사 실상 사막에 습지를 조성하는 데 필요한 수준의 엄청난 물이 낭비되 고 있는 것이다. 만약 캘리포니아 주의 농민들이 나와 같은 수준의 물 값을 낸다면 아마 그들은 오늘날 사용하는 물의 육분의 일가량만 사 용하게 될 것이다. 그리고 만약 그들이 이스라엘의 농민들이 사용하 는 경작기법을 사용한다면 오늘날 재배하는 것과 동일한 작물들을 재 배하면서도 아주 적은 양의 물만 사용하게 될 것이다.

요컨대 물 부족 현상은 정부정책에 의해 초래된다. 물 부족과 같은 문제는 기술보다 정책 변화를 통해 더 수월하게 해결될 수 있다. 교통 혼잡과 앞서 4장에서 언급한 다른 인프라의 위기에 대해서도 같은 이 야기를 할 수 있다.

여기서 질서 있는 나라들과 무질서한 나라들 사이의 차이점이 또 하나 나타날 것이다. 그것은 바로 질서 있는 나라들에서는 환경이 지속적으로 개선될 것이라는 점이다. 질서 있는 나라들은 다시 다음 두 부류로 나뉘질 것이다. 그중 하나는 네덜란드, 스웨덴, 캐나다 등 이미 환경친화적인 나라들의 그룹이고, 다른 하나는 중국, 인도, 터키, 그리고 과거 철의 장막에 갇혀 있었던 나라들과 같이 환경친화적으로 변화하고 있는 나라들의 그룹이다. 중국을 보면 공산당 정부의 경제정책 구상에서 이미 환경의 질이 그 중심에 자리 잡고 있다. 중국의 정부 관리들은 환경의 질이 보다 잘사는 사회를 뒷받침하고 지속시키는 필수조건임을 알고 있다. 중국의 도시 주민들은 심각한 수준의 산업 관련 질병들과 싸우고 있다. 주로 자녀들에게서 나타나는 이런 질병들은 석탄을 태우는 것과 같이 오염물질을 발생시키는 관행들에 의해 초래된 것이다. 중국을 비롯한 어느 나라 정부도 경제성장을 이루는 과정에서 국민을 병들게 하는 사회가 유지될 수 있다고는 기대하지 않을 것이다.

이에 따라 중국 정부는 석탄에서 천연가스로 에너지원을 바꾸기 위해 신속한 조처를 취하고 있다. 카자흐스탄, 타지키스탄, 시베리아로부터 가스관을 통해 천연가스를 가져오는 것이다. 석탄이 값은 더 싸지만, 그로 인한 인적 비용을 감당하기 어렵기 때문이다. 이런 에너지원의 전환이 성공을 거둔다면, 그 성공은 중국이 산업사회로 나아갈 수 있음을 보여주는 계기가 될 것이다. 이 점은 각각 10억이 넘는 중국 사람들과 인도 사람들이 환경을 오염시키지 않으면서 부유해질 수 있는가를 판가름할 시금석이 될 것이다.

우리가 예상한 위기, 지구 기후변화

지구 기후변화는 과학기술로는 해결할 수 없는 커다란 환경위기다. 이것은 정부정책으로 해결할 수 없고, 특히 오늘날과 같은 시대의 정부정책으로는 더욱 그렇다. 미연에 방지할 수도 없다. 하지만 우리가 놀랄 일은 아니다. 왜냐하면 이제는 그 위기가 이미 도래하고 있음을 우리 대부분이 알고 있기 때문이다. 지구 기후변화와 관련해 우리가 놀랄 만한 것이 있다면, 그것은 그 파급영향을 일으키는 속도일 것이다.

특히 지난 20년 동안 우리는 폭풍, 일시적인 이상저온 또는 이상고온, 홍수, 가뭄 등 여러 가지 이상기후 현상이 늘어나는 것을 보아왔다. 지구의 기후가 변화기에 접어들었다는 생각도 점차 확산돼왔다. 그리고 인간이 배출한 온실가스가 기후변화를 유발하는 원인이라는 데 보편적 합의가 이루어졌다. 대기 중에 축적된 온실가스는 태양에서 발산돼온 열을 가두어 둔다. 기후의 장기적인 변화과정에 대한 빈약한 이해도 기후변화에 한몫했다. 기후변화의 파급영향이 언제 어느 정도로 일어날 것인지를 예측하기란 불가능하지만, 그 선행조건들은 이미 존재한다. 미국의 국가연구위원회(National Research Council)가 급격한 기후변화에 관해 2002년 여름에 발표한 보고서에는 '피할 수 없는 놀랄 일들(Inevitable Surprises)' 이라는 부제가 달려 있다. 이런 부제는 우리가 도저히 무시하기 힘든 기후변화의 예고지표들이 엄연히 존재한다는 점을 적절히 강조한 것으로 보인다. 다시 말해 우리가 피할 수 없으면서도 예측할 수도 없는 지구 기후변화의 몇몇 형태들이 있다는 것이다.

지구의 지표온도가 평균적으로 상승하는 추세이긴 하지만, 이런 현상을 가리켜 '지구온난화(global warming)'라고 부르는 것은 잘못이다. 지구온난화라는 표현은 기분 좋은 생각을 하게 한다. 러시아와 캐나다에서도 겨울을 따뜻하게 날 수 있다는 의미 정도로만 받아들일 수도 있다. 게다가 지난 몇 년 동안 우리가 체감한 기후변화도 그 의미가 분명치 않다. 올해 겨울이 몇 년 만에 가장 추운 겨울이라고 해서, 그것이 지구온난화의 증거라고 말할 수는 없다는 애기다.

지구온난화보다는 '지구 기후변화(global climate change)'가 보다 적절하고 정확한 표현이다. 기후변화라고 하면 사람들은 그 변화가 느린 속도로 서서히 일어난다고 생각한다. 그러나 과거의 기후변화 사례들을 조사해보면 이런 생각과는 정반대다. 과거에 대규모 기후변화가 일어난 시기에 미생물의 형태가 어떻게 변했는지를 1년 단위로 보여주는 기록이 바로 화석이다. 극지방 인근의 빙하나 진흙 속에서 보존돼온 화석의 기록에 나타나는 패턴은 동일하다. 그것은 정상적인 균형상태가 몇백 년, 심지어는 몇천 년 동안 계속되다가 갑작스레 짧게는 십 년의 짧은 변화의 시기가 나타나는 식이다. 이런 짧은 변화의 시기에는 기온과 강우량의 패턴이 바뀌고, 해류까지 변할 수 있다.

《사시사철 두뇌: 인간의 진화와 급격한 기후변화(A Brain for All Seasons: Human Evolution and Abrupt Climate Change)》라는 저서를 낸 신경생물학자 윌리엄 캘빈은 이렇게 주장한다. "기후변화가 일어나는 과정의 복잡성을 감안할 때 다양한 지역에 대한 기후변화의 1차적, 2차적 영향들을 예측하기란 어렵다." 그러나 기후변화를 예측하는 데 출발점으로 삼을 만한 생각은 몇 가지 존재한다. 그것은 다음과 같다.

- 기온의 상승은 물의 이용가능성에 엄청난 압박을 가할 것이다. 주요 농작물들과 관련 산업들은 살아남기 위해 사투를 벌일 것이다. 특히 개발도상국에서의 삶이 위협받을 것이다.

- 바다 수면의 상승은 해안의 도시들을 위협할 수 있다.

- 해일이 만성적인 홍수를 불러일으키고 수송 인프라에 타격을 가할 수 있다.

- 뉴욕에서 웨스트나일 바이러스가 발견되고 말라리아를 옮기는 모기의 활동범위가 북쪽 기후대로 올라가는 데서 확인된 바와 같이, 기온이 보다 따뜻해지면 콜레라 등 치명적인 전염병이 확산될 여건이 조성된다. 이런 질병으로 인해 사람들이 대거 사망하거나 두세 건의 사망 소식만이라도 집중적으로 알려질 경우에는, 사람들이 좀더 작으면서 격리된 지역사회에서 살려고 도시나 전염병 확산지역으로부터 대거 빠져나가는 현상이 일어날 수 있다.

우즈홀 해양학연구소(Woods Hole Oceanographic Institution)의 소장이자 이사인 로버트 가고시안 박사는 기후변화가 초래할 수 있는 결과들을 이렇게 열거했다. "겨울의 평균기온이 미국의 상당수 지역에서 섭씨 2.8도, 미국 북동부 지역과 유럽에서는 섭씨 5.6도가량 떨어질 수 있다. 이 정도면 알프스 산맥의 얼어붙는 위치가 아래로 더 내려오도록 하기에 충분하다. 또 강과 항구들이 얼어붙게 되고, 선박들이 지나다니던 항로들이 꽁꽁 얼어붙게 될 것이다. 육상 및 항공 수송이 차단되고, 에너지 수요가 기하급수적으로 치솟을 것이다. 농업과 어업에도 일대 변화를 강요할 것이다. 나라에서 국민을 먹여 살리는 방식도 바뀔 것이다. 간단히 말해 이 세계와 세계 경제가 급격히 달라질 것이다. … 이런 변화들은 일단 시작되면 10년 안에 끝날 수 있고, 그 뒤에는 변화된 새로운 상태가 몇백 년간 계속될 수 있다. 당신은 이런 변화를 죽기 전에 볼 수 있을 것이고, 당신 손자의 손자 세대도 변화된 상태 속에서 살아가고 있을 것이다."

이런 변화가 일어날 경우 우리는 그 원인으로 인간의 활동이나 탄소 배출만 탓할 수 없다. 대규모 기후변화는 두 가지 큰 요인이 상호작용하면서 발생하는 문제라는 데 공감대가 형성되고 있다. 그중 하나의 요인은 간빙기(間氷期)의 종결이다. 간빙기가 종결되면 지구의 기온이 크게 변하게 되나, 이런 변화는 화석연료와는 상관없이 일어나는 현상이다. 과거에도 이런 변화가 일어나 기후에 영향을 끼친 적이 있었다. 1000년 전후의 시기에는 기후가 따뜻해져서 그 무렵 노르웨이 사람들이 그린란드에 정착하고 북아메리카까지 이동했다. 1700년대는 소빙기(小氷期, Little Ice Age)였다. 이때는 미국 뉴저지 주의 델라웨어 강이 얼음으로 뒤덮여 조지 워싱턴이 얼음 위로 강을 건넜고, 네덜란드의 운하들도 겨울 내내 얼어 있었다. 대규모 기후변화를 일으키는 또 하나의 큰 요인은 인류의 화석연료 소비다. 화석연료를 태우면 대기에 여러 가지 변화를 일으키고, 급작스런 기후변화를 유발할 가능성을 더욱 높일 수 있다.

잠재적으로 심각할 수도 있는 이런 예상을 할 때는 확정적인 요인들과 불확실한 요인들을 구분하는 것이 중요하다. 위의 두 단락에 걸쳐 언급된 것들 가운데 확정적인 것은 하나도 없다. 가고시안 박사의 시나리오는 다음과 같은 생각에 근거를 둔 것이다. 대서양의 심층수가 오늘날만큼 북쪽에 도달하지 못할 수도 있고, 멕시코만류의 따뜻한 공기와 물이 더 이상 유럽을 따뜻하게 만들지 않을 수도 있다는 것이다. 이 학설은 매우 그럴듯하며, 앞으로 10년 안에 현실화될 수도 있다. 역설적으로 들리겠지만, 보다 온난한 기후는 변동을 더욱 부채 질할 것이다. 극지의 만년설이 녹으면서 생겨난 차가운 담수가 대서 양으로 대량으로 흘러들어가 해류를 새로운 패턴으로 몰고 갈 것이 다. 과거에도 이런 현상이 발생한 적이 있다. 가장 최근에 그랬던 시 기는 약 1만 년 전 무렵이었다. 몸이 털로 뒤덮인 매머드가 살던 당시 의 시기는 '영거 드라이아스(Younger Dryas)'라고 불리는 한랭기였다. 극지의 만년설이 녹으면서 대서양으로 흘러드는 현상이 지금도 일어 날 것인지는 확실치 않다. 그러나 북대서양에 담수의 양이 최근 뚜렷 이 증가한 것을 비롯해서 심각하게 우려할 만한 예고지표들은 많이 있다.

가고시안 박사는 "우리는 절벽 끝을 향해 걸어가고 있다, 그것도 눈을 가린 채"라며 "미래에 기후의 급격한 변화가 발생할 가능성을 우 리가 이해하는 능력은, 그런 변화를 일으키는 과정에 대한 우리의 이 해부족에 의해 제한을 받고 있다."

그렇다면 확실한 것은 무엇인가? 뭔가 중대한 일이 우리의 생애 중에 벌어질 것이라는 점만은 확실하다. 지구 기후변화는 미래 세대 들이 다루게 될 문제가 아니다. 기후는 몇십 년 안에 갑자기 변동을 일으킨 다음에 새로운 안정기로 접어들 수 있다. 이보다 더 나쁜 일은 온난기와 한랭기가 반복되다가 새로운 안정상태가 찾아오는 것이다. 새로운 기후는 이전의 기후와는 상당히 다를 것이다. 어쩌면 일부 지 역들은 더 더워지고, 다른 일부 지역들은 더 추워질지 모른다. 가장 가능성이 큰 것은, 새로운 기후가 현재 사람들이 거주하는 지역들에 위험한 영향을 미칠 것이란 점이다. 기후에 영향을 미치는 여러 가지 변화들이 상쇄되고, 그 결과 대단한 현상이 발생하지 않을 수도 있다. 그렇더라도 기후변화를 둘러싼 불확실성은 여전히 존속할 것이다. 그런 불확실성 자체가 우리에게 무엇인가를 하도록 압력을 가해올 것이다. 불확실성 속에서 인류가 가만히 앉아서 자연의 변화를 기다리고만 있지는 않을 것이기 때문이다.

지구 기후변화는 이 책에서 언급한, 다른 피할 수 없는 놀랄 일들 가운데 여러 가지를 더욱 심화시키거나 그런 일에 악영향을 미치기도 한다. 혹독한 겨울, 폭풍, 홍수의 범람, 사막화 등을 피하려는 사람들이 늘어나 인구이동이 급격하게 증가할 것이다. 사람들의 필요에 의해서도 기술 분야, 특히 수송, 농업, 거주지, 에너지 생산 등과 관련된 연구개발이 한층 더 활발해질 것이다. 이전보다 많이 추워진 도시의 난방에 필요한 전기를 생산하는 데 원자력 발전소가 가장 빠른 방식이라면, 그때는 원자력 발전이 그렇게 위험한 것으로 간주되지 않을 수도 있다. 인간의 수명과 경제생활도 영향을 받을 것이다. 아울러 멕시코, 사우디아라비아, 카스피해 지역, 인도네시아 등 불안정한 지역들도 새로운 압박을 받게 될 것이다.

역병과 사실 부정

지구 기후변화가 무시무시한 것이라 하더라도 한 가지 밝은 희망은 남아있다. 기후변화는 이미 예견된 것이라는 점이 바로 그것이다. 전 세계의 정부와 기업들이 기후변화에 대처할 준비에 착수하고 있다. 더듬거리고 있기는 하지만 그런대로 훌륭한 준비가 이루어지고 있다.

그런데 기후변화와 같은 정도로 다루기 어려운 또 하나의 놀랄 일이 다가오고 있다. 대비하는 사람이 아무도 없으니, 이것이 기후변화보다 오히려 더 심각한 문제일지 모른다. 우리는 그 초기 징후들을 확인해볼 수 있고, 피해갈 수 없다는 사실도 알고 있다. 그러나 그것이 어느 정도나 나쁜 것인지는 모른다. 그것은 우리가 앞으로 새로운 지구적 역병에 불가피하게 직면하게 된다는 것이다.

지난 몇백 년에 걸쳐 인류는 세계적으로 두 가지 심각한 역병을 겪었다. 그 두 가지 역병은 앞으로 우리에게 닥칠 역병이 어떤 것이 될지를 파악하는 데 얼마간 도움이 된다. 인류가 겪은 두 가지 역병 중하나는 1918년에 갑자기 발생한 인플루엔자였다. 이 질병으로 인해세계에서 2000만 내지 5000만 명의 사람들이 사망했다. 다른 한 가지역병은 후천성면역결핍증(에이즈)이다. 에이즈는 1억 명 이상의 사람들을 죽일 참이다. 이 두 역병의 역사를 잘 살피면, 앞으로 또 다른 파괴적인 역병이 우리에게 닥치도록 할 조건들이 무엇인지를 알 수 있다.

• **발원지** 질병이 쉽게 전염될 정도로 활성화하는 곳을 말한다. 에이즈는 아프리카에서도 비교적 고립된 지역으로부터 세계로 전파된것이 분명하다. 이 에이즈 발원지는 1970년대에 다른 세계와 갑자기접촉을 시작했다.

• **긴 잠복기** 잠복기란 감염된 시점과 증상이 나타나는 시점 사이의시차를 말한다. 이 시차는 병이 확산될 기회다. 감염된 사람은 자신이감염됐다는 사실을 모른 채 일상생활을 계속하고, 다른 사람들에게전염시킬 가능성을 차단하기 위한 주의를 기울이지 않는다. 인플루엔

자의 확산이 바로 이런 패턴을 보였다. 1918년에 사망한 사람들로부터 채취한 조직을 대상으로 최근 실시된 유전자 연구에서 1902년에 이미 인플루엔자에 감염된 사람들이 있었음이 확인됐다. 1902년이면 그들이 인플루엔자 증상을 나타내기 16년 전이다.[70] 에이즈도 같은 패턴을 보인다. 그러나 정말로 무서운 바이러스인 에볼라는 어쩌면 다행스럽게도 감염된 숙주에 곧바로 출혈열 증상을 나타낸다. 이로 인해 에볼라 바이러스는 다른 사람들에게 감염될 시간적 여유가 거의 없고, 그 전파과정이 대단히 빠르게 시작되고 끝난다.

▪ **면역력이 없어 쉽게 감염될 수 있는 많은 인구** 사람들에게 덜 익숙한 질병일수록 발원지로부터 더 멀리 확산되고, 면역력을 갖추지 못한 사람들과 만날 가능성이 커진다. 이런 이유로 인해 앞으로 새로 발생할 역병은 완전히 새로운 종류의 바이러스나 인플루엔자처럼 오래전에 사라졌다가 다시 나타난 바이러스에 의한 것일 가능성이 높다. 오래전에 사라졌다가 다시 나타난 바이러스에 대해서는 사람들의 유전적 면역체계가 남아있지 않을 수 있다.

▪ **전파경로** 20세기 초 이후 공중보건 분야에서 큰 발전이 이루어졌음에도 불구하고 역병이 다시 도래한 이유 중 하나는 저렴한 항공여행이 가능해졌다는 점이다. 비행기는 사람, 애완동물, 세균을 지구의 구석구석으로 실어 나른다. 에이즈를 서구에 전파한 사람은 캐나다항공의 비행기 승무원이었다. 동성애자인 그는 자기도 모르는 사이에 서구에 에이즈 바이러스를 옮기는 '페이션트 제로(Patient Zero, 최초로 전염병을 일으키고 전파시킨 사람 – 옮긴이)'가 됐다.[71]

▪ **높은 전염성** 에이즈는 수혈이나 주사바늘 공유, 또는 성행위를 통해 사람들이 체액을 교환하기 때문에 계속 확산되고 있다. 이런 체액

교환행위를 하지 않는다면 병의 확산은 중지될 것이다. 과거에 인플루엔자는 훨씬 더 쉽게 전파됐다. 인플루엔자 바이러스에 감염된 사람과 한 방에서 숨쉬는 것만으로도 얼마든지 전염될 수 있기 때문이다.

▪ **병에 대한 무지** 에이즈는 초기에 '동성애자들의 암(gay cancer)'으로 알려졌고, 따라서 치료도 이런 오해의 한계를 벗어나지 못했다. 인플루엔자는 처음에 박테리아에 의해 발병하는 것으로 추정됐고, 그런 오해에 근거해 백신이 개발됐다. 그러나 실제로는 바이러스가 원인이었다. 병에 대한 무지는 효과도 없는 치료방법을 오래 계속하게 하는 원인이 되어 결국 병의 확산을 방치하게 한다.

▪ **병의 심각성에 대한 부정** 뉴욕시 공중보건위원인 로열 코플랜드는 1918년에 이런 성명을 발표했다. "우리 시는 전염병의 위험으로부터 안전합니다. 시민들은 걱정하실 필요가 없습니다." 에이즈의 역사를 연구한 랜디 쉴츠는 자신의 저서 《그리고 밴드는 연주를 계속했다(And The Band Played On)》에서 1980년대 초에 정부와 게이 지도자들도 이와 비슷한 주장들을 했다고 지적했다. 최근에는 러시아, 중국, 인도, 동남아시아, 남아프리카공화국의 정치인들이 이와 같은 종류의 자기기만 행태를 보였다. 집중적인 연구, 새로운 형태의 격리, 뭔가 다른 행동 등이 요구되는 시기에 공중위생의 위기에 대해 인정하기를 거부하는 기간이 길어질수록 역병은 확산될 시간을 더 많이 갖게 된다.

오늘날 위 조건들이 모두 존재하고 있다. 따라서 새로운 전염병이 확산될 가능성이 높고, 따라서 병의 확산은 사실상 피할 수 없는 상황이다.

　앞서 5장에서 말한 대로 앞으로 에이즈는 불가피하게 더욱 확산될 것이다. 앞으로 30년 안에 전 세계적으로 1억 명이 에이즈로 사망할 것으로 추정된다. 에이즈는 통제하기가 꽤 어려운 질병이다. 새로 성인이 되는 젊은 세대 중 일부는 늘 안전하지 않은 섹스를 해도 별 탈 없을 것이라고 생각하고 스스로 '실험집단'이 된다. 그런데 앞으로 닥칠 새로운 역병은 어쩌면 에이즈보다도 더 쉽게 전염되는 것일 수 있다. 예를 들어 직접적인 혈액 교환이나 성적 접촉 없이도 전염되는 것일지도 모른다. 에이즈를 유발하는 바이러스가 돌연변이를 일으켜서 공기나 물을 통해서도 전염되거나 마치 말라리아 병원충처럼 곤충이 전염의 매개체가 되는 형태로 바뀔지도 모른다. 그런가 하면 오랜 잠복기 탓에 비행기를 타는 사람들이 자기도 모르게 이 나라 저 나라로 역병의 바이러스를 전파하게 될 수도 있다. 이런 여러 가지 조건에서는 불과 몇 주 만에 수억 명이 감염될 수 있을 것이다. 앞으로 우리에게 닥칠 역병이 어느 정도로 파괴적일 것인지 여부는 알 수 없다. 또한 그것이 언제 우리에게 닥칠지도 알 수 없다. 그러나 우리는 새로운 역병이 우리에게 다가오고 있다는 점은 분명히 안다.

　그것이 에볼라나 에이즈가 처음 나타났을 때처럼 완전히 새로운 질병일 수도 있고, 오래전에 근절돼 한동안 나타나지 않던 예전의 질병이 약에 내성을 갖춘 새로운 형태로 발전한 것일 수도 있다. 이미 항생제에 내성을 갖는 새로운 종류의 포도상구균과 결핵균 등이 등장하고 있다. 키니네에 저항력을 가진 말라리아도 생겨났다. 앞으로 새로운 변종의 인플루엔자가 나타날 수도 있다. 인플루엔자의 확산이 왜 중단됐는지, 그리고 왜 재발하지 않는지는 아직 아무도 완전하게 밝혀내지 못한 상태다. 유전공학의 남용으로 인해 우연히 새로운 역병이 발생할 수도 있다. 지금까지의 증거에 따르면 유전공학이 식품을 비롯한 생태적 위기나 건강상의 위기를 낳지는 않을 것이다. 유전공학은 그동안 많은 오류를 거쳤고 조작된 유전자가 배포된 적도 있지만, 그 파장은 그리 크지 않았다. 유전공학에 위험성이 존재하는 것은 분명하다. 다만 지금까지는 변형된 유전자가 전체 유전자들에 비해 극히 적은 수에 그쳤기에 잠재적으로 일어날 수 있는 사고가 방지돼왔다. 한편 테러리스트들이 다음 번 역병을 고의로 만들어내 퍼뜨릴 가능성도 배제할 수 없다.

발생 원인이 무엇이든 새로 역병이 닥친다면 그것은 엄청나게 파괴적인 영향을 초래할 것이다. 인플루엔자와 에이즈가 가져온 가장 비극적인 결과는 아마도 아이들에게 미친 영향일 것이다. 인플루엔자로 인해 수십만 명의 아이들이 고아가 됐다. 현재 아프리카에서만 에이즈로 1400만 명의 고아들이 생겼다. 이들 가운데 다수는 자기 부모가 죽어가는 모습을 지켜본 아이들이다. 자신을 돌봐줄 어른이 아무도 없는 아이들도 부지기수다. 보츠와나에서는 교육을 받은 성인들 가운데 삼분의 일이 에이즈에 감염됐고, 이들은 앞으로 10년 안에 사망할 것이다. 이 나라의 인구는 고연령대와 저연령대가 많고 중간연령대 인구는 상대적으로 적다. 새로운 역병이 미국과 유럽에도 이와 같은 영향을 미치면 어떻게 될까?

새로운 역병은 경제에도 심각한 영향을 미칠 것이다. 몇 해 전에 이런 영향의 조짐이 나타난 적이 있다. 인도항공 소속 여객기 한 대가 영국으로부터 착륙을 거부당해 되돌아갔다. 캘커타에서 콜레라가 발생했다는 이유에서였다. 만약 앞으로 새로운 역병이 발생해 세계 전역에서 비행기 착륙을 거부하는 사태가 빚어진다면 세계의 무역 및 교육에 얼마나 큰 영향을 미치겠는가? 어떤 특정 국가를 대상으로 세계 각국이 격리조처를 취해야 할 경우도 상상해볼 수 있다.

새로운 역병은 한 순간의 재앙으로만 기억되고 있는 인플루엔자와 비슷한 것이 될까? 아니면 에이즈처럼 사회를 완전히 변화시키는 원인이 되는 것은 아닐까? 이는 우리가 얼마나 잘 대비하느냐에 달린 문제일 것이다.

그런데 지금 새로운 역병에 대한 우리의 대비태세는 빈약하기 그지없다. 대부분의 나라들에서 공중위생 체계는 한계에 이르렀다. 전염병 관련 정보를 추적하고 비교해볼 정보체계가 자리 잡지 못했다. 세계의 상하수도 체제는 전반적으로 개선되고 있지만, 적지 않은 나라들에서는 아직 미흡한 수준에 머물러 있다. 전기 및 수송 인프라도 새로운 역병이 닥칠 경우 대응하기에 필요한 수준에 크게 모자란다.

반드시 실현돼야 할 과제가 두 가지 있다. 정부, 업계, 각종 재단 등이 협조해서 해야 할 일이다. 그중 하나는 공중위생 시설의 개선이다. 특히 상하수도 시설의 개선이 중요하다. 다른 하나는 질병 발견 체제에 대한 투자다. 병원들이 정보를 공유하기 위해서는 지금보다 훨씬 더 나은 네트워크가 구축돼야 한다. 그리고 학자들이 지속적으로 새로운 질병의 출현에 대한 정보를 파악하고 그 단서를 포착할 수 있도록 지원해야 한다. 이런 체제를 구축하기 위한 인적 토대도 여전히 빈약한 실정이다.

큰 재난들은 서로 상승효과를 일으키는 경향이 있다. 만약 우리가 홍수나 혹한에 대비하지 않으면 사람들이 새로운 전염성 질병에 그만큼 더 취약해질 것이다. 이와 반대로 전염성 질병의 확산을 막는 데 도움이 되는 기반시설이 잘 갖춰지면, 지구 기후변화에 따르는 여러 가지 문제들에 대응해 나가는 데 도움이 될 것이다. 이런 종류의 인프라에 대한 투자가 경제를 고갈시킬 위험이 있다고 생각될지 모르지만, 결국은 전 세계적인 건강위기로 인한 경제의 붕괴를 막을 수 있게 한 현명한 일이었다고 평가받게 될지도 모른다.

마지막 대참사

반드시 이야기해둬야 할, 피할 수 없는 놀랄 일이 하나 더 있다. 이 책에서 이야기된 놀랄 일들을 모두 압도해버릴 정도로 거대한 놀랄 일이다. 그것은 언제가 될지는 모르지만 지구상의 문명화된 지역들 가운데 어딘가에 우주로부터 날아든 소행성이 떨어질 수 있다는 것이다. 실제로 그런 일이 일어날 수도 있고, 그런 일이 일어날 것이라는 위협을 받게 될 수도 있다.

그런 일이 언제 일어날지 우리는 모른다. 우리가 나이 들어 죽기 전에는 그런 일이 일어나지 않을 수도 있다. 지금으로부터 5년 뒤에 일어날 수도 있지만, 500년 뒤나 5000년 뒤에 일어날 수도 있다. 그런 일이 일어날 경우 그전에 몇 년 동안 예고의 징후를 보일수도 있고, 아무런 징후도 없다가 갑자기 들이닥칠 수도 있다. 얼마 전에도 지구가 태양 쪽에서 다가온 소행성과 충돌할 듯하다가 아슬아슬하게 비켜간 적이 있다. 그 소행성은 사전에는 관측되지 않았으므로 지구를 스쳐 지나간 뒤에야 그 존재가 알려졌다.

이것은 환경 문제는 아니다. 우리가 대비할 수 있는 것도 아니다.

논란의 여지가 있겠지만, 그럼에도 항공우주국과 항공우주 업계는 대비태세를 갖춰야 한다는 주장이 나올 수 있다. 소행성이나 혜성이 큰 게 아니라면 지구를 비켜가도록 만들 기술적인 방법이 있긴 하다. 그러나 지구를 덮치는 소행성이나 혜성이 대단히 큰 것이라면, 그것이 지구상의 중요한 지역에 떨어진다면 인류문명이 완전히 파괴될지도 모른다. 따라서 우리는 세심하게 소행성이나 혜성들의 움직임을 감시해야 한다.

가장 최근에 그와 같은 일이 벌어진 해는 1906년이었다. 대기권에 진입한 혜성의 파편 하나가 시베리아의 한 외진 지역인 퉁구스카의 몇 킬로미터 상공에서 폭발했다.[72] 이 폭발로 마을 한 곳이 심각한 피해를 입었고 삼림이 파괴됐다. 지표에서 멀리 떨어진 상공에서 그것이 폭발한 것은 행운이었다. 만약 그 혜성 파편이 뉴욕, 런던, 멕시코 시티, 베이징, 도쿄, 델리와 같은 대도시에 떨어졌다면, 그곳에 사는 사람들은 물론 도시 전체가 초토화됐을 것이다.

그런 일은 언제 일어나는가? 그런 일은 어떻게 봐야 하는가? 신이 개입한 일인가, 아니면 단순한 우발적 사건일까? 앞으로 발생할 수 있는 어떤 일의 징조인 것은 아닐까?

9장

필연의 미래전략

1993년에 샌디에이고대학의 수학자이자 공상과학소설 작가인 버너 빈지는 인류가 다시 돌아올 수 없는 변화의 지점에 접어들고 있다고 말했다. 그는 그 지점에 '특이점(singularity)'이라는 이름을 붙였다.[73] 그 지점을 지나면 인간의 경험은 영구히 달라질 것이라는 뜻에서였다. 다시 말해 특이점은 "우리의 예전 모형들은 모두 폐기돼야 하고, 새로운 현실이 지배하기 시작하는 지점"이라고 그는 주장한다. 컴퓨터 과학자인 레이먼드 커즈웨일과 같은 사람들과 마찬가지로 빈지도 인간과 동등한 수준의 지능을 갖춘 컴퓨터가 개발되는 시점이 올 것이라고 가정했다. 그 시점은 일종의 티핑 포인트(Tipping Point. 극적인 변화가 일어나거나 상황이 역전되는 시점-옮긴이)가 될 것이다. 그 시점부터 컴퓨터는 자신의 기계를 스스로 설계해 만들어내고, 인간의 능력을 앞서게 되고, 자신의 진화과정을 스스로 통제할 것이라는 얘기다. 빈지는 "지능형 컴퓨터는 인간의 '도구'로 남아있지 않으려 할 것이다. 마치 인간이 토끼, 지빠귀, 침팬지의 '도구'가 아닌 것처럼"이라고 주장했다.

나는 컴퓨터의 지능이 인간의 지능을 넘어설 정도로 컴퓨터가 진화하는 것이 필연이라고는 생각하지 않는다. 그럴 가능성은 분명히 있다. 그러나 나는 빈지의 주장처럼 2030년 이전에 그런 일이 일어날 것이라고는 생각하지 않는다.

어떤 측면에서는 컴퓨터가 얼마나 진화할 것인가는 중요하지 않다. 어떤 특정한 기술이 현실화되든 안 되든 어차피 인류에게 특이점이 다가오고 있기 때문이다. 인류 역사상 세 번째가 될 이번의 특이점은 앞으로 25~30년 안에 우리에게 닥칠 것이다.

인류 역사상 최초의 특이점은 1만 1000년 전쯤에 나타났다. 그리고 그때의 변화가 지구 전체에 퍼지는 데는 수천 년이라는 긴 세월이 흘러야 했다. 그것은 인류에게 대변혁이었다. 수렵과 채취를 생존전략으로 한 삶에서 농업에 기초한 문명 상태로의 진보였다. 그때 새로 성립돼 예수 그리스도의 시대에 이르기까지 계속된 문명은 중앙집권적 권력, 노예제, 상업, 글을 읽고 쓸 줄 아는 학식 있는 지배계층 등의 특징을 지녔다. 중앙집권적 권력은 흔히 군주제의 형태를 취했고, 거의 모든 농업문명 사회는 이런저런 형태의 노예제를 갖고 있었으며, 상업은 흔히 시장을 통해 이루어졌다.

인류 역사상 두 번째 특이점은 유럽의 활판인쇄술로 나타났고, 그에 따른 변화는 20세기 중반의 과학기술들까지 이어졌다. 우리가 산업혁명이라고 부르는 이 대변혁기는 발명품을 나열하는 것만으로도 설명될 수 있다. 시계, 망원경, 총, 원동기, 증기엔진, 전신, 철도, 전기, 자동차, 전화, 라디오, 잠수함, 비행기, 로켓, 텔레비전, 컴퓨터, 원자폭탄 등이 이 시기에 등장했다. 그러나 이 대변혁기에는 단순한 과학기술의 발달을 넘어서는 변화가 일어났다.

기술, 경제, 정치, 지정학, 미디어, 문화, 농업, 의학, 종교, 사회발전 패턴 사이에 상호작용이 일어나 서로 간에 영향을 끼치면서 '근대적'인 문명을 창출하는 데 수백 년이 걸렸다. 규모가 큰 민주국가의 경우에 한정된 것이지만 권력의 분산도 근대문명의 특징이었고, 자동화 기계, 영리를 추구하는 조직, 교육의 폭넓은 보급, 미개척지를 대하는 태도의 변화 즉, 미개척지가 이제는 더 이상 인류에게 위협적인 존재가 아니라 보호해야 할 자원으로 보는 태도의 성립, 근대 의학의 탄생, 파시즘과 공산주의의 위협 등도 근대문명의 특징이었다. 1925년의 세계는 1850년의 세계와 매우 달랐고, 그 이전인 1650년대의 세계와는 훨씬 더 달랐다. 그러나 1925년의 시점에서 뒤돌아본다면 문명화된 세계의 변화가 어떤 식으로 전개돼왔는지를 알 수 있을 것이다.

2차대전 이후는 많은 변화가 있긴 했지만 상대적으로 안정된 시대였다. 앨빈 토플러는 저서 《미래의 충격(Future Shock)》에서 변화가 가속화될 것이라고 예상했다. 그러나 1850년에서 1930년까지 전개됐던 정치적, 문화적 대변동에 견주어보면 2차대전 이후의 시기는 비교적 안정된 모습이었다. 이 시기에 개발된 우주여행, 개인용 컴퓨터, 휴대폰 등은 문명을 변화시키는 기술이었다. 그러나 전등, 방송, 자동차가 보통 사람들에게 미친 영향에 비견될 정도의 기술은 아니었다. 소련의 붕괴도 상당히 중요한 의미를 지닌 사건이긴 했지만 그보다 200여 년 전의 민주주의 출현이 가져온 영향에는 비교될 수 없다.

이런 큰 변화들 각각은 인구통계학적, 과학기술적 요인들에 크게 좌우되는 패턴을 보였다. 인구가 얼마나 많은가? 그 연령대 분포는 어떤가? 사람들은 어디에 살고 있고, 인구밀도는 어떤가? 우리의 지식은 어느 수준이며, 우리는 얼마나 많은 것들을 아는가? 이런 요소들이 모두 경제적, 정치적 발전과 변화의 과정에 영향을 준다. 그리고 근본적인 변화는 거대한 경제적 변화로 연결된다.

인류 역사상 최초의 대변혁 시기에는 지구 기후가 온난해지고 안정됨에 따라 농업과 촌락생활이 발전했다. 이에 따라 점점 더 많은 사람들이 더 오랜 기간 동안 더 안전하게 살 수 있게 되면서 문명이 발달하기 시작했다. 소빙기의 개막 및 종식과도 관련이 있는 것으로 보이는 두 번째 대변혁 시기에는 새로운 세계관과 새로운 기술들이 등장했다. 아울러 세계의 경제조직과 정치조직이 보다 크고 복잡해지면서 통합됐다. 1890년 이후에는 농업기술의 발달과 지구의 온난화로 인해 인구가 보다 빠르게 늘어나기 시작했다.

이제 세 번째 대변혁의 시기로 접어들면서 우리는 지금보다 훨씬 오래 사는 사람들이 많아지고, 지구상의 인구가 21세기 중반에 정점을 이룬 뒤 줄어들기 시작하는 모습을 보게 될 것이다. 과학기술, 특히 생명과학 분야에서의 혁명적인 발전은 인류에게 새롭고 근본적이며 논쟁의 여지가 많은 여러 가지 가능성을 열어줄 것이다. 우리는 수십억 명을 빈곤에서 구해낼 경제적 능력도 갖게 될 것이다. 그 결과로 새로운 종류의 정치질서가 생겨날 것이다. 물론 앞으로 우리는 과거와 마찬가지로 기후변화의 도전을 점점 더 많이 받을 것이다. 이번에는 상당히 급작스런 기후변화가 일어날 것이다. 앞으로 20년 동안의 문명을 내다볼 경우, 우리는 지난 두 차례의 대변혁 시기에 일어났던 것과 같은 파괴적이고 불가항력적인 변화들을 다시 한번 겪게 될 것이다.

앞으로 대변혁은 왜 일어나는가? 아래와 같은 다양한 분야에서의 큰 변화들 때문이다.

• 인간의 수명 연장. 이는 빠른 속도로 이루어지면서 인간의 정체성과 능력, 그리고 공동체에 다양한 영향을 미친다.

• 새로운 패턴의 이주. 이는 새로운 방식으로 인류를 분열시키거나 통합시킨다.

• 믿을 만한 '장기호황'의 재도래 및 세계적인 투자 증대와 생산성 향상. 그 결과 세계의 모든 사람들이 전례 없는 기회를 얻게 된다.

• 군사력 및 경제력에서 압도적인 글로벌 슈퍼파워로서의 미국. 그 영향력은 무제한적 범위에 이르고, 정치적 독단으로 빠질 가능성도 있다. 미국의 이런 지위는 로마제국 이래 유례를 찾을 수 없을 정도다.

• 여러 나라들로 구성된 국가 간 컨소시엄의 등장. 각국의 정치적 의지뿐 아니라 국제사회에서 적법한 협력을 해야 할 공통의 필요성에 의해서도 이런 국가 간 연대가 형성된다.

• 질서를 존중하지 않는 나라들의 존재. 이들은 지구상의 다른 나라들에 테러, 질병, 혼란을 유발할 능력을 지닌다.

• 신물질과 새로운 기계를 만들어낼 능력을 포함한 인류의 기술적 능력. 이런 능력은 컴퓨터의 성능을 크게 확장시키고, 사람들로 하여금 현실을 재구성할 수 있게 한다.

• 오염을 발생시키지 않는 값싼 에너지원의 개발. 이는 인류를 화석연료 중독에서 해방시킨다.

▪ 새로운 역병과 지구 기후변화가 초래하는, 극단적이면서도 피하기 어려운 위험이 상존하는 가운데 인류에 의한 자연의 원상복구.

이상의 변화들은 각각이 그 자체로 중대한 것이다. 그러나 이런 모든 변화들이 어떻게 상호작용하는가에 따라 더욱 의미심장한 결과가 나타날 것이다.

누적효과에 대한 예상

1895년에 이 책과 비슷한 책을 읽는다고 상상해보자. 그 책 속에는 태동 단계의 전자파 전송기술에 관한 자세한 설명이 들어있을 것이다. 그리고 구글리엘모 마르코니라는 이름의 이탈리아 사람이 전신 부호를 공기 속으로 전송하는 데 최근 성공했다는 소식과, 언젠가는 소리와 그림도 같은 방식으로 전송할 수 있을 것이라는 전망이 적혀 있을 것이다.

거기에는 앞으로 닥칠, 피할 수 없는 놀랄 일들이 열거돼 있을 것이다. 전등, 영화, 자동차는 물론 비행기까지 언급돼 있을 것이다. 15년 안에 라이트 형제가 비행기를 만드는 사업에 착수할 것이라는 이야기도 들어있을 것이다. 건설 중인 새로운 기반시설들이 초래할 불가피한 결과들에 대한 설명도 들어있을 수 있다. 건설 중이거나 건설될 기반시설에는 지하철, 상하수도 체계뿐 아니라 전력 전송, 전화, 자동차 운행 등에 필요한 기반시설도 포함돼 있을 것이다. 체펠린의 비행선과 같은 기술은 훗날 그 의미가 없어지고, 전보나 증기기관과 같은 것들은 오래가지 못하는 단명한 기술이 될 것이라는 선견지명 있는 서술이 돼있을 수도 있다.

그 책은 과학기술 이야기만 하고 끝나지는 않을 것이다. 정치지도자, 군사지도자, 제이피 모건과 같은 금융계 지도자, 그리고 두 보이스(20세기 초 미국의 흑인 인권운동 지도자-옮긴이)와 수전 앤서니(미국의 여성해방운동가-옮긴이)와 같은 사회 분야의 선구자 등과 나눈 대화의 내용을 포함하고 있을지도 모른다. 국제무역의 증가, 파나마 지협을 가로지르는 운하의 개설, 북극 및 남극 탐험 등도 거론됐을 것이다. 말라리아 치료법의 발전과 런던, 파리, 뉴욕의 부유층 교육수준 및 사람들의 수명 변화도 설명돼 있을 것이다. 세계정부라는 급진적인 개념도 언급돼 있고, 세계적인 연맹에 모든 나라들이 참여할 것이라는 예상도 들어있을지 모른다. 세계적인 연맹의 설립은 국제무역의 증가와 평화의 정착 때문이라는 설명이 덧붙여져 있을 수도 있다. 당시에는 1, 2차대전이 일어날 것이라는 예상을 하기 어려웠으니, 세계적인 연맹이 전쟁에 따른 반작용일 것이라는 전망은 들어있지 않았을 것이다.

실제로 이런 종류의 책들이 당시에 많이 출간됐다. 그 가운데 가장 유명한 책은 에드워드 벨라미의 《회고(Looking Backward)》였다. 이런 책들은 '유토피아 소설'이라는 새로운 출판 장르로 불릴 만큼 대단한 인기를 끌었다. 책마다 미래에 대한 통찰력과 접근방법이 사뭇 달랐다. 그러나 가장 훌륭한 책조차도 미래에 대한 전망을 상당 부분 잘못했다.

가령 자동차의 등장이 도시 지역에 사는 동물의 개체 수를 감소시키고, 이것이 질병 통제에 어떤 영향을 끼칠 것인지는 예견하기 쉽지 않았다. 현대적 부기 방법, 전화, 비행기 등이 다국적기업을 출현시킬 것이라고 예언한 사람은 아무도 없다. 또한 어느 누구도 산업화가 기후변화에 미치는 영향이나 컴퓨터와 유전공학의 연관성을 확인할 수 없었다. 유럽의 식민지 체제가 종식된 것과 식민지로 불리던 곳들에서 인구가 급증한 것 사이의 상관관계도 확인하기 어려웠다. 영국의 에드워드 왕 시대에 지속된 평화가 전쟁 발발의 여건을 조성한 방식, 그리고 1차대전의 야만적 경험이 그 뒤의 평화를 불완전하게 만든 방식을 예상한 사람은 거의 없었다.

1890년에 그런 책을 쓴 저자들은 피할 수 없는 놀랄 일들을 하나씩 개별적으로 예상하는 데는 솜씨가 좋았을 수 있다. 그러나 피할 수 없는 놀랄 일들 가운데 가장 중요한 것을 올바로 파악하고 서술하기란 어려웠을 것이다. 가장 중요한 것이란 개별적인 변화들이 역동적이고 누적적인 방식으로 서로를 강화시키거나 영향을 미침에 따라 초래되는 2차적 효과를 말한다. 이런 2차적 효과로 인해 개별적인 변화들이 각각 하나의 변화인 데 그치지 않고 1930년의 세계를 1900년의 세계와 근본적으로 다르게 만드는 근본적인 변화를 일으킨 것이다.

그렇다면 우리가 지금까지 이 책에서 살펴본 피할 수 없는 놀랄 일들의 누적효과는 어떤 결과를 낳을까? 1차 효과들은 어떤 방식으로 서로 영향을 미치고 강화시키는가? 그리고 우리가 피해갈 수 없는 2차 효과들은 무엇인가? 1차 효과와 2차 효과를 감안한 누적효과는 다음과 같을 것이다.

첫째, 1차 효과들이 극단적일수록 2차 효과들이 더욱 폭발적일 것이다. 이런 관점에서 볼 때 앞으로 몇 년간의 변화는 1650년에서 1950년까지의 변화만큼 큰 의미가 있을 것이고, 그만큼 세계를 많이 변화시킬 것이다.

둘째, 이번에 닥칠 변화가 전개되는 기간은 과거의 그 어떤 변화의 기간보다 훨씬 짧을 것이다. 300년이 아니라 30년 만에 변화의 기간이 끝날 것이다. 이렇게 된다면 이 책을 읽는 독자들 대부분이 살아있는 동안 변화를 체험할 것이다.

셋째, 오늘날 우리가 느끼는 안정감은 급속히 사라질 것이다. 1890년에 유토피아 소설가들은 황금시대의 한가운데서 책을 썼다. 그 무렵은 세상이 안정되고 평화와 번영이 영원히 계속될 것 같은 시기였다. 그런 상황에서도 그들이 만약 자신들 앞에 놓인 변화들을 제대로 예상했다면 "세상은 지금 안정된 것으로 여겨진다. 그러나 앞으로도 이런 안정이 계속된다면 그것 자체가 놀라운 일이 될 것"이라고 썼을 수도 있다. 그랬더라면 그들의 판단이 옳았을 것이다. 실제로 그 뒤 60년 동안 두 번의 세계대전, 대규모 경기침체, 유럽 식민제국의 종식을 비롯한 많은 변화가 일어났다.

오늘날 우리 앞에 놓인 60년간도 마찬가지일 것이다. 앞으로의 변화는 그 규모가 매우 크고 파괴적일 것이다. 그 기간에 만약 세계가 경제적, 정치적 안정세를 보인다면 그것이야말로 엄청나게 놀라운 일이 될 것이다. 진보가 이루어질 가능성은 매우 높지만, 파괴가 일어날 가능성도 마찬가지로 매우 높다.

대단히 놀라운 세계

이 책에서 서술된 놀랄 일들이 거의 모두 실현된다고 한다면 2030년에 우리가 사는 세상의 모습은 어떻게 될까?

2030년에 어느 전형적인 도시의 거리에서는 2003년에 본 사람들보다 훨씬 더 나이가 많은 사람들을 보게 될 것이다. 지금은 20대나 30대 사람들만 하는 행위를 70대 사람들이 하는 모습도 보게 될 것이다. 예를 들어 70대 남녀가 거리에서 공공연하게 손을 잡고 걷는다든가 자신들의 아기를 태운 유모차를 밀고 다닐 것이다. 70대 사람들 가운데 일부는 2003년에는 생각할 수도 없었던 힘과 젊음 등 육체적 능력을 갖고 있을 것이고, 그런 모습이 전혀 이상하게 보이지 않게 될 것이다. 이렇게 되는 것은 생물의학이 가져다준 급진적이고 상호작용하는 여러 효과들 덕분이다. 생물의학은 지금과는 다른, 변형된 인간을 많이 만들어낼까? 2030년의 사람들 중에는 성인이 된 뒤 유전자 치료를 받은 사람들도 있고, 보다 어린 나이에 유전자 치료를 받은 사람들도 있을 것이다. 특히 태아 시절에 유전자 코드가 바뀐 사람도 있을 것이다. 그들은 부모 세대보다 더 똑똑하고, 몸집이 크고, 강하고, 오래 살고, 질병에 대한 저항력이 클 수 있다. 그리고 그들 가운데는 지구상의 무질서한 나라나 지역 출신의 테러리스트나 돌격대원에 맞서 싸우도록 생물학적으로 신체능력이 강화된 전사들이 존재하게 될지도 모른다.

앞으로는 해가 바뀔 때마다 노인들의 모습이 점점 더 젊어질 것이다. 따라서 2030년의 100세 노인은 2003년의 60세 노인과 비슷한 모습일 것이며, 이 책의 독자들 가운데 일부도 2030년에 그런 모습의 100세 노인이 돼있을 것이다. 그들은 자신이 다양한 종류의 유전자 치료를 받을 수 있다는 사실을 알고 있을 것이다. 알츠하이머병, 당뇨병, 심장질환, 관절염 등으로 사망하는 사람 수는 점점 줄어들 것이다.

오직 부유한 소수만이 이런 혜택을 입게 될까? 아니면 비용이 갈수록 떨어져서 새로운 기술과 치료법을 점점 더 많은 사람들이 이용할 수 있게 될까? 이 질문에 대한 대답은 지구상의 지역별로 다를 것이다. 유럽의 경우에는 각국이 유럽 전체의 통합을 위협하는 인구학적 갈등을 방지하면서 유럽 고유의 사회복지 윤리를 지켜나갈 수 있을 만큼 재정지원이 이뤄질 것이다. 실제로 그렇게 된다면 유럽은 스스로 새로운 치료기술의 중심지가 되면서, 새로운 기술과 치료법을 점점 더 많은 사람들이 이용하도록 하는 데 기여할 것이다. 유럽 사회가 도달한 삶의 질뿐만 아니라 그 비종교적인 특징도 환자들과 의사들을 유럽으로 끌어들일 것이다. 미국 등 유럽 이외의 지역에서 새로운 치료법에 대한 종교적인 반대가 계속될 경우 유럽이 새로운 의학의 중심지로 부상할 것이기 때문이다.

중동, 인도는 물론 특히 러시아에서 유럽으로 이주하는 사람들 중에 새로운 치료법을 개발하는 분야에 기여할 의지와 재능을 갖춘 사람들이 많이 포함될 수 있다. 실제로 그렇다면 유럽이 새로운 의학의 중심지로 부상할 것이라는 위의 전망이 실현될 가능성이 아주 높다. 유럽에 이미 상당히 많이 존재하는 노령 인구도 자극제가 될 것이 분명하다. 2030년 무렵에는 나이가 100세인 사람들의 수가 특히 유럽, 미국, 일본에서 급속히 늘어나고 있을 것이다. 그들은 과거에 100세라는 결승선을 비틀거리며 힘없이 넘은 극소수의 사람들보다 훨씬 더 젊고 정력적인 모습을 보여줄 것이다. 이 모든 변화는 유럽 경제에 활력을 불어넣는 데 기여할 수 있다. 유럽의 통합을 성공시킨 일로 고무된 유럽의 적극적인 지도자들이 사람들에 대한 투자가 가져다줄 수 있는 잠재적 이익을 인식하게 될 경우에는 더더욱 그렇다. 유럽의 지도자들은 첨단 생명공학이 정부와 민간기업들의 협력이 가능한 분야로 바라볼 것이다. 이 같은 정부와 민간기업 간 협력은 오늘날의 유럽연합 관료집단과 스위스 생명공학 업계로부터 시작되고 있다. 이런 협력체제를 통해 유럽은 생명공학을 뒷받침하는 필수적인 제도와 기구들을 효과적으로 관리해 나가면서 연구개발을 더욱 촉진할 수 있을 것이다. 이렇게만 된다면 우리는 유럽에서 첨단 생명공학 산업의 혁명이 일어나는 광경을 목격하게 될 것이다.

그러나 이와 동시에 우리는 유럽의 모든 도시들이 이슬람교도들과 아프리카인들의 빈민굴로 전락하는 모습을 보게 될지도 모른다. 그럴 경우 유럽의 도시들은 다른 지역으로부터 사실상 격리된 채 범죄, 질병, 무차별 폭력 등이 만연하게 됨으로써 1970~1980년대 미국의 빈민가와 비슷하게 될 수 있다. 이런 일이 실제로 벌어진다면 '유럽통합'이라는 배는 사람들의 이주와 관련된 긴장과 갈등이라는 암초에 부딪혀 좌초할 것이다. 유럽의 어느 도시의 거리를 가보아도 인종구성이 점점 더 다양해질 것이 분명하다. 앞으로 유럽의 이런 도시 거주자들이 부유하고 만족스런 삶을 누리게 될까, 아니면 가난하고 분노에 차 있게 될까? 지금 이 질문에 대한 대답은 확실치 않다. 미국의 표준적인 도시들도 인종구성이 유럽의 도시들과 비슷한 정도로 다양해지겠지만, 유럽에서와 같은 수준의 인종갈등은 없을 것이다. 미국인들은 이미 미국적 삶의 방식이란 히스패닉 및 아시아계 인구가 폭넓게 존재하는 문화라고 생각하는 데 익숙해졌을 것이다. 히스패닉 또는 아시아계 사람을 가려내지 못할 정도다. 오늘날 베이글과 파스타가 그렇듯이 2030년에는 화히타(멕시코식 요리의 하나-옮긴이)와 로메인(미국식 중국요리-옮긴이)이 미국인들이 즐기는 음식으로 남아있을 것이다.

　질서를 존중하지 않는 나라들에서도 출생률이 떨어지면서 전체 인구 중 노년층의 비중이 확대될 것이다. 개발도상국들에 대한 국제 사회의 원조는 30~40대가 된 에이즈 고아 세대의 빈곤 문제를 포함한 새로운 문제들로 초점이 옮겨가 있을 것이다. 30년 이상 무질서에서 벗어나지 못한 나라들을 곤경에서 구해낼 방법이 있을까? 만약 그런 방법이 없다면 현실화될 것으로 많은 사람들이 걱정하는 미래의 모습을 우리는 상상해볼 수 있다. 그것은 빈곤과 절망의 바다에 번영의 섬들이 여기저기 떠 있는 모습일 것이다. 부유한 나라들 가운데 문을 걸어 잠근 일부 나라들이 범죄와 빈곤의 확산을 저지하겠지만, 그들과 반대로 무너져 내리는 나라들도 점점 더 많아질 것이다.

　이와 달리 세계의 보다 부유한 지역들에 존재하는 번영의 파도가 인류 전체를 끌어올릴 만큼 더 높아질 수도 있다. 만약 지금과 같은 성장률이 계속된다면 2030년께 세계는 오늘날보다 1.5배는 더 부유해져 있을 것이다. 부 창출의 세 가지 원동력인 새로운 생산성, 새로운 세계화, 새로운 인프라가 서로 속도는 다를지 몰라도 모두 발전될 것이다. 계속 이어지는 창조적 파괴의 역동적 과정을 통해 우리는 낡은 산업들을 일신하고 전혀 새로운 산업들을 만들어내게 될 것이다. 나이와 경험이 많은 노동 인구는 강력한 기술들의 도움으로 더욱 생산적이 될 것이다. 정치적 의지나 박애주의가 늘어나는 부의 분배를 보다 고르게 만든다면 번영의 범위는 더욱 확대될 것이다. 가난한 나라들 가운데 점점 더 많은 나라들이 비중 있는 중산층을 형성해 나갈 것이고, 부유한 나라들은 국내의 빈곤층을 줄이는 데 큰 진전을 이루게 될 것이다. 이런 일은 저절로 실현되지 않는다. 이렇게 되는 데는 정치적 의지를 비롯한 여러 가지 요소들이 요구되며, 그런 요소들이 미래에 갖춰질 것이라고 나는 생각한다.

미래의 번영은 부분적으로는 생물전자공학과 생명공학의 발전에 의존할 것이다. 이런 분야의 발전은 새로운 컴퓨터혁명과 산업혁명을 일으킬 것이다. 우리 인간이 자연과 같은 방식으로 생산 활동을 한다고 상상해보자. 생명공학에 기반을 둔 기술들은 지구를 더욱 푸르게 만들고, 재생불가능한 자원의 사용속도를 늦추는 데 기여할 것이다. 만약 새로운 과학혁명이 내가 생각하는 만큼 광범위하고 심층적으로 일어난다면, 우리가 '양자정보과학(quantum information science)' 라고 부르는 것에 바탕을 둔 한층 강력한 컴퓨터들이 등장할 것이며, 양자정보과학 그 자체가 그 어느 산업보다 세계적인 산업분야를 창출할 것이다. 미국의 연구대학들에 본부를 두고 세계 각국, 특히 러시아, 중국, 인도에서 전초기지와 연구원들을 운영하는 세계적인 사업망이 펼쳐질 것이다. 이 분야에서 이루어진 성과는 다른 모든 분야들도 자극해 성과를 내도록 유도할 것이다. 그렇게 되면 예를 들어 모든 차량들의 위치를 실시각으로 파악하고 통제하는 컴퓨터들이 가동되는 복잡한 지능형 고속도로를 운영할 수 있는 능력이 우리에게 생길 것이다. 그리고 생물학자들은 단백질 분자들이 일으키는 단백질 접힘이라는 대단히 복잡한 현상을 모델화할 수 있게 됨으로써 의학 분야에서 한층 빠른 발전이 일어날 것이다. 이는 궁극적으로 인공지능의 도래를 알리는 신호가 될지도 모른다.

만약 인공지능 시대가 실제로 열린다면, 우리는 얼마든지 '기적과 경이로움의 나날들(가수 폴 사이먼이 1986년에 발표한 앨범 '그레이스랜드(Graceland)' 에 수록된 곡 '거품 속의 소년(The Boy in the Bubble)' 의 가

사 중 일부-옮긴이)'로 접어들 수 있을 것이다. 과학기술은 우리를 이보다 훨씬 더 먼 곳으로도 데려갈 수 있다. 만약 물리학 분야에서 새로운 학문적 종합이 이루어진다면, 우리는 새로운 물리학 법칙에 근거한 새로운 기술들의 출현도 보게 될 것이다. 그럴 경우 우리가 볼 수 있는 기술에는 새로운 에너지 생산방법, 새로운 비행물체 추진기술과 우주여행을 포함한 새로운 여행의 방법, 새로운 컴퓨터 기능과 정보저장 방법, 새로운 커뮤니케이션 방식, 새로운 종류의 센서도 있을 것이다. 에너지의 미래는 오늘날의 에너지 기술이나 연료들이 아니라 암흑에너지와 같은 전혀 새로운 과학에 의해 좌우될지도 모른다. 그리고 항공산업의 미래는 항공기를 띄워 올리는 양력 등 공기역학에 근거를 두기보다는 반중력(antigravity)이라는 새로운 물리적 현상에 근거를 두게 될지 모른다. 지금으로서는 이런 기술들이 공상적인 것으로 비치겠지만, 만약 그 가운데 하나만이라도 실현된다면 사회의 모든 측면들에서 변화를 급격하게 가속화시키는 계기가 될 것이다. 왜냐하면 신기술들은 하나하나가 새로운 인프라, 새로운 자금원, 새로운 문화적 적응, 그리고 기업 및 정부에 의한 새로운 지원 등을 필요로 할 것이기 때문이다. 예를 들어 중국이 물리학의 새로운 중심지가 된다면, 새롭게 펼쳐질 시대에 미국의 정치적 헤게모니에 대한 최초의 심각한 도전을 중국이 하는 셈이 된다.

2030년의 미래상을 그려볼 때 가장 예상하기가 어려운 영역은 지정학 분야일 것이다. 그때가 돼도 미국은 경제적, 군사적으로 여전히 지구상에서 가장 강력한 나라의 위상을 지키고 있을 게 거의 확실하다. 그런 미래에 우리를 기다리는 것은 보다 평화로운 세계일까, 아니면 보다 혼란한 세계일까? 어쩌면 부시 행정부가 옳은지도 모른다. 이 세상에서는 본때를 보여주는 것이 필요하다. 그러니 미국은 스스로 달가운 일이 아니더라도 양심적인 보안관이 되어, 지구상의 무질서하고 뒤처진 지역이나 나라의 파괴적인 세력들로부터 질서를 존중하는 나라들을 보호해야 한다는 것이다. 만약 세계가 이런 식으로 된다면, 미국은 다른 나라들은 물론 특히 다른 강대국들과 국제기구들로부터 지지와 승인을 얻는 데 보다 능숙해져 있을 것이다. 미국이 이렇게 변해감에 따라 다른 나라들은, 심지어는 지금 미국에 반대하는 일부 나라들도 새로운 질서의 수호자 겸 보증인으로서의 미국의 역할을 점점 더 많이 지지하게 될 것이다.

미국인들에게는 이롭고 안정적이며 평화로운, 이 같은 미래가 실현되려면 다음 두 가지 전제조건이 충족돼야 한다. 하나는 미래의 세계에 발생하는 각종의 문제들이 해결될 수 있어야 한다는 것이고, 다른 하나는 미국이 자신의 목표를 실행할 능력을 갖추고 있어야 한다는 것이다. 세계가 보다 부유해지더라도 그것만으로는 종교전쟁을 유발하는 격정까지 다스리기에는 미흡할 것이다. 종교전쟁이 실제로 일어난다면 우리는 생명공학 기술의 확산이 새로운 형태의 테러를 활성화시켜서 30년간의 종교전쟁을 겪어야 할지도 모른다. 미국의 군사력은 베트남전쟁 뒤로는 거의 대부분의 전쟁들에서 승리를 거두어오고 있지만, 앞으로도 미국의 승리가 반드시 계속되리란 보장은 없다. 특히 미국은 앞으로 테러와의 전쟁 속에서 낯설고 대처하기 힘든 상황에 직면할 수 있다. 테러와의 전쟁이 반드시 성공한다고 장담할 수 없고, 오히려 이 전쟁이 질질 끌고 지리적으로 더욱 확산될 가능성도 배제할 수 없다.

기독교와 이슬람교 사이의 전쟁이 현실에서 일어나지 않는다 하더라도 불안을 조성하는 많은 분쟁지역들과, 긴장을 조성하는 이해관계들은 계속 존재하게 될 것이다. 2030년에 미국이 여전히 막강하면서도 국제적으로 고립된 나라가 되는 상황도 그려볼 수 있다. 불량배 슈퍼파워로서 30년째에 접어든 미국이 노련한 '미국 거부국가 동맹'을 대면하고 있을지도 모른다. 이 미국 거부국가 동맹은 프랑스와 독일의 정치지도자들이 주도하고 있을 수도 있고, 그 밖의 다른 유럽 국가나 비유럽 국가의 정치지도자들이 이끌고 있을 수도 있다. 미국을 거부하는 나라들은 자신들이 지닌 연성권력과 국제법규를 이용해 미국을 저지하는 요령을 이미 익히고 있을 것이다. 이런 모습의 세계에서는 주의해야 할 분쟁지역들이 존재할 것이다. 미국이 만약 다른 강대국들과 갈등을 일으킨다면, 그 갈등의 지점은 아마도 가난하고 뒤처진 분쟁지역 국가들이 될 것이다. 이렇게 볼 때 미국이 다른 강대국과 벌이게 될지 모르는 갈등은 과거에 미국과 소련이 아프리카, 동남아시아, 중남미 등지에서 펼쳤던 '냉전의 대리전'과 비슷한 양상을 띠게 될 것이다. 만약 2030년의 세계가 혼란과 갈등의 지배를 받는다면, 그때의 세계는 빈곤과 폭력의 상승작용으로 인해 자멸의 길로 들어설 것이다.

바로 여기에 앞으로의 세계가 물리쳐야 할 도전이 있고, 결정해야 할 선택이 놓여 있다. 앞으로의 세계는 중국처럼 일당국가 체제에 의해 안정과 번영을 창출하고 유지해나가는 모습일까, 인도처럼 무질서한 민주주의 체제에 의해 부문과 지역별로 경제적 진보의 수준이 다른 모습이 될까, 효과적인 정치 및 경제의 모델이 새로이 정착한 모습이 될까? 격동과 피할 수 없는 놀랄 일들로 가득 찬 세계에서 경제적 안정을 어떻게 실현하는 것인지를 우리는 아직도 잘 모른다. 그러나

우리가 결국은 경제적 안정을 이뤄낼 수 있다고 생각해도 좋을 근거
가 없는 것은 아니다.

만약 우리가 불안정, 변화, 갈등이 극심한 이 세계에서 보다 많은
사람들을 빈곤에서 벗어나게 하는 데 성공을 거둔다면, 번영은 스스
로를 자양분으로 삼아갈수록 가속화할 수 있다. 이럴 경우 그 결과로
나타날 2030년의 세계는 보다 깨끗하고, 부유하고, 안전하고, 덜 분열
된 모습이 될 것이다. 복합적인 2차적 효과들이 거대한 발전을 이루어
내게 되면, 미래에 대해 어두운 전망을 했던 사람들이 깜짝 놀라게 될
것이다. 따라서 결국은 이 책에 기술된 놀랄 일들에 대비하면서, 그런
놀랄 일들로부터 배우기도 하는 우리의 능력이 관건이 된다. 이 책에
기술된 놀랄 일들이 우리가 피할 수 있는 것들이 아니라 하더라도 그
런 일들에 대한 우리의 대응은 얼마든지 다를 수 있다. 우리의 삶의
질을 앞으로 개선할 수 있느냐 여부는 피할 수 없는 놀랄 일들에 대해
우리가 어떻게 대응해 나가느냐에 달려 있다.

미래에 대한 대비

1890년대에 미래에 관한 책을 읽은 합리적인 독자라면 그 책의 저자
에게 반드시 던졌을 질문들은 아래와 같으며, 지금 이 책을 읽은 독자
들도 같은 질문을 던지고 싶을 것이다.

내 일과 내가 있는 지리적 위치, 나의 지역사회와 조국, 그리고 내
가족을 염려하는 사람으로서 나는 어떤 주의를 기울여야 하는가?

바꾸어 말하자면, 당신은 앞으로 다가올 혼란과 격동이 어떤 것인

지를 예측할 수 없다. 그런데도 최선의 대비책은 무엇인지가 궁금하다. 미래를 내다보는 통찰력을 기를 수 있을까? 불안정한 상황이 닥칠 경우에 대해 당신과 당신이 염려하는 사람들은 대비가 돼 있는가? 과거의 대격변기로부터 배운 것들을 토대로 해서 앞으로 새로이 닥칠 대격변기에 대비하려면 어떻게 해야 하는가?

나는 지난 몇 년 동안 시나리오 전망을 수행하면서 여러 조직들이 미래를 예견하고 대비하는 데 도움을 준 경험이 있다. 이런 경험을 통해 나는 미래에 대비하고자 하는 사람들에게 다음과 같은 답변을 해줄 수 있음을 알게 됐다.

• **'탐지 및 분석의 시스템'을 구축하고 유지해야 한다.** 단지 과학기술 시스템만을 말하는 것이 아니다. 지속적인 '전략적 대화'가 필요하다는 것이다. 동료들과 전략적 대화를 나누는 것은 주위를 돌아보게 함으로써 당신과 당신의 사업, 그리고 당신이 사는 사회에 영향을 미칠 수 있는 요소들의 상호작용을 관찰하고 해석할 수 있게 해준다.

이런 말은 뻔한 이야기라는 인상을 줄지 모른다. 그러나 내가 만나 본 정치인, 교육자, 기업가들 가운데 얼마나 많은 사람들이 동료들과의 전략적 대화에 시간을 할애하지 않는지를 알고서 나는 깜짝 놀랐다. 그런 이들은 주위 세계를 관찰하고 해석하는 능력이 갈수록 퇴화하게 된다. 앞으로 우리에게 닥칠 대격변기와 같은 특이점의 시기에는 자신이 속한 조직의 바깥에 존재하는 외부세계에 대한 세밀하고 정교한 인식의 유지가 생존을 해나가는 데 대단히 중요하다.

• **시간감각을 길러야 한다.** 어떤 일이 다가오고 있음을 알게 되면 반

드시 다음과 같은 질문을 스스로에게 던져야 한다. 그 일은 얼마나 빠른 속도로 다가오고 있는가? 그 일은 언제 일어나고, 앞으로 얼마 동안이나 지속될까?

▪ 조기경보 지표를 미리 확인해 둬야 한다. 조기경보 지표는 어떤 변화가 급속히 닥쳐올 경우에 그 변화를 미리 알려주는 것이어야 한다. 만약 당신이 외국인투자자라면, 금융위기의 발생 가능성을 미리 알려주는 조기경보 지표가 무엇인가를 미리 확인해 둬야 한다. 앞으로 중국과 인도에서 금융위기가 발생할 것이라고 생각한다면 두 나라에서 무엇을 살펴보아야 할까? 만약 당신이 기술의 사업화에 나선 공학자라면, 당신의 사업 분야에서 일차적으로 확실한 자금원은 어디에 있고, 그 다음 자금을 유치할 수 있는 외부 자금원은 어디인가를 미리 파악해 두어야 한다. 만약 당신이 기후변화 관련 분야에 종사한다면, 다음번의 거대한 기후변화를 알리는 예고 징후가 어떤 것인가, 그리고 그것을 일상적이고 주기적인 기후변화의 징후와 어떻게 구별할 수 있는가를 미리 알아 두어야 한다.

조기경보의 징후가 어떤 것이 될 것인지를 파악한 뒤에는 그런 징후가 나타날 때 곧바로 그것을 알아차릴 수 있도록 주의를 기울이고, 실제로 그런 징후가 발견되면 즉시 행동에 나설 준비를 갖춰야 한다. 나와 나의 동료들은 이와 같은 조기경보 징후의 식별과 발견을 위해 단기 시나리오 기법을 사용한다. "만약 우리가 그 같은 조기경보 징후를 보게 된다면 그것은 무엇을 의미하는 것일까? 우리는 그것에 대응하기 위해 무엇을 해야 할까?" 1997년에 금융위기가 동남아시아 지역을 강타했을 때 미국 재무부는 준비가 돼 있었다. 1994년의 멕시코 위기를 겪으면서 금융위기에 대응하기 위해 필요한 조처들을 취해본 경험이 있었던 것이다. 그 덕분에 미국은 동남아시아의 금융위기를 신속히 저지함으로써 중국이나 일본으로 그 위기가 확산되는 것을 막을 수 있었다.

▪ 창조적 파괴를 일으킬 수 있는 메커니즘을 갖춰야 한다. 과거의 제도, 기업, 기관, 정당, 가치관은 새로운 역사적 환경에서는 제 기능을 하지 못하거나 비생산적인 것이 될 수 있다. 당신은 과거의 이런 것들을 버릴 자세가 돼 있거나, 더욱 중요하게는 버리는 연습을 해본 적이 있는가? 최근 1~2년 사이에 어떤 절차, 관행, 조직을 실제로 폐기한 적이 있는가? 이런 질문에 "아니다"라고 대답하는 사람이나 조직이라면 위기상황이 실제로 닥치기 전인 지금 당장 그렇게 하는 연습을 해두는 게 나을 것이다.

창조적 파괴는 과거의 것들을 제거하는 데만 그치는 게 아니다. 과거의 것들을 제거하는 데 따르는 비용을 최소화하는 법을 익히는 것도 필요하다. 창조적 파괴에는 불가피하게 상당한 정도의 사회적 혼란, 안전한 생계수단의 포기, 긴밀한 인적관계의 단절 등이 따른다. 단지 편리하거나 편안하다는 이유만으로 과거의 제도나 관행들을 유지해서는 안 된다. 당신에게는 그런 것들을 버려야만 비로소 얻어지는 창조가 필요하다. 그러나 과거의 것들을 버림으로써 초래되는 혼란의 고통을 경감시키지 못한다면 격렬한 저항에 부닥칠 수 있다. 게다가 이런 경우에 혼란의 고통은 '20~40퍼센트 집단'에 상대적으로 집중되는 경향이 있다. 20~40퍼센트 집단은 평소에는 눈에 잘 띄지 않는 저소득 노동자 계층이지만, 앞서 4장에서 살펴본 바와 같이 경제의 회생을 좌우한다. 만약 그들로 하여금 과거의 것들을 버리는 데 따르는 혼란의 결과를 감내하도록 하지 못한다면 경제 회생은 물 건너간 것이 되고 만다.

지난 20년 동안 가장 성공적이었던 기업가와 정치인들 중에는 무엇보다 이런 창조적 파괴에 능숙했던 사람들이 많다. 클린턴과 부시 등 최근의 두 미국 대통령도 소속 정당이 갖고 있던 과거의 정체성을 버린 덕분에 대통령에 당선될 수 있었다는 평가도 있다.

▪ **피할 수 없는 일이나 이미 벌어진 사실을 부정하려고 하지 말아야 한다.** 자신의 삶이나 자신이 속한 조직을 힘든 상황으로 몰아넣을 피할 수 없는 놀랄 일이 다가오고 있다면 그런 사실을 숨겨서는 안 된다. 우리는 이 책에서 문제의 심각성을 부정하려고 애쓰는 바람에 오히려 그 문제를 더 악화시킨 지도자들의 사례를 많이 보았다. 특히 아프리카와 러시아의 에이즈 문제, 각 가정과 사무실까지 통신망의 마지막 구간을 연결하는 문제, 지구 기후변화의 잠재적 심각성의 문제가 지도자들의 부정하는 태도로 인해 더욱 꼬이거나 심각해졌다.

그러나 기업이나 정부가 가장 흔히 채택하는 미래계획은 불행하게도 부정의 처방이다. 기업이나 정부가 미래계획을 짜는 표준적인 절차는 우선 앞으로 닥칠 수 있는 여러 가지 미래의 모습들에 대해 의견을 나누고, 그 가운데 가장 실현될 가능성이 높은 미래의 모습을 설정하고, 그에 따라 나아갈 방향을 설정하고, 필요하면 몇 가지 먼저 해야 할 긴급한 일들을 결정하는 것이다. 이런 식으로 해놓고 나면 미래계획 입안자는 자신이 예상한 미래의 모습과 다른 외부로부터의 신호를 무시하는 경향을 띠게 된다. 이는 미래계획의 입안자도 결국은 인간이기 때문에 생기는 자연스러운 경향이라고 볼 수도 있다. 따라서 우리는 어떤 한 미래의 모습이 실현될 것 같다는 느낌이 들면, 오히려 그런 느낌에 대해 회의적인 관점을 가져야만 한다. 그러나 우리는 우리 자신의 한정된 세계관에 이끌리기 쉽고, 우리가 예상한 일은 앞으로 실제로 일어날 것이라고 가정하기 쉽다.

반대로 어떤 한 미래의 모습이 바람직하지 않거나 실망스럽다는 느낌이 들 경우에는 "그런 일이 생기면 우리가 피해를 입을 거야. 그러나 그런 일은 결코 일어나지 않을 거야"라고 생각하는 게 우리의 첫 반응이 되기 쉽다. 자기 마음속에서 이런 반응이 일어난다면 그것이 바로 주의해야 한다는 신호다. 바람직하거나 실망스러운 미래와 관련된 무엇인가가 당신의 마음속에 쳐진 차단막을 뚫고 들어오려고 하는 상황이기 때문이다. 그것을 부정하거나 무시하려고 하는 태도는 자기도 모르게 그것이 실제로 현실화되도록 돕는다. 콜럼비아 우주선의 공중폭발 사건도 이런 부정의 태도 때문이었을지 모른다. 미항공우주국의 지도자들은 콜럼비아호가 실패할 수도 있다는 증거들이 나타났음에도 불구하고 이 우주선을 쏘아 올렸다가 공중폭발 사건을 맞았다.

▪ **시장에서 상품, 서비스, 자본을 파는 기업처럼 생각해야 한다.** 공급의 독점권이 누구에게도 주어지지 않아 언제나 수요와 공급의 변동에 의해 가격이 좌우되는 무엇인가를 시장에서 팔려고 하는 판매자의 입장이 돼야 한다. 판매하고자 하는 것이 석유, 금, 밀일 수도 있고 주식이나 미수채권일 수도 있다. 시장에서 판매하고자 하는 어떤 상품의 가격이 오르는 시기에는 "이번은 전과 다를 것"이라고, 다시 말해 그 상품

의 가격이 끝없이 오를 것이라고 생각하기 쉽다. 그러나 그 상품의 가격은 언젠가는 정점에 이를 것이다. 가격의 정점은 갑자기 닥칠 수 있고, 그러고 나면 그 상품의 가격이 가파르게 급락할 수 있다.

캘리포니아 주에서 사는 나는 주정부가 바로 이런 상황에 부닥친 모습을 보았다. 닷컴호황 때 기업과 개인들이 모두 돈을 벌게 되자 주정부의 세금 수입이 크게 늘어났다. 그러자 주지사와 주 의회는 공적 서비스의 공급을 늘리고 그에 따라 주정부의 재정지출을 크게 늘렸다. 그들은 세수가 줄어드는 시기에 대비한 계획을 마련해 놓지 않았다. 결국 캘리포니아 주정부는 450억 달러의 재정적자를 해결해야 하는 입장에 처했다.

오랜 기간 시장에서 상품이나 서비스를 팔아본 사람들은 그 같은 유혹을 잘 안다. 그들은 돈벌이가 잘 되는 시기도 있지만 안 되는 시기도 있다는 사실을 잘 알고 있다. 그래서 그들은 판매가 늘어나는 시기에 발생한 흑자를 갖고 판매가 줄어드는 시기의 적자를 메운다는 생각을 한다.

▪ **새로운 상황이 요구하는 판단능력의 수준과 당신의 판단능력 수준을 알아 두어야 한다.** 당신의 판단능력에 비추어 버거운 상황에 들어갈 때는 신중하고 겸허한 태도를 가져야 한다. 성공한 개인과 조직은 모두 성공에 핵심이 되는 통합적 판단능력을 갖고 있다. 여기서 판단능력은 어떤 지식을 갖고 있음을 의미하는 것이 아니라 현명한 결정을 신속하게 내리는 능력을 의미한다. 변화가 심한 시기에는 자기가 갖고 있는 지식의 범위를 벗어나 외부의 기회를 이용하고 싶은 유혹을 더욱 크게 느낀다. 그러나 그런 외부의 기회란 당신을 곤경에 빠뜨리는 위험

인 경우가 흔하다.

내가 이런 깨달음을 얻은 것은 로열더치 셀 그룹과 관련해서였다. 1980년대 중반에 셀은 현금이 넘쳐났다. 그 가운데 130달러는 고유가가 10년간 지속된 덕분에 벌어들인 돈이었다. 데이빗 웰햄이라는 이름의 총명하고 젊은 셀의 재무 담당자와 함께 나는 단기자금 활용방법 중에서 효율적이면서도 손실을 볼 위험도가 낮은 외환 차익거래에 130억 달러 가운데 일부를 투자할 것을 제안했다. 시티코프에 유리한 금리로 돈을 빌려주고, 시티코프로 하여금 그 돈을 갖고 외환 차익거래를 하도록 하자는 것이었다. 당시 시티코프는 외환 차익거래를 하기 위해 많은 자금을 필요로 하고 있었다. 셀로서는 몇십억 달러를 투자해서 몇억 달러를 벌어들일 수 있는 투자방법이었고, 손실을 볼 위험은 거의 없는 것으로 보였다.

이 제안은 로열더치 셀 그룹의 결재라인을 타고 재무담당 전무인 빌 톰슨에게로 올라갔다. 그는 데이빗의 상관이었고, 간접적으로는 나의 상관이기도 했다. 빌은 그 제안을 거부했다. "우리 회사는 은행이 아닙니다. 물론 회사의 자금을 적절하게 잘 관리해야 합니다. 하지만 돈으로 돈을 버는 것은 우리의 일이 아닙니다. 돈으로 돈을 버는 일에서는 우리가 간부로서의 판단능력을 갖고 있지 않습니다."

나는 매우 실망했다. 그러나 그로부터 여러 해가 지난 뒤에 나는 빌이 내린 결정의 슬기로움을 깨달았다. 셀의 내부통제 체제가 무너진 탓에 빌이 거부했던 것과 비슷한 투자전략이 실행됐던 것이다. 이로 인해 일본 도쿄에서 근무하는 셀의 외환 트레이더가 단 하루 만에 9억 달러의 손실을 냈다. 그것은 외환거래의 종류와 거래기업을 막론하고 역사상 최대 규모의 외환거래 손실이었다. 노련한 은행가라면 갖추고 있을 만한 통제력과 판단력이 갖춰져 있지 않았기 때문에 발생한 사건이었다.

빌이 옳았고, 내가 틀렸다. 우리는 원유사업 분야에서 셸이 갖고 있는 사업전략을 잘 알고 있었고, 이 때문에 나는 대단히 자신만만했던 것이다. 우리는 무슨 일이든 해낼 수 있다고 믿었다. 그때 내 제안이 채택돼 실행됐다고 해서 반드시 9억 달러를 잃었을 것이라고는 말할 수 없다. 그러나 당시에 나는 필요한 내부통제 체제를 갖춰야 한다는 생각을 하지 못할 만큼 외환거래에 대해 잘 몰랐다는 것만큼은 확실하게 말할 수 있다. 그 뒤에도 나는 어리석은 생각을 저지해줄, 빌과 같이 영리하고 현명한 사람이 없는 가운데 혁신자인 것처럼 행동하는 사람이 자기 멋대로 행동에 나서는 모습을 자주 목격했다.

▪ 학습에 최고의 가치를 두어야 한다. 상황의 변화에 적응하는 데 실패하는 것은 변화된 상황에 대해 제때 제대로 학습하지 않기 때문이다. 미래에는 배울 것이 더 많아질 것이다. 앞으로의 과학과 기술 발전에 대한 전망을 근거로 이야기하자면, 우리가 하는 일은 점점 더 지식집약적으로 바뀔 것이고, 과학적 지식의 가치는 지금보다 훨씬 더 커질 것이다.

안타깝게도 대부분의 서구 사회들은 교육을 이념적인 관점에서 다루어왔다. 교육자들과 예산을 책정하는 정치인들은 아이들과 어른들이 학습하는 방식과 학교를 설립하는 최선의 방식에 대해 지금까지 진정한 합의에 도달한 적이 없다. 이념적이기보다는 가장 실용적인 방향으로 이런 합의를 형성해야만 잘 기능하는 교육체계를 수립할 수 있다. 그러나 서구 사회의 교육체계는 앞으로도 지금과 같은 형태로 유지될 것이다. 여러 분열된 그룹들이 각기 자신이 선호하는 방식이 학교에 적용돼야 한다고 주장하겠지만, 그런 주장들의 효과를 서로 비교하도록 해줄 믿을 만한 방법은 존재하지 않을 것이다. 대학 수학 능력 평가와 같은 표준화된 시험의 성적은 배우는 사람들의 성취도에 영향을 미치는 교육의 요소들 가운데 매우 작은 한 부분에 지나지 않는다. 지금의 교육 체제는 미래에 대비하는 데는 극도로 비효율적인 형태다.

• 환경과 생태의 지속가능성에 최고의 가치를 두어야 한다. 환경과 생태의 지속가능성을 확보하는 일은 전 세계적인 정치 문제이자 환경 문제일 뿐 아니라 질 높은 통합과 발전을 이루는 수단이기도 하다. 환경과 생태의 지속가능성을 지향하는 조직을 운영할 필요가 있으며, 그럴 경우 이 문제가 얼마나 중요한 것인지를 깨닫게 될 것이다. 그런 조직은 당신의 행위가 낳는 부작용들에 주의를 집중해서 당신에게 대단히 유익한 역할을 해줄 것이다.

• 금융 인프라와 금융 안전망을 갖추어야 한다. 개인들은 위기에 대비해 안전망과 보험 가입을 필요로 하고, 조직들은 내부 안전장치를 갖추고 소속된 개인들이 스스로 필요한 금융 인프라를 구축할 수 있도록 도와주어야 한다. 그리고 전체 사회는 20~40퍼센트 그룹의 이익을 돌보는 데 신경을 쓸 필요가 있다.

앞으로의 위험은 우리가 생각하는 것보다 크다. 사람들을 세 단계의 계층으로 나누어볼 경우 세 계층 모두가 그동안에는 그다지 필수적이지는 않았던 새로운 안전망을 필요로 하게 될 것이다. 그리고 조직들은 이익을 남겨서 그것을 현명하게 지출할 필요가 있다. 당신은 앞으로 닥쳐올 폭풍을 견뎌내는 데 필요한 소득과 자산의 포트폴리오를 갖고 있는가? 당신의 조직은 다음번 발전단계가 어떤 것이어야 하든 그 발전단계로 이행하는 데 필요한 자금을 확보해둘 만큼 충분한 이익을 내고 있는가?

- **당신의 인적 관계망을 확충해야 한다.** 오늘날의 사람들에 비해 2025년의 사람들은 서로 간에 훨씬 더 자주 폭넓은 상호접촉을 갖게 될 것이다. 양자컴퓨터 기술, 보편화된 광대역 통신망, 보다 길어진 수명, 세계화, 깨끗하고 환경친화적인 에너지 등은 사람들이 지금보다 훨씬 더 긴밀하게 연결된 세상을 만들어낼 것이다. 당신은 앞으로 닥쳐올 이런 세상을 맞이할 준비가 돼 있는가? 당신은 다음번의 격변기를 혼자서 헤쳐 나가야 하는가? 아니면 그런 격변기를 헤쳐 나가는 과정에서 당신을 도와줄 깊고도 솔직한 친구들이 있는가?

선견지명

이 책의 서두에서 나는 미래를 래프팅에 비유했다. 그러나 항해에 비유하는 것이 더 나을지도 모른다. 파도가 잇따라 밀려와 당신이 타고 있는 배를 때리면, 당신은 파도의 타격에 대응해야 한다. 이럴 때 당신은 계속해서 밀려오는 파도 하나하나, 다시 말해 위기 하나하나에 타격을 입으면서, 계속해서 다음번 파도에 대해서만 전전긍긍해야 할 것인가? 아니면 스스로 자기 운명의 주인이 되어 길게 설정한 목표지점을 내다보고, 잇따라 밀려오는 파도를 넘어 그 목표지점으로 꿋꿋하게 나아갈 것인가?

세계가 당신을 위해 결정을 내려주지는 않을 것이다. 미래는 새로운 과학기술들이 가득한 가운데 번영을 구가하는 세계가 될 것이 거의 확실하다. 그러나 그 미래의 세계는 빈곤과 빈부격차의 문제를 해결하지 못하고 있을 것이다. 빈곤과 빈부격차의 문제는 오히려 더욱 극심한 양상을 보일 것 같다. 미래에는 양자컴퓨터와 획기적으로 새로운 형태의 인프라가 갖춰지겠지만, 이와 동시에 구시대의 낙후한 인프라와 그런 인프라를 뒷받침하는 자본도 남아있을 것이다. 미래의 세계는 노화방지 및 유전공학 발전을 가로막는 장벽들을 돌파하겠지만 역병의 창궐을 막지는 못할 것이다. 미래의 역병은 자연발생적으로 발생할 수도 있고 테러로 인해 발생할 수도 있다. 일단 역병이 발생하면 그 피해규모는 인류 역사상 최악일 가능성이 있다. 이런 문제들 가운데 일부를 해결하는 과제가 당신이나 당신이 속한 조직에 떨어질 수도 있다. 또는 당신은 오직 자신과 가족의 생존을 유지하기만 하면 될 수도 있다. 당신이 이 가운데 어느 쪽 입장이 되든 당신이 나아가고자 하는 방향을 확고하게 정해놓지 않는다면 앞으로 나아가기가 쉽지 않을 것이다.

유통회사와 투자회사를 비교해보자. 유통회사는 매일의 결산에서 흑자가 나오면 성공한 것으로 간주된다. 이와 달리 투자회사의 성공은 상당히 장기적인 목표에 도달할 수 있느냐에 달려 있다. 여기서 장기적인 목표란 새로운 자동차를 만들거나, 새로운 시장을 개척하거나, 새로운 인프라를 창출하는 것이다. 유통회사는 현재 상황의 일부분으로 존재할 수 있는 데서 만족감을 느낄 수 있다. 그러다 보면 그

유통회사는 위기를 맞아 변화된 상황에 휩쓸려버리기 쉽다. 이에 비해 투자회사는 장기적 목표를 추구한 덕분에 생존하는 데 필요한 능력, 위기에 대비한 자구책, 판단력을 갖추게 된다. 물론 투자회사라도 코앞의 상황에만 연연하는 경우에는 살아남지 못한다.

피할 수 없는 놀랄 일의 엄습이 우리 시대의 큰 위험요소가 되고 있다. 방향감각과 목적의식이 없으면 피할 수 없는 놀랄 일이 실제로 닥칠 때 휩쓸려버릴 수 있다. 20세기의 역사를 참고하라. 당시 세계의 지도자들이 좀더 멀리 내다보고 장기적인 생각을 했다면 우리는 두 차례의 세계대전, 불황, 수백만 명의 죽음, 반세기에 걸친 세계의 혼란을 피할 수 있었을 것이다. 그리고 오늘날 우리를 위협하는 문제들도 생기지 않았을 것이다.

이제 우리는 그와 같은 진보와 혼란의 교대가 필연적인 것이 아니란 걸 알게 됐다. 그것은 깨뜨릴 수 있다. 코앞에 직면한 상황 너머로 시선을 옮기고, 장기적으로 설정한 방향으로 굳건히 나아가고, 혼란에 대응하는 데 필요한 자원을 갖춰야 한다. 혼란이 일어나는 것 자체를 완전히 막을 수는 없지만 과거보다 능숙하게, 발생된 혼란에 대처할 수 있어야 한다.

이렇게 하는 데 무슨 비법이나 각본은 없다. 풀어 나가야 할 삶의 매듭들이 우리 앞에 연거푸 닥칠 것이다. 그러한 삶의 매듭들을 풀어낼 첫 실마리는 피할 수 없는 놀랄 일들을 간파하고 잘 다뤄나가는 것이다.

주석___

1장

1. Art Kleiner, 《The Age of Heretics: Heroes, Outlaws, and the Forerunners of Corporate Change》, New York, Doubleday, 1996.

2장

2. Mark Lane, Donald Ingram, George Both, 'The Serious Search for Anti-Aging Pill', 〈Scientific American〉287권 2호, 2002년 8월.

3. Michael West 박사의 인터뷰, 'Conquering Cloning with Aging', 〈Life Extension〉, 2002년 4월 27일, www.lef.org.

4. Jeff Donn, 'Leukemia Drug Restores Some Color To Gray Hair', 〈Associate Press〉, 2002년 8월 7일.

5. Robert A. Freitas Jr., 'The Future of Nanofabrication and Molecular Scale Devices in Nanomedicine', 〈Studies in Health Technology and Informatics〉, 80호, 2002년 7월.

6. Alice Ann Toole, Green Thumb, Inc., 'Who is America's Oldest Worker?', 〈PR Newswire〉, 2001년 4월 18일.

7. Andrew D. Eschtruth, Jonathan Gemus, 'Are Older Workers Responding to the Bear Market?', Boston College's Center for Retirement Research, 2002년 9월, www.bc.edu/centers/crr/jtf_5.shtml.

8. Des Dearlove, 'Work Begins at Retirement', 〈The Times〉, London, 2002년 8월 25일. "지난해 인사관리 자문회사인 머서(William M. Mercer)가 실시해 발표한 연구 보고서 'Phased Retirement and the Changing Face of Retirement'는 고무적인 내용을 담고 있다. 미국의 고용주 232명을 대상으로 한 이 연구에 따르면 60퍼센트에 가까운 고용주들이 은퇴한 사람들을 재고용할 방침을 갖고 있다."

9. Kimberly Prenda와 Sidney Stahl, 'The truth about older workers', 〈Business & Health〉, 2001년 5월 1일.

10. Art Kleiner, ‘Elliott Jaques Levels With You’, 〈Strategy & Business〉 2001년 1 분기, 22호. Elliott Jaques, Kathryn Cason, 《Human Capability: A Study of Individual Potential and its Application》, Gloucester, Mass., Cason Hall Publishers, 1994.

11. Richard Burkhauser, Kenneth Couch, John Phillips, ‘Who Takes Early Social Security Benefits: The Economic and Health Characteristics of Early Beneficiaries’, 〈The Gerontologist〉, 1996년 36권 6호에 인용됨. 〈Research Highlights in the Demography and Economics of Aging〉 1999년 1월, 3호, http://agingmeta.psc.isr.umich.edu/resHigh3.pdf.

12. ‘Facts and Figures’, National Hospice and Palliative Care Organization’, Alexandria, Virginia, 2002년 8월, www.nhpco.org.

13. Bernard Starr, ‘Not Only is Our Society Aging, Our Prisoners are Aging as Well-and it’s Costing a Fortune’, 〈San Diego Union Tribune〉, 1999년 9월 15일.

14. Stefan Theil, ‘Marketing to The Elder Set’, 〈Newsweek〉, 2002년 9월 16일.

3장

15. Kenichi Ohmae의 ‘Profits and Perils in China, Inc.’, 〈Strategy & Business〉, 2002년 1분기, 26호.

16. John Gittings, ‘Growing Sex Imbalance Shocks China’, 〈The Guardian〉, 2002년 5월 13일.

17. 더 자세한 정보는 미국 통계국(Census Bureau)의 ‘Selected Historical Decennial Census Population and Housing Counts’ 참조, www.census. gov. 이 책에서는 ‘United States: Urban and Rural Population: 1790 to 1990’ 과 ‘1990 Population and Housing Unit Counts: United States(CPH-2)’ 을 참고했다.

18. ‘China’s Contradictions-and Possible Collapse’, Orville Schell의 인터뷰, 〈Global Business Network〉, 2001년 9월.

19. 앞에 든 Kenichi Ohmae의 글에서 인용.

20. Lexington Area Muslim Network, www.leb.net.

21. 미국 국무부의 보고서, 〈International Religious Freedom Report〉, 2002년.

22. 'Muslim Britain-a map of Muslim Britain', 〈The Guardian〉 2002년 6월 17일.

23. 앞에 든 미국 국무부의 보고서, 2002.

24. 보다 자세한 자료는 www.muslim-canada.org/muslimstats.html 참조.

25. Ambrose Evans-Pritchard, 'Antwerp Race Riots Militant Charged', 〈The Daily Telegraph〉, 2002년 11월 30일.

26. Slavenka Drakulic의 'Who Is Afraid of Europe', '유럽의 정치와 문화: 새로운 비전(Politics and Cultures in Europe: New Visions)'을 주제로 열린 제14차 '유럽 문화저널 회의(European Meeting of Cultural Journals)'의 모두연설, 2000년 11월 9일, 비엔나, www.eurozine.com/article/2000-11-15-drakulic-en.html.

4장

27. Robert Gordon, 'Hi-tech Innovation and Productivity Growth: Does Supply Create its Own Demand?', 2002년 12월 19일, www.econ.northwestern.edu.

28. Anna Bernasek, 'The Productivity Miracle Is For Real', 〈Fortune〉, 2002년 3월 18일.

29. Robert Gordon, 'Two Centuries of Economic Growth: Europe Chasing the American Frontier', 노스웨스턴대학 경제사 워크숍 자료, 2002년 10월 17일.

30. Robert Gordon, 'Hi-tech Innovation and Productivity Growth: Does Supply Create its Own Demand?' 및 앞에 든 Anna Bernasek의 글 외에 Jerry Useem, 'And Then, Just When You Thought the New Economy Was Dead…', 〈Business 2.0〉, 2001년 8월도 참고했다.

31. 앞에 든 Jerry Useem의 글에 인용된, 옥스퍼드대학 경제사학자 Paul David의 말.

32. Robert Gordon, 'Two Centuries of Economic Growth: Europe Chasing the American Frontier'.

33. Peter Drucker, 《Post-Capitalist Society》, New York, HarperCollins, 1993.

34. 앞에 든 Robert Gordon의 글.

35. Joseph Stiglitz, 《Globalization and its Discontents》, New York, W.W.

Norton & Company, 2002년.

36. Hernando de Soto, 《The Mystery of Capital》, New York, Baisc Books, 2000년.

37. Art Kleiner, 'The Next Wave of Format', Global Business Network, 2001년 6월.

38. Tim O' Reilly, 'Piracy is Progressive Taxation, and Other Thoughts on the Evolution on Online Distribution', 2002년 12월 12일, www.oreillynet.com/pub/a/p2p/2002/12/11/piracy.html.

39. 같은 글.

5장

40. Art Kleiner, 'The Dilemma Doctors', 〈Strategy and Business〉, 2001년 2분기, 23권.

41. John T. Correll, 'The Evolution of the Bush Doctrine', 〈Air Force Magazine Online〉, 2003년 2월, 86권 2호, www.afa.org/magazine/Feb2003/02evolution03.asp.

42. Will Hutton, 'Does Old Europe Hate New America, or Just its President?', 〈New York Observer〉, 2003년 2월 24일.

43. 'Newsgram', 〈U. S. News & World Report〉, 1980년 1월 14일.

44. John Harris & Thomas Lippman, 'Clinton Faces Challenges on China Policy; Pre-Summit Speech to Stress Cooperation', 〈The Washington Post〉, 1997년 10월 24일.

45. Lawrence Kaplan, 'Guess Who Hates America? Conservatives', 〈The New Republic〉, 2000년 6월 26일.

46. 'A World-Class Reflective Practice Field', Peter Senge 외, 《The Dance of Change》, New York, Doubleday, 1999.

47. Eric Schimitt, 'U.S Combat Force of 1700 Is Headed to the Philippines', 〈The New York Times〉, 2003년 2월21일.

48. 유럽연합에 대한 보다 자세한 정보는 'The History of the European Union: A Chronology from 1946 to 2004' 참조, www.europa.eu.int/abc/history/index_en.htm.

49. Joseph Nye, 《The Paradox of American Power: Why the World's Only Superpower Can't Do It Alone》, New York, Oxford University Press, 2002. Joseph Nye가 세계경제포럼(WEF) 연례회의에서 발표한 글의 요약본인 'What Defines National Power'도 참조, www.weforum.org.

6장

50. Philip Jenkins, 'The Next Christianity', 〈The Atlantic Monthly〉, 290권 10호, 2002년 10월.

51. Hartford Institute for Religious Researchdml 웹사이트, www.hirr. hartsem.edu.

52. Michael Hout, Andrew Greely, Melissa Wilde, 'The Demographic Imperative in Religious Change in the United States', 〈American Journal of Sociology〉, 107(2): 468–500, 2001년.

53. 미국인의 종교적 정체성에 대한 조사, 뉴욕시립대학. www.gc.cuny.edu/ studies/aris_index.htm.

54. 'Christianity's New Center'에 인용된 Philip Jenkins의 주장, 〈Atlantic Unbound〉, www.theatlantic.com/unbound/interviews/int2002-09-12.htm.

55. 같은 문서.

56. Nicolas Eberstadt, 'The Future of AIDS', 〈Foreign Affairs〉, 81권 6호, 2002년 11~12월, 22쪽.

57. 에이즈에 관한 HardTruth의 통계자료, http://hardtruth.qti.net/ ThailandAIDSAwarenessPage.htm.

7장

58. Ron Cowen, 'A Dark Force in the Universe', 〈Science News〉, 159권 14호, 2001년 4월 7일.

59. Arthur Koestler, 《The Sleepwalkers: A History of Man's Changing Vision of the Universe》, London, Arkana, 1998.

60. Siddartha Mukherjee, 'The Case For Funding Curiosity', 〈The New Republic〉, 2002년 1월 21일.

61. Valerie Jamison, 'Carbon Nanotubes Roll On', 〈PhysicsWeb〉, 2000년 6월. www.physicsweb.org/article/world/13/6/7/1.

62. Eamonn Kelly & Pete Leyden, 《What's Next? Exploring New Terrain for Business》, New York, Perseus, 2002.

63. Michael Nielson, 'Rules for a Complex Quantum World', 〈Scientific American〉, 287권 5호, 2002년 11월.

64. 더 자세한 정보는 스탠포드대학의 단백질 접힘현상에 관한 분산컴퓨팅 프로젝트 웹사이트 참조, http://folding.stanford.edu.

8장

65. Bjorn Lomborg, 《The Skeptical Environmentalist》, New York, Cambridge University Press, 2001.

66. 같은 책.

67. Katherine Mieszkowski, 'Steal this Car!', 〈Salon.com〉, 2002년 9월 4일, http://archive.salon.com.

68. Mark Fischetti, 'Why Not a 40-MPG SUV?', 〈Technology Review〉, 105권 9호, 2002년 11월.

69. David Talbot, 'The Next Nuclear Plant', 〈Technology Review〉, 105권 1호, 2002년 1~2월.

70. Andrea Kalin & Jacqueline Shearer, directors, 〈Influenza 1918: The American Experience〉, PBS Home Video, 1998.

71. Randy Shilts, 《And the Band Played On: Politics, People, and the Aids Epidemic》, New York, St. Martin's Press, 1987.

72. John Lewis, 《Rain of Iron and Ice》, New York, Perseus, 1996.

9장

73. Vernor Vinge, 'Technological Singularity', 미항공우주국의 루이스연구센터 및 오하이오 주 항공우주연구소가 후원한 '비전21(VISION-21) 심포지엄'에서 발표됨, 1993년 3월 30~31일, http://singularity.manilasites.com/stories.

찾아보기___